老西安 新西安

《旅游圣经》编辑部
王睿颖 编著

内容简介

作者遍访西安的街巷、寺庙、古迹，以优美、流畅的文笔诠释人文景观，倾情推荐最佳交通、美食、住宿、购物攻略，为旅游爱好者奉上这本完美的西安地区旅游指南。本书以西安特色为核心，提供最有西安特色的景点、宾馆、饭店、休闲地等；紧扣人文主题，通过对历史、建筑、文化的描写，全书充满浓厚的人文气息；景点介绍和攻略并重，既以生动细腻的笔法描写景点本身，篇幅详略得当，又提供了丰富的景点游玩攻略，信息翔实、图文并茂。

图书在版编目（CIP）数据

老西安新西安 / 王睿颖编著 .-- 北京：北京航空航天大学出版社，2015.1

ISBN 978-7-5124-1572-0

Ⅰ.①老… Ⅱ.①王… Ⅲ.①旅游指南－西安市 Ⅳ.①K928.941.1

中国版本图书馆 CIP 数据核字（2014）第 171007 号

老西安新西安

王睿颖 编著
策划编辑 谭 莉
责任编辑 郑 方
*
北京航空航天大学出版社出版发行

北京市海淀区学院路37号（100191） http://www.buaapress.com.cn
发行部电话：（010）82317024 传真：（010）82328026
读者信箱：bhpress@263.net 邮购电话：（010）82316524
北京尚唐印刷包装有限公司印装 各地书店经销
*
开本：700×1000 1/16 印张：24 字数：403千字
2015年1月第1版 2015年1月第1次印刷
ISBN 978-7-5124-1572-0 定价：49.80元

寻找老长安风情

体验新西安魅力

你注定会爱上她，长安。

这是一片寸土寸金之地，且不说闻名遐迩的沉默殉葬兵马俑，也不说西安随处深藏的巨匠文墨，只放柔了目光，看看那城垣之上飘扬的旌旗，只放缓了呼吸，嗅出那李唐宫殿泥土里掩埋的暗香，只欣然地聆听，晨光熹微时候环城公园里字正腔圆的秦腔，浅尝辄止却能醍醐灌顶。敢问天下，堪与匹衡者几城？

这是一本厚重的传奇史书，千年来的风烟故事，随着黄河喷涌奔腾，沿着八百里秦川呼吸起伏，甚至在那一草一木的精魂之中都能读出历史的沧桑印记。那些长安的时光却是太远，远到几乎只有断壁残垣来凭吊，远到那雍容奢侈的宫殿琼楼最终灰飞烟灭。可长安，却也很近，她几乎就流淌在你的血脉之中。汉族，华夏，她像是参天古木的根须，静静蜿蜒到每一个人最深的念想。

长安，是一个印象，从镐京开始，我们对她的模样只有想象，那覆压三百余里的阿房，那长乐未央的汉宫，那芙蓉帐暖的帝王之爱，却就是这样亦真亦幻的美，引得无数人不断追寻。最精美的雕饰，最阑珊的时代，最凄怨的故事，都没有湮没在时光的沙漏里，它们在这城的一沙一石，一花一叶，千年不曾褪色。

如今，成为国际大都会的西安，一直没有忘却她长安的灵魂。也许是太过厚重的历史，让西安显得有那么一点儿遗世而独立。然而那一个转角遇见的咖啡屋与酒吧，唱着悠闲散漫的蓝调与爵士，是一种没有奢靡与浮华的古典范儿，又是一种张扬明媚的青春。在隋唐就已经存在的德福巷青石板路漫步，你感叹欧洲巴洛克风情与汉唐茶韵如此契合，两个世界在这里交融，沉醉于长安的浪漫。而那样璀璨耀眼的大唐不夜城，轻歌曼舞，却无一丝浮躁的纸醉金迷，这只是单纯属于西安人的小范儿，左手饮下千年历史，右手翻开今夜繁华。

西安在默默酝酿着一个梦想，千年古都，历史在这里沉淀，故事在这里书写，西安的复兴之路，呼之欲出，整装待发。

王睿颖

《旅游圣经》编辑部

目录

008 开篇

16 西安背包客访谈

034 第一章 西安旅游总攻略

34 缤纷四季
37 专题旅游
41 住宿
45 美食
51 休闲与娱乐
52 交通

060 第二章 长安印象

60 汉唐遗风，秦韵犹存
66 长安画派
69 千里为秦腔
77 寄情羊肉泡馍
80 把陕西话唱成歌
81 西安女娃

084

第三章
西安钟鼓楼景区——朝闻晨钟，夜傍暮鼓

86 旅游指南
87 主要景点
87 **钟鼓楼风采**——恢弘钟鼓楼
95 **回坊**——饕餮之夜
101 **南大街**——钟楼，越夜越美丽
106 **西大街**——时空穿越的街巷
110 **德福巷**——城市秘密古巷
114 **书院门**——文化大观园
118 **化觉巷清真寺**——城市中心的安宁
122 **骡马市**——流光倾泻的老街
126 **易俗社**——一百年的秦腔绝唱
128 **碑林**——碑石林立，君子如风
134 **西安城墙**——当年城垣，当时明月
138 **老城根与顺城巷**——故都旧事
145 **城门的故事**——渐次闻钟去早朝
150 **粉巷与南院门**——老巷深几许，繁华话沧桑
157 资讯补给站
157 **住宿**
165 **美食**

170

第四章
大雁塔景区——塔势如涌出，孤高耸天宫

172 旅游指南
173 主要景点
173 **大雁塔**——巍然连霄汉，佛法闻九州
182 **大唐芙蓉园**——千载梦回
188 **陕西历史博物馆**——史书深沉，国宝荟萃

202 **曲江池遗址公园**——曲江流饮
206 **寒窑遗址公园**——千年爱情故事
208 **大唐不夜城**——雁塔身后，盛唐天街
214 **曲江新乐汇**——唐韵欢乐场
218 **大唐通易坊**——长安新酒肆
224 **慈恩镇**——繁华市井的百姓街
230 **大兴善寺**——闹市中的礼佛之心
237 **小寨**——城南金街
243 **西安美术馆**——天造不出水色丹青
246 资讯补给站
246 **住宿**
250 **美食**

252 第五章
二环内城西区域——印象西安的前世今生

253 旅游指南
253 主要景点
253 **小雁塔**——关中八景之雁塔晨钟
258 **大唐西市**——落花踏尽游何处，笑入胡姬酒肆中
263 **广仁寺**——大音希声，大爱无形
268 **五星街天主教堂**——静穆的十字架

272 第六章
二环内城东区域——兴庆御花园，青龙樱茶开

273 旅游指南
274 主要景点
274 **青龙寺**——山寺樱花始盛开
279 **兴庆公园**——君王旧梦，百姓游园
284 **西安交通大学**——西安最美学府
289 **万寿八仙宫**——长安问道
294 **罔极寺**——繁华落尽的长安名寺
299 **西安事变遗址博物馆**——纪念一次果敢的兵谏

304 第七章
东线——秦唐旧地，山水怀情

305 旅游指南
305 主要景点
305 **兵马俑遗址**——沉默的殉葬
312 **华清池**——温泉水滑洗凝脂
318 **秦始皇陵**——极尽奢华之陵
322 **水陆庵**——精致古刹，第二敦煌
326 **汤峪**——温泉桃花水，沉醉不知归
328 **世园会遗址公园**——灞柳风雪，天人长安

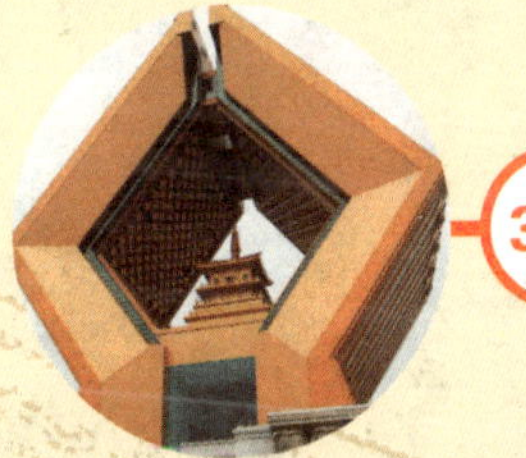

332 第八章
西线——圣地藏舍利，帝陵映群山

334 旅游指南
335 主要景点
335 **法门寺**——心安之处，即是佛国
340 **茂陵**——大汉遗踪
344 **乾陵**——女帝凤栖
349 **昭陵**——长忆贞观
353 **袁家村**——关中新印象
357 **楼观台**——缥缈若仙，终南问道

362 第九章
北线——黄河怒吼帝阙千重，帝陵荫佑华夏子孙

363 旅游指南
363 主要景点
363 **壶口瀑布**——黄河之水天上来
368 **大明宫国家遗址公园**——九天阊阖开宫殿
373 **黄帝陵**——赫赫始祖，庇佑后人

开篇

在兵马俑体验世界第八奇迹

暮春闲走南湖乱花浅草

深秋登临终南山望层林尽染

最美西安八大体验

1. 在兵马俑体验世界第八奇迹
2. 徜徉历史博物馆品读古城文化精魂
3. 伫立钟鼓楼穿越幻想的进行时
4. 夜色中漫步大雁塔体会古今碰撞的视觉盛宴
5. 暮春闲走南湖乱花浅草
6. 初夏走进兴庆宫看牡丹华衣霓裳
7. 深秋登临终南山望层林尽染
8. 飞雪中在古城墙上聆听历史低沉长音

徜徉历史博物馆品读古城文化精魂

伫立钟鼓楼穿越幻想的进行时

夜色中漫步大雁塔体会古今碰撞的视觉盛宴

初夏走进兴庆宫看牡丹华衣霓裳

飞雪中在古城墙上聆听历史低沉长音

最值得推荐的两处黄金旅游地带

本书关于"黄金旅游地带"的定义

综合性特色旅游区域，囊括"游、食、住、行、购、娱"中的全部内容，适合休闲小住

有多个代表性人文特色景点

集中较多特色美食、休闲、购物场所

有多家不同档次的特色客栈

交通方便，区域内适合步行游览

1.钟鼓楼地带

包括钟鼓楼、东西南大街、顺城巷一带，三地彼此相连。

交通：乘地铁2号线在钟楼站下可到钟鼓楼、西大街、东大街；乘地铁2号线在永宁门站下车可到南门，沿永宁门向东可到达书院门，顺城巷，碑林博物馆。

景点：钟鼓楼、回民街、大清真寺、书院门、碑林博物馆、城墙、德福巷

美食：（回民街）贾三灌汤包子馆、定家小酥肉、老米家大雨泡馍、老刘家伊味香肉丸胡辣汤、老乌家特色小炒泡馍、高家烤肉、桥梓口贾永信

（钟鼓楼）德发长饺子馆、同盛祥、钟楼小奶糕

（东西南大街）西安饭庄、老孙家饭庄、德懋恭水晶饼、柳巷面馆、真爱中国餐馆、三德隆饭庄、秦唐一号、牵人麻辣粉

（顺城巷一带）秦豫肉夹馍、樊记腊汁肉夹馍、乐乐餐厅、春发生饭店、惠记粉汤羊血、西林春牛肉面、书院旅行家餐吧

休闲：（德福巷）福宝阁茶楼、老亨利、时光咖啡馆、德福楼、老船长酒吧、麦子咖啡

（东西南大街）范特西酒吧、缪斯、苏荷酒吧、莎莎俱乐部、留声、乐巢会酒吧、三克拉女仆爵士咖啡酒吧

（顺城巷一带）那是丽江火塘酒吧、猫咪森林休闲驿站、松鼠家、我们的咖啡馆、巷往咖啡

购物：（钟鼓楼）化觉巷、开元广场、民生百货、太平洋百货、中环银泰、世纪金花、赛格国际

曲艺：（顺城巷一带）青曲社、柏树林、环城公园

（钟鼓楼）易俗社

住宿：（钟鼓楼）钟楼国际青年旅舍

（顺城巷一带）湘子门国际青年旅舍、正之道青年旅舍、书院青年旅舍、柠檬酒店

2.大雁塔地带

交通：可在钟楼乘坐公交K609路、游8、619路、601路、26路至大雁塔站下车步行即可。

景点：大雁塔、大慈恩寺、大兴善寺、大雁塔北广场、大雁塔南广场、大唐芙蓉园、大唐不夜城、大唐通易坊、曲江新乐汇、曲江南湖、历史博物馆、小寨

美食：老碗、竹间葫芦鸡、长安大排档、丝路餐厅、珍菇源、子午路张记肉夹馍、郭老大大盘鸡、竹荪鹅、阿瓦山寨、姐弟俩土豆粉、花溪牛肉粉、百姓厨房

休闲：西行漫记酒吧、忆杯咖啡生活馆、华严兰若、云雅居茶楼、盛唐陶吧、瓦库茶语咖啡、马六甲酒吧、雁域酒吧

购物：赛格国际购物广场、小寨海港城、豪邦时尚购物中心、秦汉唐文化商业广场、慈恩镇、柒小合漆器木艺馆、大唐通易坊

住宿：西安雁影国际青年旅舍、汉文武德青年旅舍、慈恩客栈

钟鼓楼地带

大雁塔地带

老西安最值得推荐的8个地方

1.钟楼（见87页）

建于明太祖朱元璋洪武十七年，位于西安市中心城内东西南北四条大街的交汇处，体态庄严肃穆，精妙瑰伟，是我国古代遗留下来众多钟楼中形制最大、保存最完整的一座。

2.大雁塔（见173页）

唐代永徽三年，玄奘为藏经而修建，气势恢弘。塔身七层，通高六十余米，造型简洁稳重，比例协调适度，格调庄严古朴，被视为古都西安的象征。

3.陕西历史博物馆（见188页）

国家级综合性历史类大型博物馆。建筑宏大，唐韵浓重，以其丰富的文物藏品成为展示陕西历史文化和中国古代文明的殿堂，被誉为“古都明珠，华夏宝库”。

4.碑林博物馆（见128页）

是陕西创建最早的博物馆，与孔庙合二为一，院内园林错落有致，建筑对称唯美，气质庄重而宁静致远。碑林以收藏、陈列和研究历代碑刻、墓志及石刻为主，成为在中国独树一帜的艺术博物馆。

5.大兴善寺（见230页）

始建于晋，隋文帝扩建，并更名大兴善寺。印度僧人曾住寺内译经。唐玄宗开元年间，成为当时长安翻译佛经的三大译场之一、中国佛教密宗的发源地。

6.西安明城墙（见134页）

西安城墙在唐皇城的基础上建成，完全围绕“防御”战略体系，城墙的厚度大于高度，稳固如山。现存城墙建于明洪武七年到十一年，至今已有600多年历史，是中世纪后期中国历史上最著名的城垣建筑之一，是中国现存最完整的一座古代城垣建筑。历经朝代更迭饱受战火蹂躏，古长安城的城门几经损毁和修复。

7.小雁塔（见253页）

小雁塔与大雁塔东西相向，是唐代古都长安保留至今的两处重要的标志。前者因为规模小于后者，并且修建时间偏晚一些，故而称作小雁塔。小雁塔的塔形秀丽，被认为是唐代精美的佛教建筑艺术遗产，小雁塔及其古钟即“雁塔晨钟”被列入“关中八景”。

8.书院门（见114页）

从碑林到关中书院门口的一条步行街。书院门的地名起源于在它里面的关中书院，关中书院是明、清两代陕西的最高学府，也是全国四大著名书院之一，西北四大书院之冠。这条街由青石板铺成，路两旁都是一些仿古的建筑，建筑里的店铺有卖湖笔端砚的，卖名人字画的，卖古籍的，治印的，每家店铺都装修得古色古香。

大雁塔

钟楼

碑林博物馆

大兴善寺

陕西历史博物馆

书院门

小雁塔

西安明城墙

新西安最值得推荐的8个地方

1.南门（见146页）

西北大都会的心脏位置，因得永宁门坐拥了百年繁华，鳞次栉比的高楼、霓虹闪烁车水马龙的街道，与身后凝重的城门对比鲜明，古今碰撞在这儿有着奇妙的美。

2.大唐不夜城（见208页）

这是西安夜景最美的地方，是古城的一颗璀璨钻石，从秦汉唐国际文化商业广场一路向南，流光溢彩绵延不绝。手工艺、书画、戏曲、饮食、建筑历史文化精髓与购物餐饮、休闲娱乐、音乐厅、美术馆、诗社巧妙融为一体，是与寻常商业街不同的文化魅力中心。高雅而富有艺术气息，复古而引领潮流。

3.南大街（见101页）

相比东大街浓浓的商业气息，南大街更显得淡雅具有贵族气质，南大街连接着西安两个尤为重要的景点——钟楼和永宁门，是古颇为城珠光宝气的一条大道。

4.西大街 （见106页）

自古以来，西大街商贾云集，是贯穿古城东西轴线的商业黄金大道。今天的西安西大街整体景观非常漂亮，表现为传统建筑风貌却又别具一格，营造出再现盛唐风采，展现西安历史文化的新气象，是集商贸、旅游、观光、餐饮、文化、休闲等功能为一体的商业街。

5.曲江池遗址公园（见202页）

这里有着令人感慨唏嘘的一段过往，曾经雁塔身后的一片荒原，如今已经成为一片草木葱茏，清水流淌的世外桃源。它是西安人春日出游，夏日乘凉的最佳去处，是保留了传统的新兴多元文化区。

6.德福巷（见110页）

现在的德福巷在西安众多的酒吧咖啡街冲击下，已经失去了当年的光彩，但是对西安人来说，德福巷是不能失去的记忆。德福巷代表的是一种文化，是静与闹，动与止，东方与西方，陈旧与新颖的交错融汇，这里不止有酒吧咖啡馆，还有你要找的现世安稳、岁月静好。

7.曲江新乐汇（见214页）

回廊式的古典意境酒吧，适合城市里小资以及小清新们。咖啡杯里的醇厚幽香，也符合都市生活的质感。从沃尔玛到购物广场，十分适合西安人有点慵懒的生活节奏。井然有序的新乐汇，有名胜的繁荣，有古迹的威严庄重，有商铺云集的购物金街，有夜生活的流光倾泻，却无景点的喧闹。

8.小寨（见237页）

西安最有活力的一片热闹街区，聚集着最多的年轻人，张扬着最恣意的青春，舞动着最炫丽的年华。它是全城的时尚焦点，古城的掌上明珠。

大唐不夜城

曲江池遗址公园

小寨

南门

西大街

曲江新乐汇

德福巷

南大街

西安背包客访谈

9位不同职业、不同年龄段的西安背包客
应《旅游圣经》编辑部邀请
畅谈多年西安生活感悟
披露心目中西安最美的地方
推荐独家景点、美食、旅行路线

“好像每个人都沉浸在自己的幸福世界里，没有剑拔弩张的快节奏生活，一座古城，一片霞光，一段安静时光。”

孙昇 24岁 自由职业者 2005年开始自助旅行

1. 你在西安生活多少年了？家乡是哪里？

我在西安生活了五年，家乡在河南林州。

2. 你觉得西安对你最大的吸引力在什么地方？

最初对她的印象是仅仅停留在古城上，知道西安是一座魅力古城。后来，渐渐地，感触到其深厚的文化底蕴，几千年，深不见底。当然，作为一个吃货，不得不说我爱西安丰富美味的小吃。

3. 如果用一个词来形容西安，你会说什么？

融合。中国传统文化博大精深，外来文化的悄然渗入，文化之间的求同存异就像是西安这个保留历史却发展未来的空间一样。千年前的大唐就有了开化气象，西安能完好地传承汉唐吐故纳新的传统，她滋养包容着来往的过客，但也不抗拒新鲜事物的生长。这座城市总能以自己的方式更好地诠释历史的变革，人来人往匆匆数千年，它总生生不息，所以我觉得是融合。

4. 如果用一张照片来描绘西安，你觉得应该是什么样的画面？

沉淀几百年的钟鼓楼，灯火霓虹穿越车水马龙的繁华而过。

5. 你认为最美的西安在哪个地方能够体现出来？

最美的西安应该是护城河边的傍晚，我喜欢这种安逸，好像每个人都沉浸在自己的幸福世界里，没有剑拔弩张的快节奏生活，一座古城，一片霞光，一段安静时光。

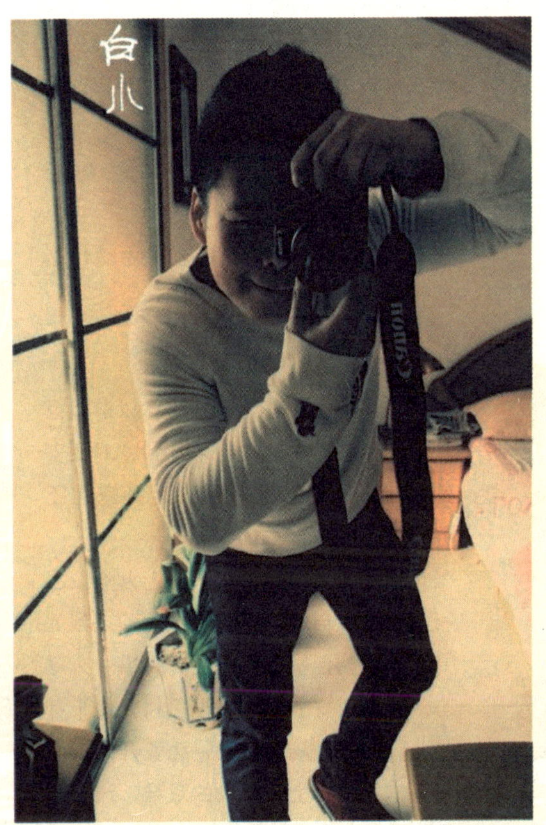

6. 你游览西安感受最深的一次是怎么样的？

我没有上过钟鼓楼，也没有登过大雁塔，我知道几乎所有的西安人都是这样。而我这么做，只是喜欢或近或远地看看这些古老的遗存，给自己留一个悬念。印象最深，或许就是我在城墙之上看到的古城吧，那是一个北方特有的干燥冬天，没有雪，但雾气浓重。墙垛之间的红色军旗和城门楼之间的空隙仿佛打开了一个时间隧道的端口。我想，没有一个城市能像西安一样适合这么凛冽的寒冬，没有一个城市能够像西安一样沧桑。

7. 你最喜欢去西安的哪几个地方？

大兴善寺。我喜欢圣洁的地方，大兴善寺在闹市里无疑是一片净土。我喜欢那儿的植物，不同于城市里生长的，那儿的绿色绿得像墨一样，而且厚重，枝叶间都很有韵味。

还有德福巷。年轻人扎堆去喝酒什么的，总能很尽兴很嗨。

8. 你喜欢西安的哪个饭店呢？

泡馍，我就喜欢吃老米家的。以前也喜欢吃老孙家，那时候初来乍到，对西安的美食还不算了解，现在老孙家也不错，只是太贵了。

张记肉夹馍我很是喜欢，考上大学以后我慢慢接触自助游，喜欢到处跑，到处寻觅美食，但唯有西安的肉夹馍令人难忘。刚到西安上学时候很孤独，每天都是张记肉夹馍陪伴着我，让我开始慢慢接受求学之路上一个人的艰难，让我习惯了这个城市，也爱上了这个城市。

9. 你能否推荐一条西安旅游路线？

从钟鼓楼到东西大街，能走上一整天，吃喝满大街都是。到了南门，看看西安的夜色，很美很虚幻，古今碰撞的感觉。大雁塔去过之后，到博物馆，大雁塔最好是早上去，我认为清晨享受大雁塔的绿意沁人心脾。然后逛逛小寨吧，傍晚到大唐通易坊喝杯咖啡，在附近解决一顿晚餐。每年秋天，大雁塔的银杏就像一片金色的霞云，覆盖着这一方古迹，若是漫步在这里，我想应该最惬意不过了。

10. 请给来这座城市的旅行者一些建议。

在西安旅行，切勿走马观花，一定要去非景点的小公园，比如环城公园，看看这里人的生活。在顺城巷，感受这座慢节奏的城市有多么温柔包容，在夜市小摊吃夜宵，在肉夹馍店里跟陕西人聊天。西安本来就不像上海、香港一样，没有多么美轮美奂的现代化建筑。就静下心来，感受砖瓦的质感，触摸南湖水的微凉，这才是正道。

“西安最文艺的地方是顺城巷，最浪漫的地方是交通大学，最华丽的地方是大唐不夜城。”

琬儿（网名）　22岁　应届本科毕业生　喜爱自助旅行

1. 你在西安生活多少年了？家乡是哪里？

四年，我从兰州来这里上大学。

2. 你觉得西安对你最大的吸引力在什么地方？

美食！虽然只在西安四年我已经成了西安美食万事通了，同学们都会问我哪里有好吃的。

3. 如果用一个词来形容西安，你会说什么？

激情。好像这个词不能形容一个城市，但我觉得西安是有生命的。她存在了这么久，已经不再是一个冷冰冰的城市了。西安有感情，有欣喜有悲伤，她很美，我们都爱她。

4. 如果用一张照片来描绘西安，你觉得应该是什么样的画面？

微雨，书院门，一个女子撑着油纸伞，在石板路走过。只留下背影。

5. 你认为最美的西安在哪个地方能够体现出来？

曲江遗址公园里有许多银杏树，你能想象秋天的时候有多美么，满地金黄的落叶，稍微抬头就能见到久负盛名的大雁塔。我喜欢雨，在飘着雨的初秋，金色的银杏园更诗情画意了。

6. 你游览西安感受最深的一次是怎么样的？

2009年的时候我来到这个古都，在城墙上看到西安的落日，很沧桑，很有意境。西安的繁华超过我的想象，虽然不如当年大唐在世界上的地位，但我想，这个城市会更美更好的。

7. 你最喜欢去西安的哪儿个地方？

我喜欢和同学一起去小寨、东大街。东大街以前是很繁华的，现在也繁华，不是指这里高楼林立，而是人多，有许多的小品牌店，吃玩购物都齐全。骡马市也在这里，晚上很繁华，全是卖各种衣服、首饰、小玩意儿的，有的逛哦。

其实西安的夜晚是很丰富多彩的，西大街和南大街有许多年轻人都爱去的夜店，晚上在南大街散步会遇到养眼的北方女子，高挑性感很有韵味。

8．你喜欢西安的哪个饭店呢？

乐乐餐厅。我来西安吃的第一餐是乐乐餐厅，虽然人特别多，这个小餐厅都快负荷不了了。但也证明那里的味道深得人心，所以大家都会去。

9．你能否推荐一条西安旅游路线？

古今穿越的乐趣就在古城西安，游览了历史景点之后，也要享受西北第一城的繁华和乐趣。在南大街，一路走过繁华的街景，就能看到钟楼与鼓楼了，在鼓楼有西安著名的小吃街，回民街。大雁塔和历史博物馆附近有购物小天堂小寨，那里也是美食聚集地。文艺路和文昌门，不能错过的历史感老街和生活气息街巷。一边踩着青砖，一边听到秦腔，是文化圣地书院门。

10．请给来这座城市的旅行者一些建议。

西安最文艺的地方是顺城巷，最浪漫的地方是交通大学，最华丽的地方是大唐不夜城。如果没去过这些地方，很容易把西安想象的很“古城”，其实西安没有那么“古城”，她不但很文艺，而且很清新，她不但很高雅，而且很美好，西安一点都不严肃，是一个有活力，而且很青春的魅力城市。

“如今车流不息的雁塔路，当时只是栽满梧桐树的街道，梧桐特别茂盛，大雁塔就在一片绿色的尽头，那个画面我一直记着。”

胡筱玲　私营业主　49岁　1998年开始自助旅行

1. 你在西安生活多少年了？家乡是哪里？

在西安生活二十多年了，老家在江西婺源。

2. 你觉得西安对你最大的吸引力在什么地方？

西安是一个让人觉得很温暖的城市，好像一旦停留得久了，人就不想走。最有吸引力的地方，大概就是她的温柔吧。

3. 如果用一个词来形容西安，你会说什么？

还是温柔，走过大江南北，从没有过一个城市像西安一样这么有人情味。总觉得一砖一瓦都是情，她很清高又很和蔼，让人不自禁去依赖。纵然有过机会去更好的城市发展，却发现离开西安以后，仿佛食不知味了，想念至极，于是又回来了。

4. 如果用一张照片来描绘西安，你觉得应该是什么样的画面？

是小南门的照片吧，安逸祥和。清晨有吵闹的市井的声音，却不让人觉得厌烦，城门洞里往来的都是那种老式的脚踏车，很古旧的感觉。好像在小南门，有一个真正的古城。

5. 你认为最美的西安在哪个地方能够体现出来？

在大雁塔，现在的大雁塔修得很美，夜景尤其出众。就像巴黎与埃菲尔铁塔的关系，西安和大雁塔也是彼此不能分离的。玄奘法师的故事，西游记的神话传说，还有唐代的文化底蕴，只有大雁塔能表达这些。

6. 你游览西安感受最深的一次是怎么样的？

很多年前，我去登大雁塔，那时候西安

还没有像现在这样漂亮，整个曲江都还没有开发。印象中大慈恩寺里的鸟鸣和清脆塔铃都在耳边萦绕着，而如今车流不息的雁塔路，当时只是栽满梧桐树的街道，梧桐特别茂盛，大雁塔就在一片绿色的尽头，那个画面我一直记着。

7. 你最喜欢去西安的哪几个地方？

我喜欢碑林，我喜欢真实的具有历史感的地方。碑林很安静，一年四季都是安静的，没有时间流逝过一样。在碑林我只有一种情绪，就是追溯历史而产生的敬畏之情。

8. 你喜欢西安的哪个饭店呢？

西安的小吃很多，许多外地人来了以后都不知道要吃什么好了。我个人比较喜欢西安饭庄，一个很有历史的饭店。而且小吃的种类也很齐全，环境也不错。

9. 你能否推荐一条西安旅游路线？

既然是古都，我想在西安感受历史才是最重要。可以先去最著名的大雁塔和钟楼，钟楼白天是可以登上去的，大雁塔的夜景最美。然后就应该去碑林、城墙、历史博物馆，我也比较推荐小南门、顺城巷、粉巷字这样的老街。

10. 请给来这座城市的旅行者一些建议。

到西安一定要有一个主题，或者说是一个目的。不要盲目地来，有些朋友来西安会说，偌大一个古城好像只有钟楼、雁塔是古老的，似乎更多的是科技与现代化的感觉，说是一个时尚都市也未尝不可。其实不然，西安骨子里的东西没有改变过，在这个城市一定要去听，去问，去学习。那些历史如何经过，那些帝王将相与文人墨客如何开辟了一个新的时代，如果对历史一窍不通，那来西安的意义也许就会改变了，就会错过了解真实西安的机会。

“西安是一个站在巨人肩膀上的城市，最重要也最美的部分，就是几千年洋洋洒洒的历史。”

Kevin　外企高管　27岁　爱好自驾游

1. 你在西安生活多少年了？家乡是哪里？

我毕业以后就留在西安工作了，在西安九年。我是咸阳人，就是西安西边的那个咸阳。

2. 你觉得西安对你最大的吸引力在什么地方？

当初一定要考西安的大学，因为西安是全国高校最多的城市之一吧，而且很多好学校名气也大。后来留在西安是因为这个城市发展得很好，我认为未来西安的发展有更大的空间和更多的机会。再后来，工作以后，真正喜欢上西安是因为这里有真正的中国文化，质朴而且厚重的文化。

3. 如果用一个词来形容西安，你会说什么？

厚积薄发。要守住老祖宗留下的宝贝很容易，但要借助历史让自己名扬四海就不易了。西安这个城市有着最灿烂的一段历史，也有着不为人知的衰败过去，如此命运多舛的城市，在一点点变得更好，也许会超过曾经的繁华程度也未可知。

4. 如果用一张照片来描绘西安，你觉得应该是什么样的画面？

南大街川流不息的车辆，古老永宁门的庄严，五光十色的南门夜景。

5. 你认为最美的西安在哪个地方能够体现出来？

历史博物馆。想要了解一个城市，先去

博物馆。西安是一个站在巨人肩膀上的城市，最重要也最美的部分，就是几千年洋洋洒洒的历史。

6. 你游览西安感受最深的一次是怎么样的？

美国CNN评出中国最美40个景点，西安城墙入选了。我恰好也认为西安明城墙是我最喜欢的古建筑之一。总觉得沙场秋点兵那样的气势令人神往，而站在古城城墙上，仿佛看到了古时候的将军一身戎装，威风凛凛的样子。

7. 你最喜欢去西安的哪几个地方？

有很多，我喜欢没事儿就去登城墙，在短暂的假日我喜欢去南湖那边放松一下，毕业后我每年都抽空回母校看看。其实母校也是西安很有意义的景点之一，对，我的母校是交通大学，春天的时候，大家会去交大赏樱。

8. 你喜欢西安的哪个饭店呢？

当然是秦豫肉夹馍。秦豫可能说不上是个饭店，但好歹也是西安连锁经营的，规模比较大，而且味道好，这么多年都没有吃腻。

9．你能否推荐一条西安旅游路线？

西安城内有钟鼓楼，上午在那附近转转就可以了，中午可以在回民街吃各种小吃，羊肉泡馍、柿子饼、酸梅汤，下午可以去在大雁塔，傍晚在雁塔广场看音乐喷泉，逛一逛不夜城，很high。晚上去大唐芙蓉园，水幕电影一定要看的，我记得有长恨歌和大闹天宫，说起来杨玉环和唐僧都是古城西安的名人，整个大雁塔也算是再现了唐朝的胜景。

10．请给来这座城市的旅行者一些建议。

到古城前，应该相应做功课。比如在兴庆宫里，唐朝皇帝的政务楼遗址是一处用石雕围起的空地，不少游客因为不知情而踏入，席地而坐甚至在此野餐，是闹了很多笑话的。西安是一座很有活力的古城，相信就算是对历史没有兴趣的朋友在这里也一定能迷上秦、汉、唐的文化。

“忽然眼中多了一大片的粉色，三月的桃花开得妖娆，这里就像真实的世外桃源一样，一切的疲惫都被冲走了。”

天涯若比邻（网名）　公司经理　46岁　热衷于自驾旅行

1. 你在西安生活多少年了？家乡是哪里？

十多年，四川广元。

2. 你觉得西安对你最大的吸引力在什么地方？

我觉得美食最吸引我，这个城市素来被誉为“美食之都”，羊肉泡、灌汤包、葫芦头、凉皮、肉夹馍都是这里本土的味道，来西安旅游决不能辜负这些美食。回民街里的更多，虽然绝大多数都是小吃，但古城里有名气的店在回民街可以说是饱和状态，不来两三回是吃不尽兴的。

3. 如果用一个词来形容西安，你会说什么？

金城。西安在司马迁的《史记》中被誉为“金城千里，天府之国”是13朝古都，中国历史上的四个最鼎盛的朝代周、秦、汉、唐都建都西安。作为世界历史上第一座城市，我想西安是唯一的，是最为珍贵的，是无可厚非的一座金城。

4. 如果用一张照片来描绘西安，你觉得应该是什么样的画面？

我想是夕阳下的鼓楼，晚霞千里，暮鼓晨钟。鼓楼其实比钟楼更大气，更威严，更有韵味，尤其是牌匾上的“文武盛地”四个字，有着庞大的气势。

5. 你认为最美的西安在哪个地方能够体现出来？

兵马俑。尽管这个答案很官方很刻板，也没有创意，我仍然打心底觉得是兵马俑。第一次去的时候，那时候我的相机还只有一个定焦镜头，石俑的表情都拍不真切。可是后来我带着广角镜头、长焦镜头再去看一号坑的时候，我才知道，你眼中所能看到的，你想记录下来的，最终都无法如愿，因为无论你从哪个角度，用多广的广角，都好像表现不出那种感觉。那种壮观的感觉，记忆犹新啊。

6. 你游览西安感受最深的一次是怎么样的？

我闲来无事在曲江与三两好友畅游春意，站在曲江的石桥上，凭栏远眺，碧波如玉，亭台楼阁，游人与船尽收眼底。忽然眼中多了一大片的粉色，三月的桃花开得妖娆，这里就像真实的世外桃源一样，一切的疲惫都被冲走了。回忆起来，似乎很多很多年都没有那样真正地放松了自己的心情。

7. 你最喜欢去西安的哪几个地方?

曲江，城墙，回民街。

8. 你喜欢西安的哪个饭店呢?

竹园村火锅，土生土长的西安火锅，很有北方特色。作为西北最有魅力最有吸引力的城市，连火锅的滋味都是这么霸道。

9. 你能否推荐一条西安旅游路线?

以追寻历史和放松心情为主，大唐的胜迹要从大雁塔看起，博物馆是必经之处，然后在古玩街走走。最后如果天气好的话，一定要去芙蓉园和南湖，不必把南湖当做一个景区，只要随意闲逛即可。

10. 请给来这座城市的旅行者一些建议。

西安城市的风格，并不像北京、上海一样的新颖奢华，古城大部分的建筑风格都是比较古老，很有韵味的。其实我觉得有很多角落和细节，都能让游人为之触动。如果想了解西安背后的故事，要全身心融入这个生活节奏不算快的、文化底蕴深厚的城市。

“奔着美食和历史而来，一个人，一个包，你会看到更多。”

勋（网名）　23岁　研究生在读　穷游一族、沙发客

1. 你在西安生活多少年了？家乡是哪里？

来西安一年了，家乡在湖南株洲。

2. 你觉得西安对你最大的吸引力在什么地方？

很多，但是又说不清楚。也许仅仅是对盛唐的向往，就让我爱上这个城市。

3. 如果用一个词来形容西安，你会说什么？

浪漫。很多人心中的古城，都是严肃的，生硬的，老旧的。我却觉得西安这座古城是充满了感情元素的一座城市。比如杨贵妃的感情元素，让这个帝王之都有了一抹女性的色彩。整个大唐芙蓉园都是在表达爱情的，还有兴庆宫和华清池，这个爱情虽然是悲剧，但可歌可泣，是唯美而浪漫的。

4. 如果用一张照片来描绘西安，你觉得应该是什么样的画面？

一张低空俯瞰全城的照片，四方格子一样的池城，横平竖直，就像切豆腐一样把西安整齐划出纵横交错的样子。

5. 你认为最美的西安在哪个地方能够体现出来？

书院门。特别有味道，到处都是卖宣纸、毛笔、字画、石碑拓片的。我喜欢这种崇拜文字与诗书的古代感觉。那里有青石板的街道，若是碰上雨天，墨的味道就缓缓地散发出来，沁人心脾。

6. 你游览西安感受最深的一次是怎么样的？

第一次看见城墙。城墙将西安仔细地包裹起来，仿佛西安人便因此有了依靠。城墙下，这个古老又新鲜的城市好像为我讲述一个很长很长的传说，古都的秦唐底色、十三朝的尘封往事让人唏嘘不已。我猝不及防地陷入了这个城市，站在城墙下，仿佛我也有了一份牢不可破的依靠。

7. 你最喜欢去西安的哪几个地方？

兴善寺，书院门，还有通译坊吧，那里有很多美食，也有很多气氛不错的bar。

8. 你喜欢西安的哪种美食呢？

我是南方人，羊肉泡馍真心吃不惯，同学是深圳的，第一次看见“馍”的时

候，我们都不知道怎么吃。后来经过我的寻觅，发现大西安的美食其实很有包容性，全国各地的朋友都能找到对口的。我喜欢的红红酸菜炒米在很多攻略上都榜上有名。

9．你能否推荐一条西安旅游路线？

清晨租一辆自行车，在城墙上玩骑行，记得我头一次在城墙上骑行的时候看到两个唐朝士兵模样的工作人员，还以为自己穿越了。骑行结束，就到书院门走一走，那样清淡的感觉，让人很舒服，然后顺着南大街就可以看到钟楼了，夜色下的钟楼，有着别样风韵。

10．请给来这座城市的旅行者一些建议。

其实我是一个不认真的人，我去旅行之前，总喜欢“道听途说”，慢慢的，一个城市的样子就在不同的人口中描述了出来，这样很有意思。我觉得旅游，就是瞎胡逛。从自己厌倦了的城市跑到别的城市看一看，走一走，感受当地的街道、人文、空气。尤其是西安，奔着美食和历史而来，一个人，一个包，你会看到更多。

“西安不像别的城市，不是你来过这个兵马俑，来过这个大雁塔，来过这个钟楼，就能说你来过西安。”

张艺馨　30岁　网络文学作家　自助游达人

1. 你在西安生活多少年了？家乡是哪里？
还不到一年，老家是成都。

2. 你觉得西安对你最大的吸引力在什么地方？
悠久的历史。在这里能看到古代帝王的抱负，就像城墙一样绵延不朽。

3. 如果用一个词来形容西安，你会说什么？
成语可以么，我想说物华天宝。陕西有许多的帝陵，想必本身就是风水极好之处。除了上天赋予的江河山川，西安也是一个人才辈出的地方。自古以来有多少英雄才子、帝王将相被这八百里秦川所养育，所以，长安、西安，真正是物华天宝、人杰地灵。

4. 如果用一张照片来描绘西安，你觉得应该是什么样的画面？
凉皮，肉夹馍，还有一瓶冰峰汽水放在一起的全家福。西安人朴实，在他们眼中最好的美食或许就是这三样，不是海鲜龙虾，不是玉盘珍馐，而是这最简单、最能填饱肚子的凉皮、肉夹馍和汽水。

5. 你认为最美的西安在哪个地方能够体现出来？
大兴善寺，古城里的古刹，再也没有比这里更加清净的地方了，可你会惊讶于古刹外的一方天地，竟然是最为繁华的街巷之一。

6. 你游览西安感受最深的一次是怎么样的？
第一次来西安，从机场到西安的时候夜已经很深了，记得深夜里的钟楼，很安静的古建筑，但是霸气逼人。我觉得很玄幻，似乎历史触手可及，近在眼前，但是白天再看的时候好像就没有那种震撼，就像夜晚的钟楼与这个时代不在一个空间一样。

7. 你最喜欢去西安的哪几个地方？
我很喜欢去大雁塔南广场，我喜欢植被茂盛的地方。大雁塔和曲江的绿化都非常好，有唐代皇家庭院的感觉，大唐芙蓉园的水幕电影也是不能错过的精彩之一。

8. 你喜欢西安的哪个饭店呢？
五一饭店，和西安饭庄一样都有陕西各色小吃，荟萃了齐全的陕系菜肴，还有面点也是首屈一指。

9．你能否推荐一条西安旅游路线？

可以先去钟楼，然后漫步在东西南大街，南大街最为宽敞，西大街十分复古，东大街有许多年轻女孩子都喜欢去的骡马市购物街。大雁塔那里有很多环境和格调都别致的酒吧、咖啡厅、西餐厅。如果要发懒的话，可以去大唐通易坊。在这种非常有历史感的地方品茗，一边将历史铭记于心，一边感受茶叶的清香，感觉非常好。

10．请给来这座城市的旅行者一些建议。

建议不要只给这个城市留一两天的时间，那样你看不懂西安的。放慢脚步，每一天都安排得轻松一些。西安不像别的城市，不是你来过这个兵马俑，来过这个大雁塔，来过这个钟楼，就能说你来过西安。我这句话，也许只有真正去琢磨过这个城市的人才懂。

“中国的国家级历史文化名城有很多，但被联合国教科文组织评定的世界历史名城，中国仅西安一座。”

吕涛　30岁　音乐教师　有固定的假期，可以一年旅行两次

1. 你在西安生活多少年了？家乡是哪里？

在西安是第八个年头，山西运城人。

2. 你觉得西安对你最大的吸引力在什么地方？

历史。我对古老的，有文化感的城市非常喜欢，这样的城市我尤其喜欢西安和北京。最初西安作为一个古城吸引了我，后来，西安以她的包容、敦厚、多元让我选择留在这里。

3. 如果用一个词来形容西安，你会说什么？

从容。这个城市不紧不慢，不疾不徐，既不会让人有所懈怠，也不会让人觉得疲惫。中国的国家级历史文化名城有很多，但被联合国教科文组织评定的世界历史名城，中国仅西安一座。根据国际公约，世界历史名城免遭战火侵袭，如有违背，将受到制裁。在如此特殊的定义之下，西安却一直保持着温和从容的姿态，更加令人神往。

4. 如果用一张照片来描绘西安，你觉得应该是什么样的画面？

我认为应该是历史博物馆的照片吧，我真正喜欢西安就是从游览了历史博物馆开始的。

5. 你认为最美的西安在哪个地方能够体现出来？

我认为还是陕西历史博物馆。馆内藏有很多价值连城、或者说无价的文物，从最早的远古人类初始阶段使用的简单石器，到1840年前社会生活中的各类器物。在这一百多万年里，中国历史上强盛的周、秦、汉、唐等王朝接连书写了恢弘的历史。西安拥有的丰富文化遗存，深厚的文化积淀，只有在陕西历史博物馆才能全面了解。

6. 你游览西安感受最深的一次是怎么样的？

第一次爬华山的时候，那份震撼记忆犹新。第一次看到了那样险的山势，第一次那样心惊胆战地登山，第一次看到那么绝美的日出，都是在华山。我一直清晰地记得那手脚并用的登山之感，华山上的山石在烈日下却显得森然如白骨一般，不到长城非好汉，华山更能显英雄。

7. 你最喜欢去西安的哪几个地方？

钟楼、南门，陕西的古代和现代建筑的交汇处，既繁华又古朴。

曲江、秦岭、兴庆宫，环境很好，天然氧吧。

博物馆、碑林、书院门，陶冶情操的好去处。

8. 你喜欢西安的哪个饭店呢？

我喜欢吃水盆羊肉，老白家的水盆羊肉很鲜美，经常去。含光门的石锅记泥鳅，炖得十分软，总是带亲朋好友去品尝。

9. 你能否推荐一条西安旅游路线？

我就推荐一个历史文化专题的路线吧。西安城墙、钟鼓楼、化觉巷的清真寺这三个大景点距离比较近，可以一上午逛完的，在城墙上骑车很有趣。碑林博物馆、书院门都非常有意义，喜爱书法的朋友绝对不能错过。小雁塔其实才是雁塔晨钟的那个“雁塔”，有时间的话去看看也是值得的。历史博物馆、大慈恩寺这些都不必说了，是凡去西安不能错过的地方。最后，留一天去城墙下的公园里走走，体会一下西安老百姓如何生活。

10. 请给来这座城市的旅行者一些建议。

西安是个历史文化厚重的城市，去之前补补相关的历史知识会让你的旅途收获更大。

“冬天的时候在古城走走很有意思，因为那些古代的建筑，好像一下就复活了，尤其是雪天。”

晓爱（网名） 38岁 旅行爱好者

1. 你在西安生活多少年了？家乡是哪里？

十年，江西南昌。

2. 你觉得西安对你最大的吸引力在什么地方？

文化精深，历史悠久。

3. 如果用一个词来形容西安，你会说什么？

优雅。我个人认为西安虽然发展得很好了，但民风还是很淳朴，市民也比较友好而且善良。整个城市柔和、温厚、优雅。

4. 如果用一张照片来描绘西安，你觉得应该是什么样的画面？

书院门，那里有浓浓的文化氛围。

5. 你认为最美的西安在哪个地方能够体现出来？

永宁门，这个地方我很喜欢。因为古今融合，一面好像留在过去，一面存在于未来。在南门这里，看到西安十年来的变化，但是却不自知。就好像有个孩子长大了，直到别人说，哎呀你家孩子都这么大了，这个妈妈才恍然，对着孩子说，是啊，你怎么这么高了，怎么会呢。

6. 你游览西安感受最深的一次是怎么样的？

我有一次走在雨中的城墙下，西安护城河边有长廊一样的公园，绕着城墙一整圈，而且公园修得很精致，很有古典的韵味，那个时候感受到西安浓郁的古都风貌。

7. 你最喜欢去西安的哪几个地方？

我喜欢去大唐不夜城，在未央湖烧烤，曲江那边空气很好、很清新，适合清晨去锻炼身体。

8. 你喜欢西安的哪种美食呢？

古法葫芦鸡。西安的一道名菜，鸡肉做得很好，皮烤得金黄金黄，肉质细软也不柴，我很喜欢吃。

9. 你能否推荐一条西安旅游路线？

冬天的时候在古城走走很有意思，因为那些古代的建筑，好像一下就复活了，尤其是雪天。我推荐下雪的时候爬城墙，一直走到南门，这个古城在雪中的感觉很真实，又好像是史书中描绘的一样。用一整天的时间来走城墙，然后就可以去东边的华山，西边的乾陵，这些都不错，乾陵是一个风水绝佳的地方。

10. 请给来这座城市的旅行者一些建议。

最好在西安交一个朋友，这样他就会告诉你什么地方值得去，什么地方要斟酌一下再去。要买东西的话不必去那些全国各地都一样的大型商场了，可以去书院门或者八仙庵，都是特色的古玩一条街哦，里面全是古色古香的小玩意，街道风格也很古老，很有味道。

1 西安旅游总攻略

缤纷四季

春日对于西安来说可谓昙花一现，虽然短暂，却令人沉醉不已。北方城市的三月初，春寒料峭，杨絮紧跟着最后一场雪飘来，教人看不真切这纷飞的早春。从第一场绵绵的雨水来临，青石板路间的细小植物迅速萌生，很快就覆盖了城市。兴庆宫里的馥郁花香萦绕在城墙根，这是西安春日的开始。当青龙寺的樱花盛开了，春的乐章便奏至华彩。在这一段时间里，每个家庭都会空出几天，在兴庆宫或是青龙寺看看花。北方温柔的春季，像是少女柔荑般的手，轻轻地拈开一片片花瓣，让雨露和晨光带给古城一段直到荼蘼的花事。

这儿的夏日很漫长，也很鲜亮。西安的夏季没有南方城市那仿佛被濡湿的不畅快，也并非极其干热，而是一种明媚的感觉，是一段闪光的季节。

六月，整个西安都苏醒了，在茂盛的法国梧桐下对弈的老人已经占满顺城巷，黄昏时乘凉的人们漫步在环城公园，似乎每一处风景都承载着西安百姓的幸福生活。夏夜晴空，钟鼓楼上盘旋了成千上万的燕子，已经成为了古城的一处奇景。它们年年在这儿筑巢繁衍，萦绕于雕梁古迹，在古老的建筑前衔着灵动之气盘飞，仿佛是诉说着一种对过往时光的留恋。

夏季是体验古城生活的最佳季节。骄阳下不适合去城郊的兵马俑或是帝王陵墓，但适宜在书院门淘一件古色古香的玩意儿；在大雁塔的绿荫之中午后小憩；在曲江慢慢悠悠地溜达；在回民街吃夜宵；去钟楼看看精美壮阔的古城晚霞；更

北院门高府的荫夏

适宜在德福巷这样的酒吧街里，感受传统与现代交融的夜生活。

西安的秋天也是短暂的，一晃眼就从仲夏到了深秋，美好的季节总不能长久，这才更令人珍惜久等的十月。纵有春的娇羞，夏的明亮，古城却还是古城，沧桑总是浑然天成。天气变得清朗，在城墙上看到大雁塔，那一片茏葱的绿色却染得斑斓，而城墙那砖瓦的灰褐色，一点点染上远山终南。

这样一个季节，去看帝王的陵寝最好不过。沉默的兵马俑，了却君王天下事，赢得生前身后名。西出咸阳，汉唐帝陵深沉如同萧瑟的秋，法门寺的塔铃清脆，随着凉风穿过雾去，萦绕在你的耳边。西安的秋，发人深省，令人沉思。看到大雁塔的枫叶荻花秋瑟瑟，悟一点玄奘万里的虔诚；看到兴庆宫冲天香阵透长安，领略满城尽带黄金甲的秋菊胜景；看到南湖天阶夜色凉如水，不如也漫步亭台边，学杜牧坐看牛郎织女星。

西安的秋天，是最像长安的，颇有些从容不迫，宁静致远，宠辱不惊的气质。在古城，这样的秋天，适合怀古，却并不悲伤。站在雁塔上看见的城市，安静得令人沉迷，沧桑但没有丝毫衰败气象，谁道自古逢秋悲寂寥，却见长安的霜叶，仿若红于二月花。

秦岭火晶柿子

北方的冬季很冷，若说在夏季古城得以苏醒，那冬日里，她便是沉睡了。

我独爱西安的冬天，在大雪纷飞的日子里，大大小小的公园里结了满枝头的红豆，虽是南国之物，生长于古城却也别有一番韵味。

落雪的城墙，无疑是西安最美的风景之一。每年的元宵灯会，城墙上都会高高筑起琉璃般的彩灯，华美无匹，若是飘落着雪花，那更加情景交融了。寒冷的季节里总有许多温暖的节日，圣诞夜的德福巷是年轻人狂欢的乌托邦，有着欧陆风情的酒吧街，青石板铺成的小路。霓虹彩灯装饰的节日里有西安独特的味道，是烟花，欢乐，与青春的味道。

秦岭雪后的山村

然而回民街才是最为适合冬天的地方，在寒冷的天气，去回民街热腾腾地大吃一顿，也许是每个西安人都爱做的事。那冒着热气的羊肉泡馍，混合着牛羊肉鲜香的味道，飘入鼻息，刺激着肠胃，暖热了心窝。各种小吃等着你一路大快朵颐，时时刻刻都拥挤的街道却令人觉得好温暖。冬天的回民街，人们比肩接踵地争相品味美食，寒冷都被忘记了，只剩下眼前的流光溢彩，舌尖上的香浓滋味。

春暖曲江

专题旅游

传奇史书——历史古迹专题游

首先，用三日时光，探访皇家古迹，看历史风潮迭起。第一日东走骊山。临潼始皇陵墓默守两千年天下，秦兵马俑黄土下无言殉葬，杨玉环风花雪月华清池依旧水滑洗凝脂。第二日西出咸阳。昭陵六骏功高，乾陵女帝凤栖，茂陵大汉遗踪，阿房突兀而起。第三日市井寻古，兴庆宫李唐帝王旧居仍在，大明宫长夜漫漫灯如魅影。

而后，追忆长安，寻找徜徉在博物馆里的时光故事。陕西历史博物馆，西安碑林博物馆，犹如镇住历史的巨石，为的是不让那些曾经再度消逝。斑驳古墙，青石如诉，一切都在娓娓道来唏嘘的过往。未开发的陵墓下究竟埋藏多少倾世宝藏，古人的智慧与文明如何珍藏，千年埋藏黄土下的金玉神话在哪里得见，唯有博物馆，细心为你一一解答。

最后，漫游西安，淘遍古玩街区，追寻繁华见证。在这样一个低头就能捡到宝的城市，淘古玩是最为重要的一个购物项目，化觉巷，八仙庵，朱雀门，南马道巷，那些满街密密麻麻依附于过往的琳琅珍宝尽管是赝品，你也乐于带它们回家。它们所充斥的气息，是唯有隶属于繁华时代的产物才存在。历史，一部分存在于真实的遗迹，一部分依

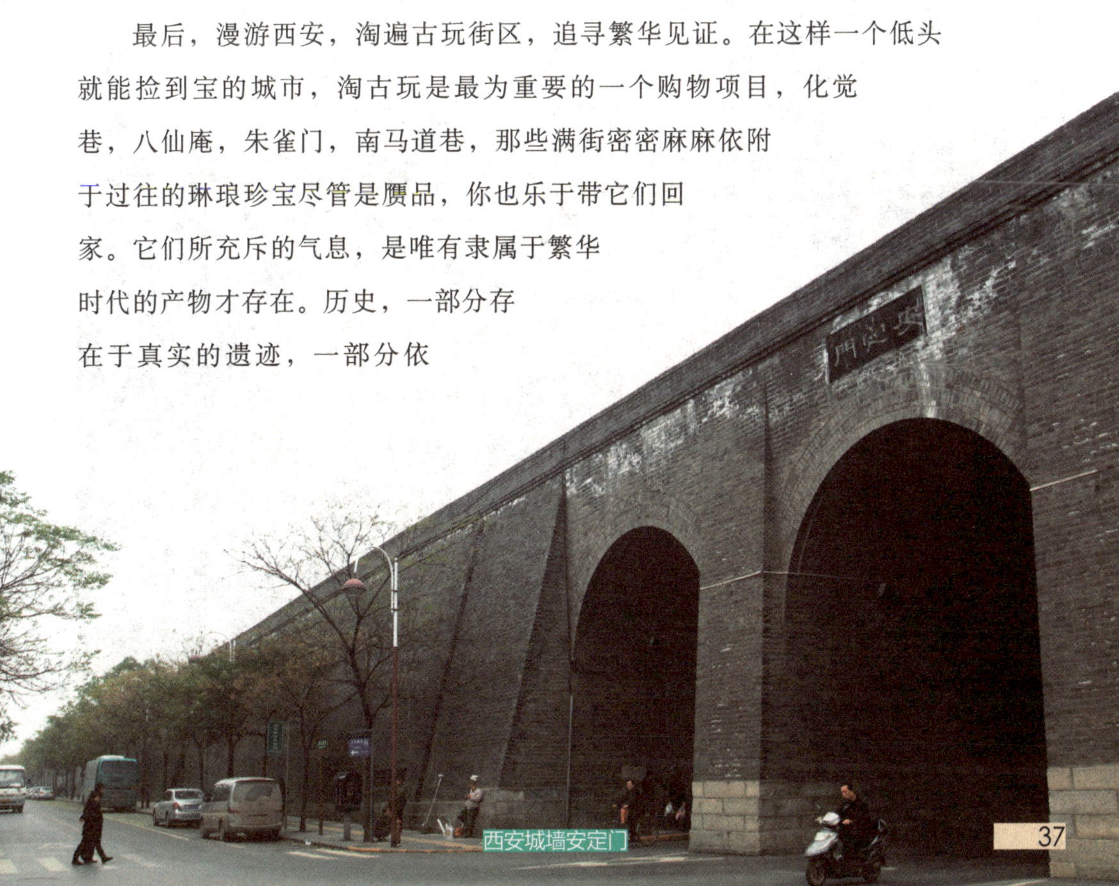

西安城墙安定门

广仁寺佛像

附于挖掘出的金玉琛宝和石碑铭刻的只言片语，而还有一部分，一定在那市井街巷之中，在那昂贵或者廉价，精美或者粗糙的物件里。或许在这样琳琅满目的陶罐器皿中，有一种颜色，能够诉说一段繁华时光，就像唐三彩，那般朱红是长安向晚的如釉霞云，绿是苍翠清隽的秦岭如琼翡，蓝是那透明澄澈的兴平盛世。如此，大唐盛世。便在彩色的瓷器之中复活。

沐浴圣光——宗教专题游

西安，有佛寺的塔铃清脆，有道观的青烟袅袅。这样一座城市，古刹林立如星罗棋布一般地散落在街角巷尾。其百余座佛寺，在影响东方的八大教派之中，有四个宗派的祖庭就坐落西安。而中国土生土长的道教存宫也有二十七所，道教发源地以及影响尤为广的全真教发源地也都在这里。

来到西安，迷人的不仅是古都风情，也一定有韶光普照与祥云瑞霭令你心旷神怡。去走一走那些香火鼎盛的寺庙道观，不论有无信仰，只为那清心静气，接受圣洁的洗礼，觐见“禅”与“道”的万千智慧。

第一天，西安佛国之旅。可选择一两家寺庙一游。在莲湖区的唯一藏传佛教寺院广仁寺，经幡飘扬如同朝霞一般。在大雁塔下与玄奘法师有着不解之缘的大慈恩寺，默默守着八十一难求得的经卷。在偏安城南的樱花之海青龙寺，纪念跨越国界的师生情谊。与大唐两个至尊的女人紧密相连的罔极寺，诉说太平公主与武则天扑朔迷离的母女情分。在繁华之地的大兴善寺，嗅出千年皇家寺院的气息。这城市里匆忙慌张的步伐却夹杂着淡然足音，是西安可贵的闹市清心。

第二天，行走西安道观。碑林区香火鼎盛的八仙庵，是口口相传的灵验之地，这里总是行人车辆来往如织，善男信女比肩接踵。在那古朴德福巷的巷口，一座清隽至极的湘子庙淡然缥缈，与八仙庵不同的是它的出尘、温和，是那洗涤心灵的静。

第三天，终南问道，法门礼佛。寻一日风和日丽，前往震撼世界的佛祖真身舍利藏处——法门寺，它总是令人震撼。这将是一次前所未有的礼佛体验，是一次神圣的觐见，只等待你体会宇宙之间最高深的智慧。而那苍山如玉的终南，那白发染鬓的耄耋老人——李聃，又是如何在苍翠横疏之中留下了《道德经》。一切，只能在绵延起伏的终南山楼观台之上，方能悟出一二。

简单生活，快乐西安——西安慢节奏生活专题游

在西安生活二十余年的我，对这座城市最深的眷恋，就是她那一种母亲的慈爱与温柔。那些朝代的风烟岁月，那些辉煌如同玉珠散落在西安城的每个角落，在迟开的夏花，在岁末的白雾，在雨后的青竹，在石碑上隽永的刻字。

放慢年轮，向后拨动指针，娓娓道来一种生活方式，简单，醇厚，优美，这便是大长安。

第一天，品味酒与咖啡，享受现代和古典的碰撞。在隋唐就已经存在的德福巷中漫步，你感叹欧洲巴洛克风情与汉唐茶韵如此契合，两个世界在这里交融。而那样璀璨耀眼的大唐不夜城，轻歌曼舞，却无一丝浮躁的纸醉金迷。

南门晨光

第二天，听秦腔，喝喝茶，体味快乐质朴西安情。秦腔堪称中国戏曲的鼻祖，它是靠吼的，在江南可唱不了，水墨画一般的城市只有婉转的莺歌，而黄土高原这千沟万壑的土地，犹如大地裸露的胸膛，与西北汉子一样黝黑，粗犷。在西安，夜生活不仅是光与影在酒吧里的缠绵，那茶社里也有一大群人听着秦腔大声叫好。环城公园每天都有专业剧团演员的露天演出，大大小小的秦腔演艺中心和茶楼里与咖啡厅酒吧一样受欢迎，这是嘹亮的西北之声，亦是西安人最简单的快乐时光。

住宿

西安，一个国际化的西北大都会，一个集繁华与历史、荣耀与文化于一身的城市，必定吸引更多五湖四海的游人来领略她的千年风情。

西安的各类酒店、客栈繁多，亦是能够满足不同需要、不同消费水平的旅客。而本书所推荐的住宿地点全部位于三环内城区。近几年来，快捷酒店、公寓式酒店以及青年旅舍成为大多数人旅行的新选择。没有高昂的价格，却有安全舒适清洁的住宿环境。

青年旅舍，价格从数十元至二百元，是体会古都人文风貌的绝佳机会。在西安这样一座古老悠久却又繁华明媚的城

七贤国际的精致设计

湘子门国际青年旅舍

市，你若愿享受古典与现代的冲击，愿体会这个城市静若处子、动如脱兔一般的风情，那湘子庙街口的湘子门青年旅舍就可以满足你。古色古香的木质雕花建筑，与暗红的灯笼罩住古城的夜色，出了门却是霓虹笙歌的酒吧街德福巷，是否能让你在穿越时光的乐趣中流连忘返？你若只愿聆听那古老街巷里屋檐下的铜铃清脆，那么顺城巷里的正之道青年旅舍、书院青年旅舍、碑林老街道青年旅舍都可以为你展现最浓郁的古城味道。院落前的青瓷花盆里种着亭亭荷花，石板里凹凸不平的水坑却倒映西安天空的湛蓝色，竹椅上一只悠闲的猫咪打着盹儿，木质雕刻精美的门窗外是周秦汉唐千年的风沙。

快捷酒店是如今的新宠，它们不像青年旅舍那样感性，但它们提供极简主义的旅途需求，简单舒适，对于如此高速的时代节奏来说，就是旅人最好的享受。这些快捷酒店价格在100元至300元之间，密集地分布在了各大繁华中心，贯穿了各处交通咽喉之地。

新型的酒店公寓更是为旅人提供了一个最温馨的“家”。搭配厨房的小房间，不再像其他酒店一样千篇一律的窗帘，精心挑选的小碎花床单与衣柜旁罗马风格的落地灯，整洁干净的入住环境，这是公寓也是酒店，适合长住也适合小憩。在西安，最好的公寓式酒店是“馨乐庭城中服务公寓”，价格在三百元左右。更加适合大众与年轻人的“雅居”、“快乐驿站”、“第七日”、“馨悦酒店公寓"等价格在100元至200元之间。还有注重品位与细节的以人性化服务著称的"芍药居"，位于小寨大商圈的"在路上"，温馨可爱小清新范儿的"爱人码头"等，也都能满足你不同的需要。

需要提醒的是，酒店价格随节假日、淡旺季浮动，仅供参考，最好提前预订。

锦江之星（部分店址） 客服电话：400-820-9999

骡马市店　碑林区骡马市步行街26号

解放路店　新城区解放路110号

李家村店　碑林区友谊东路218号

小寨西路店　雁塔区小寨西路11号

东关店　碑林区柿园路163号

大雁塔店　雁塔区西影路63号

钟楼店　碑林区社会路1号

建国门店　碑林区环城东路5号

高新开发区店　未央区二环南路西段148号

如家快捷（部分店址） 客服电话：400-820-3333

钟楼店　碑林区西大街竹笆市内

钟楼南店　碑林区南大街粉巷18号雄狮大厦4-6楼

钟楼东街店　碑林区东大街东柳巷8号

钟楼北店　新城区西新街51号

火车站店　新城区东六路23号

科技路店　高新区科技路6号

含光门店　碑林区含光门外邮电北巷22号

菊花园店　碑林区东厅门1号

朱雀门店　碑林区五岳庙门5号

建国门店　碑林区环城南路东段100号

大差市店　碑林区和平路87号

宜必思 客服电话：029-87275555

碑林区和平路59号

汉庭快捷酒店（部分店址） 客服电话：400-812-1121

南大街店 碑林区南大街6号

小寨店 雁塔区兴善寺东街35号

交大店 碑林区兴庆南路3号

解放路万达店 新城区西三路9号

高新路店 高新区高新路61号

布丁酒店（部分店址） 客服电话：400-880-2802

钟楼北店 新城区尚朴路27号

太乙店 碑林区太乙路23号

东大街店 碑林区东大街399号

交通大学店 新城区咸宁中路42号爱家广场

格林豪泰（部分店址） 客服电话：400-699-8998

小寨店 雁塔区兴善寺西街101号

南二环高新店 高新区高新二路15号

经济性家庭公寓

西安小憩驿站酒店公寓 我爱我家店 029-88252377

mini店 029-68912777

西安雅居酒店公寓 李家村万达西侧 029-82088811

花之馨西安家庭旅馆 西大街桥梓口 029-88091992

西安逗号快捷短租公寓 北大街一号宏府嘉会广场A座5013

029-87402061

西安快乐驿站酒店公寓 陕师大老校区旁恒大国际公寓5层508室

029-82082022

青年旅舍

小花国际青年旅舍　莲湖区西大街157号　029-87243955

七贤国际青年旅舍　新城区北新街七贤庄1号5号院　029-87444087

湘子庙街国际青年旅舍　碑林区湘子庙街16号　029-62867999

正之道青年旅舍　小南门门洞里面东50米　029-87618713

美食

西安美食，不似东南菜肴的甜糯绵香，不似西南地区的酣麻劲辣，八大菜系中没有陕菜，但所有踏足过秦川大地的人们却都对西安美食赞不绝口。陕西人淳厚，朴实，那粗犷的大嗓门，豪气十足的陕西话，还有开门见山的性格就像是关中这片土地，陕西人自己开玩笑说“八大菜系没有咱陕菜，是咱陕菜上不了台面哩！”陕菜的“上不了台面”其实就是它淳朴的品质，虽然不是细腻的，虽然不是精美的，亦不是繁冗至极，也不用珍贵的各种食材，陕菜只有两个关键词，那就是“好吃”和“管饱”。就像是馍与肉，简单的一块热气腾腾的酥脆白馍，夹上腊汁肉丁，却能够碰撞出最直白的人间美味。在西安，最著名的肉夹馍铺子也是小店，肉夹馍还是那个样儿，没有精美的盘装，没有豪华的环境，没有高昂的价格，没有一流的服务，只有喧闹的食客，排着长龙队的店门。

西安，西安人，西安美食，品性都是一样的，那就是一种摒弃浮夸的简单，返璞归真的自我。

“两宴”与“两泡”

两宴：指西安德发长的饺子宴与陕西小吃宴。

两泡：意为羊肉泡馍和葫芦头泡馍。

美食首推这“两宴”与“两泡”，而它们究竟又是以何魅力登上榜首呢？

陕西的风味小吃，可谓五花八门，令人眼花缭乱，素有“锦乡陕西”之称。全省数百种小吃如若一一品尝，恐怕要撑破肚皮了，为了满足四海食客，精挑细

葫芦头泡馍

选七十种组成小吃宴，来演奏一场盛大的美食交响音乐会。饺子宴，中国千家万户年年都要吃的食物饺子，竟然能做出百种风味，这是大饱口福与大开眼界一箭双雕的美事。

羊肉泡馍在西安的地位是非常高的，一碗飘着葱花香菜冒着热气的羊肉汤里，上好的羊肉静静躺着，这时候再来一个烫手的饼子，真真“撩咋咧！（美极了）”可是先别误会，刚才那一碗肉一个饼的吃法，就不是羊肉泡馍了，而是水盆羊肉，在西安，这两种完全相同食材的食物却大不一样。真正的羊肉泡馍是什么样呢？给您一个老大的碗，再给您一个热白饼，开始掰吧！要掰得均匀，不能太大也不能太小，更要在掰的过程中享受自己动手的感觉，不知道还有哪儿是要食客下了馆子还得亲自制作食物的，但在西安吃羊肉泡馍，要想吃得尽兴，还是得自己动手！馍掰好了，人家老板才端走，经过一番周折，终于品尝到了羊肉与馍花共同徜徉在高汤里的美食。羊肉泡馍还有一种吃法，叫小炒泡馍，在西安简称为“小炒”，一样馍和牛羊肉，但在做法上有区别：普通泡馍是煮出来的，而小炒则是炒出来的。不论羊肉泡馍，还是水盆羊肉，或者小炒泡馍，都是西安专属的美味，那羊肉，不膻不腻，那馍，柔韧劲道，不得不说西安简直是面食的天堂。

葫芦头，名字听起来就有一段渊源，而在西安葫芦头的历史也非常悠久，为唐代京城美食。可最初，因为葫芦头特殊的食材（由猪大肠制作而成，称煎白肠），食者鲜少。据说，有一天，著名医学家孙思邈来吃一家长安挺有名的煎白肠，却觉得骚腥不美，于是就叫来老板，把随身携带的葫芦取出，从中拿了几味药材给老板。老板随后将这些药材同猪大肠一起煮，立即难闻的气味全无，取而代之的是十里飘香的鲜美。从此，煎白肠改名叫葫芦头，吸引了无数的长安人，直到今天。

凉皮

陕西凉皮、肉夹馍、冰峰（一种当地橙汁味碳酸饮料）是西安美食“三剑客”，也是多少西安人关于家乡最美好的回忆。陕西凉皮分为大米面皮和小麦面皮两大类，以大米面皮最受欢迎 ，故又称米皮。一般人们提起凉皮就指的是大米面皮，而且专指汉中凉皮、西安凉皮、户县米面凉皮、秦镇凉皮。凉皮历史久远，传说源于秦始皇时期。凉皮素有“筋”、“薄”、“细”、“穰”四大特色。“筋”，是说劲道，有嚼头；“薄”，是说蒸得薄；“细”，是说切得细；“穰”，是说柔软。正是有这四大特点，才使得凉皮受到大众的普遍欢迎。

肉夹馍

肉夹馍的美名也是十分响亮的，有“中国汉堡”之称的西北风味居然能够征服天下食客那挑剔的唇齿。其实外地人首次听说肉夹馍，都认为是病句，肉怎么能夹馍？这就是与古汉语有关了，肉夹馍，其实是“肉夹于馍”。老百姓无需文绉绉地讲之乎者也，加上陕西人性急，直爽，省去“于”字，喊起来便当。

西安美食，讲究一个节奏的，肉夹馍要狼吞虎咽一般地吃，得心无旁骛。羊肉泡馍却得慢条斯理，一边掰馍一边与老友叙旧聊天。腊汁肉夹馍有着鲜美的汤汁，吃的时候若是一小口一小口，汤汁很快便会从鲜嫩的肉中慢慢流出，南方的淑女吃肉夹馍可不能像高雅的切牛肉面包一般，得张开嘴巴咬一大口。肉夹馍也分牛肉与大肉，牛肉的也好吃，就看个人喜好了。

“BiangBiang”

这个名字可不是外文，这是一个字典里找不到，许多人不认识，不会写，甚至连电脑也拼不出的字，就念“Biang”。这个字拆开有个顺口溜：“一点飞上天，黄河两道弯，八字大张口，言字往进走，左一扭右一扭，东一长（zhang）西一长，中间加个马大（dai）王。心字底，月字旁，留个钩搭挂麻糖，推个车车逛咸阳。”一代一代传下来的这个顺口溜，恰如其分地写出了这个五十多个笔画的字。

BiangBiang面，复杂的笔画，字典里找不出来的字，是陕西特有的一种文化体现

蜜枣甑糕

甑是一种硕大的铁制炊具。甑糕，即用甑做出的糕，以糯米、红枣为原料，相间叠放，铺三四层，用大、小火蒸熟，色泽鲜艳，红白相间，粘甜味美。甑糕是西安人喜爱的早餐，也是老陕钟爱的甜点。枣香浓郁的清晨，是西安甜蜜醇厚的味道。

臊子面

和“BiangBiang”的“宽”不同，臊子面的面条细长，厚薄均匀，臊子鲜香，红油浮面，汤味酸辣，筋韧爽口，老幼皆宜。在关中地区婚丧、逢年过节、孩子满月、老人过寿、迎接亲朋等重要场合都离不开。

臊子面品种多达数十种，有薄、筋、光、汪、酸、辣、香等特色，吃口柔韧滑爽，其中以岐山臊子面享誉最盛，乡土风味最浓。岐山臊子面以酸辣著称，要求宽汤，即汤多面少，并突出酸辣味。面条要热得烫嘴、油要多，才能体现此面的特色。

臊子面

灌汤包子来啦

美食地带推荐

西安美食数不胜数，大大小小的食肆遍布街头巷尾。有几个街区是西安特色餐饮场所比较集中的地方：

1.东大街钟楼沿线。这里荟萃了众多秦地饮食老字号，东大街上的西安饭庄、老孙家饭庄老店、五一饭店、春发生饭店骡马市店、西安烤鸭店，以及钟鼓楼广场的德发长饺子馆、同盛祥饭庄。

2.北院门等回坊地带。经营各种清真坊上小吃，如泡馍、灌汤包子、烤羊肉、酱卤制品等。在夜色之下，逛回民街区，品坊上美味，别有一番情趣。

3.东新街夜市，是西安市内规模较大的一个夜市，摊位多，小吃品种非常丰富，以陕西风味为主，兼有全国各地风味小吃，能满足各种不同口味。

4.秋林百货公司一楼小吃广场。位于李家村雁塔路北段58号，这里从早餐到晚餐都贯穿了西安美食的两个主题“好吃与管饱”，供应各种西安特色，羊血冒烙、鸭肉卷饼、肉夹馍、烫菜、锅盔、凉粉、醪糟等食品，价格又很便宜，虽然人多嘈杂但就餐环境还是不错的，也很干净。十块钱就可以吃得很饱。

此外，还有南稍门夜市、李家村夜市、柏树林夜市、北新街夜市、老关庙夜市、交大二村夜市、南院门夜市等众多的平民饮食街区，白天也很热闹，不过夜市则更加红火。

小吃店推荐

泡馍——白家泡馍（西稍门南小巷口）

水盆羊肉——老白家（北广济街内）、老李家（方新村路东农行南边）

小炒——西羊市中段的“天下第一碗”

杂羔汤——建设西路旅馆村内

烤肉——鼓楼里多家都可以

肉夹馍——秦豫肉夹馍（柏树林南口）、樊记肉夹馍（竹笆市北段）、子午路张记肉夹馍（子午路十字，大雁塔北均有）

孜然炒肉夹馍——（洒金桥十字东南角）

腊牛肉夹馍——北梢门红码头老旦隔壁“李老四夹馍”，杂肝汤也不错

胡辣汤——马尔里（西安市莲湖区洒金桥十字向南150米路东）

葫芦头——铁蛋葫芦头（柏树林十字西北角）

煎饼——顶顶香煎饼屋（龙首村十字向南50米路西）

牛肉面——马虎面（西七路）、 一分利（鼓楼）、长乐路的牛肉拉面

刀削面——愣娃鸡汤刀削面（光华路）

羊肉面——建设西路西头路南“陕北老二面庄”

休闲与娱乐

西安有一种独特的魅力，人文，感性，醇厚，璀璨。本书强调，来西安旅行切勿走马观花，囫囵吞枣，要用心感受这个城市，体会一个慢节奏的西安，古色古香的西安。

休闲娱乐在西安，最重要的亦不过两个字眼：“古”与“今”。国家赋予西安的定位是现代化国际大都市，西安在内陆的发展也不容小觑，因而她是世界的西安，也是动感，明快，鲜亮的西安。然而西安却有骨子里的一种清隽，那种看尽了繁华淡泊名利不染世俗的气质，这是因为太过厚重的历史，酿造了她醇厚的品性。

虽然“古”“今”殊途，在如此拥有独特魅力的西安，殊途却也同归了。城墙根下，青石板路，晌午的日头正好，几位老人吼唱着秦腔，在路边的石桌石椅上对弈。人群走过古色古香的老街，在茶馆里坐坐，笔墨纸砚，丹青浸染，这是书画的世界。城墙下的野花蔓延着开了，淳朴无华。华灯初上，霓虹肆无忌惮地染透了城市的夜空，仍然是城墙根下，仍然是青石板路，木质雕花的精美门窗，红灯笼在晚风中摇曳，酒吧里慢摇蓝调娓娓道出一个古城的不眠之夜。这里是日落前的书院门，与黄昏后的顺城巷，一个“古”，一个“今”，一边是静好的日光，一边是酒吧街缠绵的月亮。顺城巷的酒吧就讲究一个“慢”，是一种小清新，是一种复古情怀，在琉璃灯火后却不忘之乎者也的这种调调，唯有西安才能通透了。

德福巷的酒吧街，仍是不忘怀古，小茶馆里挑一个靠窗的位子，白天是闲逸的午后阳光，夜色下是另一番肆意舞蹈的姿态。还有大雁塔下的酒吧街区，铜铃清脆的雁塔与环绕在它身边的高脚杯镁光灯，却构成了如此融合的画面，月光下的大唐亦真亦幻，那是西安人的小范儿，古今碰撞出的奇异色彩。

小寨和骡马市却是完美演绎了“今”这个字眼，西安最潮的两个热力街区，两个活力四射却也拥有历史的好去处。小寨和骡马市像是一对姊妹花，一个大家闺秀，一个小家碧玉，却都是如此的热情好客，K歌，美食，逛街，咖啡厅，最吸引人的却是玻璃柜上美好的年轻岁月。

钟鼓楼仍然在贯穿“古今交融”，较为高端的主干道南大街，却也是一个休闲娱乐的新选择，从永宁门长驱直入就到达钟楼。在不远处相望的两座西安地标式古建，煌煌百年时光，是西安最耀眼的地方。

然而西安的娱乐休闲却也不止这些，兴庆公园里的湖水荡漾着潋滟波光，大唐芙蓉园长恨歌唱了千年时光，还有环城公园里城墙下的闲逛，似乎乐趣无穷无尽，自在无际无边。然而在西安这个低头就能捡到宝贝的地方，访古玩街是最有滋味的一种休闲。茶馆里的惬意，听秦腔的热血，咖啡厅的慵懒倦态，酒吧里的肆意狂欢，公园中的流连忘返，却都比不上在古玩街淘宝来的妙趣横生。化觉巷的古玩街，大唐西市，八仙庵的古玩市场，朱雀路古玩城，西北古玩城，南马道巷的古玩世界，如此琳琅满目大开眼界的寻宝之旅是否拨动了你的心？在西安，不论是游客还是本地人，不论是小年轻，还是老陕，都爱这些明媚耀眼的小物件。唐三彩的斑驳纹理，瓷器的釉色精美，陶土的质朴淳厚，一个个朝代在眼前铺开了画卷，赝品也好，真品也好，只感动于寻宝时候那指尖触碰历史的瞬间。

交通

往返交通

航空

西安咸阳国际机场位于西安市西北、咸阳市东北方向，咸阳市底张镇境内，距西安40公里。机场有三座航站楼，三座楼几乎紧贴着，步行十分钟内即可到达。

机场航站楼和市区均设有民航班车点，有6条线路连接机场和市区主要地点，票价均为26元。出租车从机场到市区（钟楼）约120元左右。

机场大巴线路

一号线：钟楼（美伦酒店）——机场

西安发车时间：06：00—凌晨01：00，每20分钟发一班车，晚21：40—凌晨1：00视航班密度发车，约30分/趟次。

机场发车时间：08：00—末航班，机场发车间隔视航班密度确定。

二号线：火车站（解放饭店）——机场

西安发车时间：07：00—20：00，每30分钟发一班车。

机场发车时间：08：30—20：30，机场发车间隔视航班密度确定。

三号线：西高新（志诚丽柏酒店）——西稍门——机场

西安发车时间：

西高新：06：15—18：15，每30分钟发一班车。

西稍门：06：00—18：30，每30分钟发一班车。

机场发车时间：08：50—20：50，机场发车间隔视航班密度确定。

四号线：（小寨国贸）——东方大酒店——唐城宾馆——机场

西安发车时间：07：00—18：00，每间隔一小时发车。

机场发车时间：09：20—18：20，机场发车间隔视航班密度确定，最长间隔一小时发车。

五号线：建国饭店（互助路二号）——长庆宾馆——机场

西安发车时间：07：00—18：00，每间隔一小时发车。

机场发车时间：09：30—18：30，机场发车间隔视航班密度确定，最长间隔一小时发车。

六号线：机场——咸阳火车站——人民路——咸阳市政府——民生商厦——彩虹宾馆

咸阳发车时间：07：00—18：00,每间隔一小时发车。

机场发车时间：首航班—20：30，机场发车间隔视航班密度确定，最长间隔一小时发车。

七号线：　浐灞生态区（凯宾斯基酒店）——机场

西安发车时间：08：00—18：00，每间隔两小时发车。

机场发车时间：08：30—16：30，每间隔两小时发车。

铁路

西安是西北地区的交通枢纽，火车客运站有西安站、西安北站和西安南站。

西安火车站位于市区东北部，在城墙区域外，尚德门的东边。距市中心车程约30分钟，坐出租车，车费为10元至20元左右。市内多路公交车均可抵达火车站，十分方便。

西安北站运营的列车主要为动车和高铁，位于西安市城区北部中轴线未央路及文景路、北三环和绕城高速公路的衔接处，距西安市中心钟楼12公里，距西安咸阳国际机场20公里。

西安南站主要接发西安往西康线方向的过路车，位于西安市长安区引镇，距西安市中心30公里，打车约50分钟可达。

除火车站售票大厅以外，还有多个售票网点，分别为南郊小寨书城3个售票窗口、火车站广场以西400米的东立大厦7个售票窗口、火车站广场以西200米的泽苑饭店2个售票窗口、南二环的延炼大厦1个售票窗口，均实行24小时售票。

公路

西安是仅次于北京的全国第二大公路交通枢纽，共有9条国道呈放射状通往全国各地。西安市有多个长途客运站，有发往外省和省内区县的300多个客运线路。西安市内的主要汽车客运站如下：

西安市汽车站：西安市丰庆路13号。

陕西省汽车站：西安火车站广场西侧。

三府湾客运站：太华路立交桥东100米。

城东客运站：长乐中路103号。

城西客运站：枣园东路92号。

城南客运站（明德门客运站）：朱雀大街78号。

城北客运站：北二环西段9号。

市区交通

公交车

在西安没有地铁以前，公交车是出行最省钱实惠又四通八达的公共交通工具。西安的公交系统很发达，因为西安独特的“四方城”形貌，行车路线也是纵横东西南北，乘公交车可顺利直达市内任何想去的地方。公交车设有投币处和刷卡处，使用公交卡一般8折。公交车大体分四类：

一、普通公交车

1.普通公交车：多为无人售票车，可刷卡可买票，全程一元一票制，自备零钱不找零。

2.空调公交车：有的是全程两元一票制；有的是六站以内一元，超过六站后直到全程是两元；价格在车身上会写明，有的空调车配有售票员，可询问。无人售票的空调车需自备零钱不找零，有售票员的则可找零。

3.中巴小公交：行车快，站点相对密集，也常在一些大公交不到的小巷背街处设站停靠。皆有售票员，票价一般为前三站起价5角，之后每四站加5角；全程视路线长短不同，3元至5元封顶。

二、旅游专线车

西安公交网络中设有多路旅游专线车，方便游客前往各个景点。线路列出如下，其中站点只列出起、终点站和途经的景点。

游1路：火车站东广场——西岳庙——华山。每日一趟，8：00从火车站东广场出发，17：00由华山返回。车程约3小时。票价：单程22元。黄金周会加车。淡季1月—3月停运，可去城东客运站乘其他车。

游2路：火车站东广场——法门寺博物馆——太白山国家森林公园。

每日一趟，8：00从火车站东广场出发，分别有一趟车发往法门寺和太白山。返回时间法门寺为15：00，太白山为16：00。车程约2.5小时。票价：太白山22元；法门寺25元。黄金周会加车。淡季1月—3月停运，可去城西客运站乘其他车。

游3路：火车站东广场——乾陵。每日一趟，8：00从火车站东广场出发，15：00由乾陵返回。车程约2小时。票价：单程18元。黄金周会加车。淡季1月—3月停运，可去城西客运站乘其他车。

游4路：途经大唐芙蓉园南门、大唐芙蓉园西门、大雁塔北广场、文昌门（碑林博物馆）、新城广场、北门、龙首村（大明宫遗址）、汉阳陵等站。返程会在途中经过大雁塔南广场。发车时间为09：00—18：30。票价起步2元，进位1元，全程6元。

游5路（306路）：途经火车站东广场、骊山索道、华清池、临潼博物馆、八大奇迹馆、秦陵地宫、秦始皇陵、兵马俑等站。火车站发车的时间为07：00—18：30；兵马俑发车的时间为08：10—18：10。大约每隔15分钟发车一趟。票价起步2元，进位1元，全程7元。

游6路：途经火车站、文昌门（碑林博物馆）、南门、大兴善寺、翠华路（陕西历史博物馆）、大雁塔、大雁塔南广场、青龙寺、秦川、分厂等站。发车时间为07：00—19：00。票价起步5角，每四站进位5角，全程3元。

游7路：途经火车站、新城广场、钟楼、南门、小雁塔、夏家庄（西安博物院）、西辛庄等站，发车时间为07：00—19：30。票价起步5角，每四站进位5角，全程2.5元。

游8路（610路）：途经火车站、革命公园、钟楼、鼓楼、广济街、小雁塔、大兴善寺、翠华路（陕西历史博物馆）、大雁塔北广场、大雁塔南广场、大唐芙蓉园、曲江海洋世界、大唐芙蓉园南门等站。发车时间为06：30—19：30。票价为一元一票制。

游9路（320路）：金花北路（长乐公园）——大雁塔北广场——秦岭野生动物园。金花北路发车时间为06：00—20：30；秦岭野生动物园发车时间为06：00—19：30。票价为：普通车起步1元，进位5角，全程4元；空调车起步2元，进位5角，全程5元。

三、西安巴士途

西安巴士途是一条经典旅游线路，豪华双层，环城墙一周，到含光门。巴士途座椅是航空座椅，一层是陆地仓格式，二层是敞篷的。供应免费的饮料和水果。服务一流。里面的导游，也会多国语言。白天80元，夜间50元。

四、通宵线

西安公交通宵线路一共有四条，其中通宵1号，2号，3号线始发站是火车站，开往不同的方向，具体信息：

票价：起步5角，进位5角

首班：23：30　末班：　05：30

发车时刻：23：30　00：00　00：30　01：00　02：00　03：00　04：00　04：30　05：00　05：30

一号线：火车站、火车站(解放门)、五路口(解放路口)、朝阳门(环城东路长乐路口)、康复路(西北商贸中心)、金花路(东二环长乐路口)、公园北路(长乐中路)、万寿路(长乐路口)、韩森寨(万寿路韩森路口)、纬什街(咸宁路万寿路口)、水泥厂(纺南路纺西街口)、公交八公司

二号线：火车站、火车站(解放门)、五路口(解放路口)、民乐园(解放路东新街口)、新城广场(陕西省政府)、西华门(北大街西新街口)、钟楼、南门(永宁门)、南稍门(长安路友谊路口)、草场坡(长安北路)、小寨(长安中路)、子午路(朱雀大街小寨西路口)、吉祥村(含光路小寨西路口)、太白小区(吉祥路永松路口)、西斜七路(太白路科技路口)、公交五公司(太白路光华路口)

三号线：火车站(解放门)、民乐园(解放路东新街口)、大差市(东大街解放路口)、端履门(东大街南新街口)、钟楼、桥梓口(西大街西段)西门(安定门)、南小巷(西关正街)、西稍门(西关正街劳动路口)、沣镐

东路(桃园路中段)、土门商厦(沣镐东路西口)、团结南路(沣镐西路)、制药厂(汉城路丰镐路口)、汉城路(大庆路口)

地铁

西安地铁于2011年9月16日投入运营，目前运营线路为一号线和二号线。

一号线：

全长25.36公里，设车站19个。

线路站点：

后卫寨 三桥 皂河 枣园 汉城路 开远门 劳动路 玉祥门 洒金桥 北大街 五路口 朝阳门 康复路 通化门 万寿路 长乐坡 浐河 半坡 纺织城

沿途景点：

玉祥门

二号线：

全长26.4公里，共设车站20个。

线路站点：

北客站 北苑 运动公园 行政中心 凤城五路 市图书馆 大明宫西 龙首原 安远门 北大街 钟楼 永宁门 南稍门 体育场 小寨 纬一街 会展中心 三爻 凤栖原 航天城 韦曲南

沿途景点：

钟楼、南门、回民街、骡马市、小寨、陕西省历史博物馆、大兴善寺

出租车

普通出租车白天（06：00—23：00）起步价为6元/2公里；之后1.5元/公里。夜间（23：00—次日06：00）起步价为7元/2公里，之后1.8元/公里。另外，视车型不同，每公里收费也不同。较好的车型也有2.4元/公里的收费标准。西安出租车比较难打，特别是下午四五点交接班时间。

2 长安印象

汉唐遗风，秦韵犹存

西安，一部八百里秦川的无言史书，她是世界四大文明古都之一，位居中国四大古都之首。她也是中国历史上建都时间最长、建都朝代最多、影响力最大的都城。

但，深究其里，她只是一座平凡而古老的城市。

窗户外面，是鳞次栉比的高楼，却还看得到深褐色的城墙，这是西安人家最普通的景致。一砖一瓦，一土一木里浸染的历史，让西安整座城市如同年代久远的一壶老酒，酿到了极致，入口竟然如水一般澈凉。对于大西北的众多城市，西安是通达世界的空港，是国际化大都会，是富庶的内地。但对于南方的城市来说，西安是古道西风瘦马，一处沧桑写尽天涯。

西安拥有太多过去，繁华散尽，烧灼成灰烬，碾碎成泥土。华夏始祖的传说开始了中华闻名的渊源，周秦汉唐长守着西安几乎演绎了封建王朝最辉煌的时代，宋元明清却散落在了中国版图的各处。大唐多么奢华耀眼，长安倾国献世，可它不同于清朝还留给了后人一个金碧辉煌的故宫，大唐太远了，要去寻它，却不是博览一个宫殿的珍宝那么简单。时代变了，让世界为之惊叹的那个城池化为历史风烟。大唐国破山河在，安史之乱以后的唐皇城长安逐渐丧失了国都的承载力，那个城市累了。长安站在顶峰触及云端过，也跌在谷底泪眼婆娑过，于是她缓缓地沉淀，沉淀，再沉淀。几千年后，终于抛却万千浮华，以清隽醇厚的姿态

长安华灯初上时

再度出现。现在，她有一个明媚的未来，她有一颗朴实纯净的心，她是西安。

西安好客又包容，这座城市有一种恬适、祥和，又宽松的氛围，初来乍到的人们，是感觉不到排异的。在吃喝玩乐中，很快也能够融入城市主流中去。这样一个平凡的西安，然而平凡里透着纯朴，这纯朴是西北人特有的，似乎到处都是，却又独具风格。西安的天空没有沿海城市那样精美，也没有高原那样壮阔，只令人感觉温润醇厚，云亦是徐徐地走，不紧不慢，惬意自在。

这样一个依傍着历史闻名于世的城市，总显得那么波澜不惊，却又不动声色地彰显着低调的奢华。是什么让西安如此迷人，夜色下灯火渲染的街道横平竖直，四四方方，走过千年漫长岁月，长安不再是当年的样子，却如凤凰涅槃，宛如新生。

当长安褪去了浮华，当她甘为一个平凡的西北城市，不羡慕当今时代的纸醉金迷，西安保持着知足常乐随遇而安的心态。

这是一个历史与现代碰撞出的城市，当明城墙、大雁塔与摩天大楼并存，当石榴花开在人头攒动的繁华街道，那景象却并无违和感，分明是古今交融出的异样情愫，这里便是西安了，教人迷恋的一座城池。

旁的说道此，便来看看西京千年的故事。

西安作为都城之始，是周武王灭商建立周王朝后，以丰镐为都。公元前12世纪，周文王在此建立沣京，后一年，命子姬发（周武王）在沣水东岸营建镐京，而“丰镐”，是周文王和周武王分别修建的丰京和镐京的合称。

西周，普天之下，莫非王土，率土之滨，莫非王臣，中国历史进入了周王朝时代，亦进入了中国远古社会的鼎盛时期。从周朝开始，进行境内各个民族与部落不断融合的过程，在这期间，华夏民族逐步形成，成为现代汉民族的前身。

西安迄今留存着三千多年前周幽王“烽火戏诸侯，一笑失天下”的烽火台。

一切从定都镐京开始，这便揭开了西安作为帝王京师历经千年，雄踞华夏，成为统一的多民族国家的政治、经济、文化中心的辉煌历史。因为镐京的诞生，让西安成为与雅典、罗马、伊斯坦布尔等城市齐名的世界历史古都。

自周之后，一个大一统的东方帝国崛起中原——秦。

秦的都城在咸阳，阿房宫却建在西安。蜀山兀，阿房出，覆压三百余里的巨大宫殿盘踞在秦岭下，极尽奢华。秦始皇统一全国后，便开始大规模地修建离宫别馆。始皇三十五年，在渭河以南上林苑开始修建朝宫，由于工程过大，嬴政在位时只建成前殿阿房。始皇死后，二世胡亥又继续了这项劳民伤财的巨大工程，直至秦亡，阿房宫都尚未全部竣工，最后项羽付之一炬。

公元前206年，项羽在函谷关攻破秦军，进驻鸿门（今西安市临潼区东北）。此前，刘邦已由武关（在今蓝田县）入关中，接受秦王子婴投降，驻军霸上（在今西安城东灞桥）。按当初的约定，刘邦当以先入者为关中王，但考虑到项羽的骄横和强大势力，刘邦只好应邀前往拜会项羽。席间，项羽谋士范增曾数次示意项羽杀掉刘邦，项羽不听。范增又命部将项庄在席前舞剑，以助兴之名，借机刺杀刘邦，未遂。刘邦在张良和樊哙的帮助下脱险，逃回霸上。这是楚汉之争的转折点。此后刘邦厉兵秣马，最终击败项羽；而项羽也因“放虎归山”而自食恶果。这便是“鸿门宴”，其遗址在临潼县新丰镇鸿门堡村，距秦兵马俑博物馆近三公里。

至西汉初年，刘邦定都关中，取当地长安乡之含意，立名“长安”，意即“长治久安”。

大汉天下，是继秦朝之后强盛的大一统帝国。文景之治后，一代雄主汉武帝刘彻进一步推动大一统事业，汉朝达到极盛时期。西汉，是中华民族发展史上的一个重要时期，汉族就是在这一时期更名的。汉以后历代的朝代名称虽有变换，但汉族作为中国主体民族的地位始终未变。

天下合久必分，分久必合，在大汉的统一与强盛过后，三国两晋南北朝这一段乱世缓缓拉开帷幕。长安逐渐失去都城的荣誉，大汉的权利政治中心一度分给了东汉洛阳与蜀汉成都。在三百多年乱世之中，长安也成为过短暂王朝的心脏，然而风云变幻，那时候的长安不再是“长治久安”，直到隋朝的建立。

隋朝，那时的长安叫做大兴城。

大兴城是当时世界上最大的城市，面积为汉长安城两倍多，比明清时期的北京城还要大一些。比同时期的拜占庭王国都城大七倍，较公元八百年所建的巴格达城大六倍多。在大兴城之前，从秦汉一直到南北朝（除曹魏、北魏、东魏北齐），都城之中的城市格局，没有章法，没有布局，皇宫、官署、民居，交错相处，十分杂乱。然而大兴城似乎成为了一个样板，至这座设计精妙、对称分明的城池之后，后世都城的均衡对称格局开始。都城形成了方正布局，皇宫、皇城、民居三个部分相对分开，界线分明，既安全又实用，全城以对准宫城、皇城及外郭城正南门的大街为中轴线。在外郭城范围内，以二十五条纵横交错的大街将全城划分为一百零九坊和东、西两市。这种方格网式的规划，使整个城的平面如同棋盘。坊之四周筑有坊墙，开四门，坊内设十字街，十字街和更小的十字巷将全坊划分为十六区。坊内实行督察制度，管理严格。商业交易活动则被限制于同样呈封闭状态的东、西两市之内。

因得大兴城的规制，唐长安城亦按中轴对称布局，由外郭城、宫城和皇城组成。城内街道纵横交错，划分出一百一十座里坊。此外还有东市、西市等大型工商业区和芙蓉园等人工园林。城市总体规划整齐，布局严整，堪称中国古代都城的典范。唐长安城后来毁于战乱，明洪武七年到十一年依照唐长安城重建的城垣，就是西安现存的这座恢弘城墙。

西安的城四四方方，早在隋朝就是如此了，迄今的西安还是没有变，横平竖直，中轴对称的建筑之美，在西安淋漓尽致地铺展开来，融入了一个全新的时代。

隋朝之后，陇西李氏入主中原，一个鼎盛的封建王朝由此揭开序幕，令全世界趋之若鹜的大唐帝国拔地而起，惊动天地。

唐朝是中国历史上统一时间最长，国力最强盛的朝代之一。唐太宗李世民登基后开创了“贞观之治”，唐高宗以后武则天以周代唐，女帝续演了唐朝包容开放的大国姿态。公元712年，唐玄宗李隆基即位，开创了全盛的“开元盛世”，一度将世界的目光吸引至长安，倾世的长安，终于成为了最尊贵最耀眼的存在。

自安史之乱以后，长安的命运也开始一落千丈，从最高点跌落的滋味却是苦楚与悲凄的。长安城历经了历史风烟，走过峥嵘岁月，浩浩荡荡千年，终于尘埃落地。明洪武二年，长安有了另一个名字，西安。明朝修建的西安城墙，在今天还是十分完整，棱角分明，沧桑万千。也许今天这座城墙用来防御，仍会是固若金汤。

其实在中国历史上，有20个政权被认为在西安建都，但其中哪些能够被称为王朝，这是一个众说纷纭的问题。目前官方和史学界公认的建朝数是十三朝，依次为西周、秦、西汉、新朝、东汉、西晋（愍帝）、前赵、前秦、后秦、西魏、北周、隋、唐等。这十三个王朝在西安建都累计达一千二百余年之久。

自西周镐京算起，西安建城的历史是三千多年，可是又何止三千年。西安古代文明最辉煌时期不只是周、秦、汉、唐，还包括伏羲、炎帝、黄帝之“三皇时代”。户县城北韩村崇部落城堡遗址，可能是迄今七千年左右伏羲时代氏族部落、部落联盟的历史遗存，或者是伏羲部落联盟先民迁徙活动的历史遗存。若按此时间计算，其历史应追溯到伏羲时代，西安的建城史应为七千年左右。

西安，这座城市融汇了七千年中华文明的遗传基因。七千年到今昔，西安的存在是一部不间断的史书，她本身就是一个神话，她的繁荣更是一部传奇。

西安，帝都浑然天成的王者之气似乎已经深入骨髓，自唐到达极盛，尔后衰落。西安这一座城池，曾经叱咤风云，却经历跌宕起伏，看破万千繁华。回首峥嵘岁月，最后选择了归隐。如今的西安沉默，温和，从容，悠闲，俨然是一位淡笑繁华万千的智者。

耳边是粗犷豪爽的秦腔、响着鸽哨绕着城楼盘旋的鸽群，我无法为这七千年的城市多说什么，站在城墙上所看到的西安，一片祥和宁静， 然而刀光剑影，咆哮厮杀都曾真实存在过。虽不见当年的金戈铁马，却仍然感受得到那动人心魄的瑰壮历史。

在西安，这样那样的古迹几乎遍布了全城。西安人每日每夜从这些价值连城的古董边走过，从容淡定。大多人看到的是西安的繁华与古老，可百姓却在平凡地生活，他们的日子与喧嚣和灯红酒绿无关，在这座古今碰撞的现代化的都市里，西安百姓仍然每天在讨价还价，每天吃肉夹馍、凉皮过日子，忙着奔自己的生活和前程。我想说，这是一座繁华的城市，却无人沉醉于纸醉金迷。这是一座古老的城市，也无人日日怀古伤情。究其里，这只是个平凡的城市，平凡是“陕西愣娃”们质朴憨直的调侃；平凡是城墙根的酒吧于秦腔茶馆；平凡是简单、不浮躁的西安生活。

夜幕里的西安城美轮美奂。满目皆是霓虹闪烁，街井里五颜六色的灯彩与暮色混融成一片媚人魂魄的斑斓彩雾。大雁塔下流光溢彩映着玄奘的雕像，沉思也好，狂欢也好，无非是一场穿越时空的邂逅，人总是不能耽溺在这错觉里。孤独的古城，以一个平凡的姿态隐藏了千年风烟，我只看见了今昔前路上那影影绰绰的光，却无法看见她身后七千年的影子。

长安画派

关中平原，渭水之滨。

“八川分流绕长安，秦中自古帝王州”，这是一片广袤苍茫的大地。关中渭水，是中华古文明的发祥地之一，文化悠久，古迹繁多。一方水土孕育一方文化，长安，八百里秦川的文武胜地，五千年文明源远流长。

20世纪60年代，一个以赵望云、石鲁为代表的西安美术团体，在北京等地组织了一次巡回展，这次画展在中国画坛引起了巨大轰动。他们画的是黄土高原，画的是陕西愣娃古朴倔强的品性，画的是勤劳淳朴的陕北农民脸上千沟万壑的褶，他们画的是高原无垠辽远的天地，这样肆意旷达的艺术渲染便是“长安画派”。

陕西曾在中国历史上涌现出不少杰出的大画家，尤其是唐代画坛出现了一批像阎立本、张萱、韩干等陕西籍代表性画家，并把中国绘画推向高潮。西安是一个拥有艺术天赋的都城，早在千年以前就有了文学的极高造诣，音乐的极大成就，绘画的精妙水准，她包容万千海纳百川的品质，使得她在艺术方面具有独树一帜，别具一格的魅力。

在西安，文艺这个词儿如雷贯耳，身为十三朝古都，西安曾为古代文化的焦点，今昔所见西安之一山一水、一砖一瓦，却都是古老的文化积淀所成。只有时间，才能让西安如此深沉，城墙下古朴的野花蔓延在以青砖铺就，清凉且寂静的石板路，暮鼓晨钟伴着这座城市呼吸；老山的褐与苍穹的蓝相得益彰，城楼之飞檐角上悬起的古时营灯，一串串地随风飘动。入眼之事物无一不渗入了古意，不由让人错觉那是塞外边城。

文人墨客从古至今都偏爱这座城市，犹爱大西北黄土高原的独特地貌。浓、淡、一停、一顿、湿墨和朱红、土绿与茜色，泼墨的自在，秋毫的精细，关中渭

《仕女图》

水的四季便被渲染到了极致。

作为现代国画最重要的流派之一，长安画派的队伍也是非常壮大的。长安画派初起于二十世纪四十年代的赵望云，二十世纪六十年代后由石鲁等人将其发扬光大。该画派因其主要画家20世纪中后期居住在西安一带而得名。画派中的知名大师还有何海霞、黄胄、方济众、郑乃耶、徐庶之、康师尧等以及当代的赵振川、王子武、王西京、催振宽、王宝生、徐义生、王金岭、王有政、罗平安、苗重安、江文湛等。其风格或气势磅礴、或雄浑厚重，或生动活泼。在20世纪后期曾名满天下，其作品受到热烈追捧。

如今，长安画派新生代画家阵容强大、精益求精，使得陕西画坛空前活跃。长安画派画风质朴浑厚，面向生活，是这个浮躁的社会中难得的醇厚归真的清隽色彩。

随意点染的挥洒，吞吐氤氲的渲染，气、韵、思、景、情凝于笔墨，关中的精魂就在每一幅画卷之中。

我对国画总有一种敬重的情意，那山山水水总是高深的谜，容不得你半点不专心，若是神游，便看不懂那墨色下的写“意”了。长安画派既是一种风格，又是一种极为质朴遒劲的品质。画中的华山之峰，气势磅礴、石骨硇棱、丘壑起伏；画中的终南之岭，意兴盎然，云横秀岭，树木森郁。

旅行之中，若得空闲，便去欣赏一番如此精妙的画作吧。关中的沧桑是落笔生根的，那斑驳的城门后看见太白积雪终年不化去，盘踞着老树根，石板路上回荡的是塔铃的声声清脆。高原上的信天游皲裂了黄土地，捧着一大碗面蹲坐在家门憨笑的陕北老农民，背景是村落中石榴花开的夏季。从浮云出岫的秦岭撷取了绿意，从漫山遍野的杜鹃花土地借来的朱丹，丘壑深邃，笔墨华滋，这都是画中最醇厚的秦川之情。

千里为秦腔

毫无疑问的，如果西京这座千年的都城有声音，那一定是铿锵顿挫的秦腔。秦腔起于西周，形成于秦，精进于汉，昌明于唐，完整于元，成熟于明，广播于清，几经演变，蔚为大观。纵然秦腔离不了故乡，然而却能在这厚实的黄土地上扎根生长，渐渐地，秦腔深入每一寸土地，成为独一无二的参天巨树。

秦地的煌煌仲夏，秦地的落雪凛冬，都是最有秦腔气质的季节。秦腔不适合绵绵的春日，不适合悲凄的秋色，它是有魄力的，是嘶吼一般张扬狂放的！大雪之后，关中农村里冬日的夕阳照着一眼望不到的塬边，渭河边的黄土坡上挂着邈远一轮红日。不远处的炊烟袅袅，高亢的音符秦腔穿过漫漫雪塬，响彻千沟万壑。盛暑时节，村口的老树依稀可遮挡毒辣的烈阳，那戏台子才搭起，人群却已经聚集。从第一声犹如破竹之势，直到最后一句高吼戛然而止，听到秦腔恣意于天地之间，直撞击胸膛，这心腔里共振着悲壮肃杀的气势，肉体与灵魂便彻彻底底融入这八百里秦川。

“关中自古帝王都”，秦川也自古沾染了十足王气。秦岭的高峻，渭河的渊源，宏图大制的秦皇俑，陈仓暗度的汉王道，然而平地一声惊雷起，腔势凛凛的秦腔亦有一股霸王之气，似乎唱不尽关中地的风土，关中史的传奇，关中人的情义。

“历史最悠久者，文武最正经者，是非最汹汹者”是为秦腔，却唯有关中人才能解其中之味。爱秦腔者爱之深切，恶秦腔者避之不及，那长江流域的纤秀之人，听到秦腔这样的便是要急忙掩耳，那般力嘶干号，呕哑嘲哳，青筋暴起，满面通红，沙哑之声毫无悦耳美感。 外地人戏谑地说，“唱

《苏武牧羊》

秦腔，一是舞台要结实，以免震垮了；二是演员身体要好，以免累病了；三是观众胆子要大，以免吓坏了”。然而陕西人对秦腔的深爱眷恋却从未改变。在西安的茶馆、路边、公园，与城市繁华格格不入的黄土之声一唱起，却反而令人觉得契合完美无间。关中人在这老套熟路中自得其乐，颇为受用。中国民间剧种名目繁多，一招一式，各有千秋。京剧的铿锵有力，功夫硬朗；川剧的高低不匀，错落有致；黄梅戏唱腔柔婉圆滑，细腻甜美。然而不论湖南花鼓，广西桂剧，浙江吴剧等，剧种总是可以随意走动于广袤国土与大好河山之间，唯有秦腔和秦人一样，到死不挪窝。秦腔离不了秦地，它扎根在这里，唱起来是最为痛快的，最为酣畅淋漓的。那是拼上全身力气的“倔”劲儿，唯有黄土地承受得起，从耳膜贯穿全身，唱出一片飞沙走石下的沟壑天地。

黄褐色的平原，苞谷黄遍野，高粱红满沟，西北风卷起漫天遍野的黄沙，土屋夯实笨重，冲天而起的白杨树粗壮如桶，叶小如铜，这便是秦地！是十三朝古都所在，是秦砖汉瓦支撑起的天下的豪气，是氤氲着王朝更迭扑朔迷离的曾经，是一片气冲霄汉的广袤热土！那秦腔，便是土生土长在秦地的古老歌谣。

“八百里秦川尘土飞扬，三千万老陕齐吼秦腔”，这高昂激越、强烈急促的秦腔在关中人心目中已经是最高雅艺术。酷爱秦腔，实诚的秦人，声韵也是那么地直白，品着秦腔，就象是品着关中人豪迈的生命。大秦腔的声音响起，便从灵魂深处感到秦人那种坚决不向一切妥协的倔强态度。黝黑的皮肤，粗糙的嗓音，唱起来便不知疲惫，让秦腔在厚重的土地上重重击打。高大魁梧，沧桑野性的关中粗汉，身体里流淌着纯正汉人的血，吼出的秦腔如此震慑心肺，撼动苍穹。

传说秦腔起源于荆轲刺秦的故事，“风萧萧兮易水寒，壮士一去兮不复还”！这曲《易水送别》，是高渐离击筑而泣，吼劈嗓子嘴角渗血而唱。他摔碎了筑琴，蓬头垢面目送荆轲，在峁塬之上漫漫黄沙中，荆轲怀着必死的信念去了，昔日的至交知己高渐离远远望他，荆轲只是蹙着眉头，不曾回首，踏上引颈受戮的赴死之路。原野上依然回荡着那风萧萧易水寒，悲情如长啸。惜筑铅满阶难上，仅为弦余十二殇。

风烈云狂，皲裂的黄土飞起的黄沙，沙哑而浑厚的嗓门硬朗朗的腔调，那塬上迎风一唱，震耳欲聋高亢激昂，吼得热血为之沸腾，热泪飞溅于天地。一声声惊天地泣鬼神的狂吼，将千年的峥嵘岁月，如醍醐灌顶一般倾泻倒出。

在秦地，秦腔分两种，一种是台上唱给别人听的，一种是唱给自己听的，关中农民做活寂寞时，便吼几声秦腔，颇为苍凉雄壮，酣畅淋漓。乡间行走，时时刻刻都能听到秦腔小调，也许是嬉唱的顽童，也许是耄耋老人，他们无意而歌，沉迷而咏，一切都自然而然地发生，虽然断断续续却更具真情。秦腔早已融入秦川大地，在十三朝皇都的故地，西周礼乐秦皇汉武酿成了千年的大秦腔，这正是铮铮铁骨关中儿女，也吼出了汉民族一往无前的英雄气概。煌煌历史，赫赫文化铸就出的粗朴之词，广袤天地，黄土沟壑谱出的激昂之曲，这就是秦腔，唱不尽的西北情。

秦腔是西安土生土长的艺术

柏树林的秦腔茶馆吼起来

柏树林是个老地方。虽然西安处处都是老地方，但类似于柏树林、粉巷、小南门这样到了今天仍然颤颤悠悠如同耄耋老人一样，令人几乎要忘却时光的老街巷却也不是那么多了。

柏树林街得名，与明代正统年间西安知府扩建文庙并在四周边广植柏树林木有关，柏树林与碑林博物馆只有一街的距离，宋代时候将文庙、府学、碑林同在一处而成今日的碑林博物馆。因为当时的扩建，后来便以树名作为街道名。自明清民国以来，此地的柏树才逐渐少了。柏树林木少了，街路两旁的大槐树多了。春末夏初，槐花开得喜人，整条街都是馥郁的香味，住在这儿的百姓人人忙采摘，摘花、淘洗、控水、拌面、上笼蒸一气呵成，蒸出美味的槐花饭。

到了现在，柏树林的槐树还是有的，只是再也不见摘槐花做蒸饭的居民。这条街紧靠碑林博物馆，北起东大街的端履门，南至城墙的文昌门，长不过千米。柏树林的味道就是原汁原味的西安，颇有雅俗共赏的感觉。几家生意极好的酒吧装潢得古韵浓重，旁边多是经销牌匾的商行，还有不少精致小巧的婚纱店，最多的是鲜花店和秦腔茶馆，到了夏天的夜里，还有热闹的夜市。很有生活气息的一条老街，温馨而不乏文雅，悠闲而又静谧，淡淡地存在于古城里，仿佛泼墨的山水画一般素雅。

在柏树林这里，最值得说道的还是秦腔茶馆。秦腔虽然是代表秦文化的重要符号，但和全国所有传统剧种一样，也许正受到时代的冲击。但是对于老秦人来说，听秦腔是如同吃饭睡觉呼吸空气一样重要的能够维系生命的事情。这些地道的关中汉子西北女人喜爱秦腔的高亢激越，喜爱秦腔的铿锵有力，听一段酣畅淋漓的秦腔，和大口咥一碗羊肉泡馍一样令人痛快。在西安，柏树林街的秦腔茶楼，似乎单独划分出了一个空间，

秦腔表演，人们仍然热爱这项艺术，悲杀的唱腔中蕴藏着这片土地的风情

划出一段时间，忘却窗外霓虹的街景，忘却摩天大楼。眼前的画面忽而不见，耳中的声音戛然而止，止于面朝黄土背朝天的农民，止于白鹿原上金灿灿的麦子，止于红袄子白汗衫的男人女人，止于大海碗里香喷喷的面。

柏树林临街的商铺，也是寸土寸金的。每个茶馆的门面都小而精巧，茶楼的通道也大都狭窄而陡峭。沿着坡度极大的楼梯而上，还没来得及看清里面什么样，已经有人招呼："上面坐！上面坐！"

茶楼不大，六七十平方米。用简单的帷帐平地隔出一个舞台。几个乐师，一边文、一边武两边坐下。台下放置几张圆桌，围上藤椅。看客进了茶楼，被人热情地簇拥着入座，立刻就会有人端来热茶，再呈上一碟瓜子儿，一小盘时令水果，这位看客就可以心安理得地听戏了。

茶楼里的演员，是流动的，不归属于任何一个茶楼主人，而是在不同的茶楼之间搭台献唱为生。听戏的人，要给演员"搭红"，唱的好就搭两条，这便是茶楼和演员的收入。一般是一条“红”十元，两条起搭。这样，演员和老板可各得十元。茶馆里的看客很多，有富裕的，遇见喜欢的演员就搭得多，十条便很不错了。各行各业的文化人，相互交流着，品头论足，或业余或专业，对十分出色的演员就多加两条。搭红的最高境界，是献花篮，一般是一个人独占一桌，看似文质彬彬的老板，这样的人一出手是一千元赏金，便是献花篮了。

茶馆里的演员，鱼龙混杂。名气很大的，刚出道的，他们在捧着嗓子深情地唱，唱出的秦腔像黄土地一样厚实，不爱的人听秦腔是折磨，爱的人把秦腔看做生命。秦腔茶馆，和秦腔一样，是一种具有化石意义的存在，华灯初上的古城街道，是谁在狭小的空间声嘶力竭，一个段子吼了千年，这些人用最原始质朴的声音谋生献艺。

传说，秦腔最初来自那荆轲刺秦王的段子，悲鸣着壮士一去不复返，震撼了这八百里秦川的天和地。都说陕西人“愣”，也许最早的陕西愣娃就是荆轲吧，用飞蛾扑火的精神妄图螳臂当车。然而这种憨直的“愣”却也像似秦腔，把这不婉转，不细腻，甚至是不好听的声音一吼就是千百年，愣是变成了文化瑰宝，令人向往和着迷。

“秦腔学府”戏曲研究院里富丽堂皇的大舞台

文昌门直对着的两条街，里面叫柏树林，外面叫文艺路。在这个大圈子里，可谓汇集了西安文化的精髓。文昌门里，碑林、书院门、顺城巷，偏爱浓墨书卷气息；文昌门外，文艺路花鸟鱼虫，艺术杂家汇聚于此，这条路都是搞艺术的。

戏曲研究院就在文艺路上，是颇为气派的一栋建筑。相对于易俗社的古老清淡，柏树林的恣意随性，这里真的该称为严谨的“秦腔学府”。

陕西省戏曲研究院是西北最大的艺术团体。1938年，在毛泽东的倡导下，她的前身陕甘宁边区民众剧团由著名诗人柯仲平和戏剧家马健翎创立于延安，如今已走过七十五年的风雨历程。

毛泽东主席曾说："秦腔对革命是有功的。"作为中国共产党创建的第一个戏曲院团，从成立到现在，她始终受到了老一辈革命家和几代领导人的亲切关怀。新中国成立后，民众剧团整建制移师西安，并在此基础上组建了陕西省戏曲研究院，翻开了历史的崭新一页。

秦腔在这里是高雅的，华丽的，以研究和学习的形式进行创作与演出，或许令人感到一丝丝无所适从，似乎秦腔就应该在苞谷地里简陋地唱着吼着，而不需要镁光灯，不需要要精致的容妆。

可是陕西戏曲研究院似乎颠覆了秦腔粗狂的形象。

七十五年来，研究院以秦腔、眉户、碗碗腔等陕西地方剧种的形式演出了六百多部整理、改编传统戏，创作现代戏和新编历史剧，形成了"磅礴、质朴、清新、缜密"的艺术风格。也许秦腔正需要这样的舞台，去走向新的时代，继续千年的辉煌。

在陕西省戏曲研究院里看到的秦腔除了历史剧还有现代剧。很有名气的现代剧比如《迟开的玫瑰》、《西京故事》，都把秦腔带入现代人的生活。

值得一说的是《西京故事》，这是陕西省戏曲研究院于2011年推出的大型秦腔现代剧。这部秦腔大戏真实地再现了一个农民家庭家长罗天福如何供读两个大学生孩子，并教导他们在城市如何自强不息、努力实现梦想的过程。这样与生活息息相关的秦腔令人觉得陌生又好奇，当秦腔离开了黄土地，离开了壮士英雄，却融入当今社会，一定是非常吸引人的。这部剧切实再现农民工的生活现状与城市融合过程中展现出的新矛盾、新问题，北京巡演的时候就得到了如潮好评，来西安的朋友，不妨也去戏剧研究院看一看。可以看到戏曲研究院在把秦腔不断的推进，在这样一个日新月异的时代，秦腔得以继续茂盛的生长，也是因为这片土地的力求保全与滋养。

传统的秦腔与创新的秦腔每一次碰撞，都能将其发展推广，岁月沧桑，时光匆匆，煌煌伟业，艺术常青。来到古城，听一听不同的秦腔，感受不一样的西安。不论是易俗社里古老的时光，还是柏树林恬淡的岁月，或是大剧院中华美的灯光，这都是属于西安的声音，铿锵有力，荡气回肠。

寄情羊肉泡馍

凡爱吃之人，生活必定细腻滋润。只因那快乐来得容易，来得简单。好吃者，不追求纸醉金迷的浮华，也不追求醉生梦死的虚幻，人生最满足之事，在舌尖实实在在地发生，唇齿欢愉，心则安逸。

于是，饱腹已经不能满足天下好吃之人，玉盘珍馐流于形式，唯有千变万化的小吃才可抚慰他们变幻莫测寻觅美食的胃

牛羊肉泡馍，一定要自己用手掰哦

口。古城西安，百姓淳朴憨直，快乐爽朗，大多都好吃，因此西安的小吃，也可谓琳琅满目，令人神魂颠倒。为何八大菜系里没有陕菜这一系呢，陕西人憨笑着自嘲说陕菜上不了台面，肉夹馍凉皮羊肉泡馍这样朴实无华的俗物，没有那值万钱的山珍与海味。然而，从未有哪一家陕菜小吃真正看起来富丽堂皇格调高雅，几乎所有的肉夹馍店，泡馍门面，都是简陋的小摊，没有人在那里讲究穿着，注意就餐时的形象，每个人都甩开了膀子大快朵颐，汗流浃背，大呼美味。陕西土话中，吃饭，叫做“咥”（dié），这是一个颇有霸气的字眼，咥一碗羊肉泡馍，这是西安人的头等大事，在这八百里秦川的广袤大地，唯有浓香鲜美的羊肉泡馍，能让美食变得如此的酣畅淋漓，痛快恣意，故而，羊肉泡馍与西安这座城市有着相同的灵魂。

羊肉泡馍的诞生是一个颇有妙趣的传说，就与大宋皇帝赵匡胤的那“翡翠白玉汤”一般有异曲同工之处，无心而成。而羊肉泡馍的无心而成，却又是另一位皇帝的功劳。李世民还在艰辛打天下时，某一日翻身下马突觉饥肠辘辘，正巧遇见路边煮羊肉的店铺，掌柜让他把自带的干馍掰碎，给他碗中浇了一勺滚热肉汤放在火上煮透，鲜美的羊肉与面饼的香气扑鼻而来，令人食指大动。皇帝的新闻效应自然是非同小可的，如此就穿越了千年的历史，且丝毫未见衰朽之态。“翡翠白玉汤”固然有十足优雅的名字，味道一定不怎么样，羊肉泡馍在当年或许连名字也没有，然而缘于煮羊肉掌柜的一次行善，却变成了今天盛名远传的美食。

当然，千年之后西安的“羊肉泡馍”制作比当初伺候皇帝时要精细许多了，主料、配料，乃至煮法、吃法，层层剖析起来却足以成为一门大学问。羊肉泡馍的鲜美滋味，千年来上至天子下至百姓都竞折腰，自不必在此赘述，或许人们爱它还有另一个理由，那是食客亲自参与美食烹调过程的一个环节，掰馍。也许恰是有了这般参与，才使得美食的纯粹享受变成亲力亲为的成果，让羊肉泡馍，变得更加贴心，更有风味。

馍是特制的，死面儿，发硬，估摸着和皇帝当年的馍差不多，所以能煮而不溶，化而不烂，柔韧劲道。而掰馍的心情，是一种惬意生活特有的愉快，和朋友、恋人、亲人坐在一起慢慢地掰，恰如老僧捻珠诵经。馍，掰得琐碎，掰得细致，像是踏踏实实地在掰着岁月，每一块不同的馍，像是每一个人不同的日子。

也许这一块大一点，那一块小一点，这一块有棱有角，那一块整齐柔韧。日子永远不是千篇一律的，波澜跌宕，起伏不定，然而不论是什么样的，你都要接受并且优雅地度过。碗中的馍，不论你怀揣如何的心情，也总是要一块一块亲自掰，在这个高速运转的时代里，能像西安人有这样亲自参与一份美食的创作，是令人艳羡的奢侈。掰馍时候的闲聊，在嘈杂热闹的环境中更容易拉近彼此的距离，于是情意融化在羊肉泡馍的碗里，使得那汤汁的香气，更加浓郁。

几乎每个西安人的少年时光都会在骑着单车穿过大街小巷，寻觅着羊肉泡馍那股浓郁的鲜香之中度过。羊肉泡馍伴随古城走过多少风烟岁月，也伴着一代一代的西安人长大，眼看那城墙下粗犷的梧桐树绿了又枯黄了，树下简陋的羊肉泡馍摊位依旧经年敞开着。多少年，羊肉汤的香味不曾变过，馍的口感不曾变过，就在这老字号的泡馍小铺里，岁月静好，时光温柔停伫。

每个人享用泡馍的心情是都应该是悠闲恬静的，许多离开故乡的西安人，怀念起一碗羊肉泡馍的滋味总是唏嘘不已，泡馍并不昂贵，也比不上海味山珍，然而在恬静的心情中留下的滋味却记得最牢。

时光白驹过隙翻越千年，如今千家万户随心就可以饱尝的羊肉泡馍，却是当年李世民惦记的难以复制的美味。任凭皇帝为难了多少宫中的御厨却也没能复制那一丝一毫的浓香，因为羊肉泡馍独有的气质，那是杂草的气质。泡馍不在刻意而为，唯有经过自己指尖的面香沾染了厨师的羊肉汤，这一碗泡馍才能被每个创作者赋予独特的灵魂。岁月的奔马攀登高山、趟过河流，直至我们苍老失去味觉，然而一碗羊肉泡馍的味道却依然存在于唇齿舌尖，存在于心头，在一遍又一遍清晰的回想里慢慢生出别样的滋味。

把陕西话唱成歌

在古城，有个本土乐队，叫做黑撒（sá）。

黑撒也叫“Black Head”，“Black Head”是洋名儿了，洋名儿翻译过来就是黑色的头，而这黑撒的“撒”，便是陕西土话中脑袋的意思。

黑撒有两名主唱，吉他手、贝司手、鼓手各一个，这是几个爱玩儿爱闹腾、又很“接地气儿”的大男孩。他们有才华，有思想，时不时还有点忧伤，每每都会追忆似水年华的青葱岁月。这几个大男孩的创作可谓独树一帜，最最重要的特点，就是他们的歌，全是用陕西话在唱。

陕西话，虽然听起来挺愣，但是曾经一度成为全国“身份地位”较高的贵族才能讲的方言，三秦大地十数朝古都，故而陕西话也有过辉煌的时候。也许当年的杨玉环与唐明皇，花间舞蹈弹琴，两人那浓情蜜意的誓言都是陕西话；也许那李白斗酒诗千篇，高声念出的大作亦是陕西话。在今日的古城，方言仍然是我们生活中不可缺少的重要部分，调侃时候那土土的陕西话，愣愣的陕西话，仍是给西安百姓带来了无数欢声。

将陕西话变成Hip-Pop，变成rap饶舌，变成酒吧夜店里的爵士蓝调和摇滚，这个点子简直令古城的年轻人嗨翻了。黑撒的出现在2007年，首张唱片《起的比鸡早》一经问世，古城就掀起一场唱着陕西话的风潮。其中歌词幽默个性，独具风采又引人深思，他们“把老祖宗秦始皇的口音发扬光大”。听完这样的作品，你会发现，原来陕西话是这么迷人。

黑撒懂得如何让陕西方言与现代音乐完美的结合，这样的结合大俗大雅，既乡土又“洋气”，总是令人一次次捧腹大笑。黑撒的歌总是那么犀利，用陕西话唱出了年轻的疯狂，也唱出了年轻的忧伤。在这个黄金时代每个人步步为营越来越功利，他们的音乐却返璞归真靠近最单纯的自己。2011年，黑撒乐队民谣专辑《西安事变》发行之前，其中一首歌曲的MV在网上火速流行起来，感动了无数大学毕业生。在每个西安人都熟悉的街道，在每个城市都会发生的毕业季哀愁，黑撒乐队用陕西话如此真切的诉说一段故事，黑撒乐队的这首歌，被称为2011年中国最美民谣。近年来，陕西话越来越多的被人们所熟悉，也越来越多的出现在荧幕上。《武林外传》中佟掌柜徐娘半老风韵犹存的一口地道陕西方言说的如此迷人，而电影《白鹿原》里女主人公田小娥更是将陕西方言的魅力发挥到极致，那关中女人骨子里的倔强和温柔都在喉咙里变成了风情万种的陕西话。如此动听的陕西话，唱成了极为浮夸的rap，又带来了听觉一次冲击。

“我们是一个特色的说唱乐团

来自八百里秦川的古城西安

我们的名字就叫作Black Head

最喜欢唱的就是陕西方言

陕西话是世界上最动听的语言”

这是黑撒乐队作品之一《秦始皇的口音》。这群大男孩也即将变成大叔，可他们还是那么的快乐，同时也感染着这个古城快乐，他们热爱着的陕西方言，这有点愣又有点土的陕西话，却是如此直白憨厚，如此真诚温柔，令人深深的迷恋。

西安女娃

西安女娃，是八百里秦川的温柔夏夜，是关中平原尖尖的麦芒，是渭水中闪光而坚强的沙。

古城女娃有着北方女子彪悍又大方的性格，但也有着十三朝历史熏染出国色天香的才情。她们有时候是温柔娴雅，懂得茶道和咖啡的女子；有时候却是泼辣直爽，开朗明媚的不做作的女子。她们贤惠持家，热爱生活，会在古城最昂贵的商场试三十套衣服，最后却在骡马市淘一件价格最公道的；她们会在西餐厅里优雅用餐，也能在回民街的夜市甩开腮帮子不顾形象地吃烤肉。她们是看似文静却懂得玩乐的女子，和闺蜜在一起也能从大家闺秀变成“天然呆”，她们对姐们儿的呵护看重超过自己的男友，逛街总是喜欢成群结队。卖得了萌，耍得了

西安女娃

二，扮得了小清新，演得了御姐范，她们真诚勇敢从不矫揉造作，她们敢作敢为不虚伪，她们是真性情的西北姑娘，西安女娃。

女人如水，西安姑娘正有着水一样的灵性，她们是黄土高原上的精灵，懂得汇百川而成海。如水的西安女人更有水一样的多变性。偶尔像山泉，从雪山来，自云海出，清新洁净，一尘不染。也许是古城的气质沾染，使得她们拥有与生俱来的古典韵味，她们是单纯的，不一定美丽，但是却让人清凉。西安女人偶尔也像一盏温润的茶，清香淡雅令人回甘绵长。她喜欢南湖清新的空气，犹爱古刹里的清幽，她有着绿茶的清隽。她喜欢钟楼下霓虹的斑斓，喜欢倾听德福巷午后的安静音乐，她有着红茶的恬淡。这样的西安女子有深远的内涵和丰富的感情，这样的女人懂得生活，明白道理，懂得宽恕和理解。慢慢去感觉她的包容，才体会到她是那么深远而富有诗意。

然而西安姑娘最像的却是江河大海里的水，有时候汹涌，有时候澎湃，然而却又能在潋滟的波光中耀眼美好，水，一入深潭是千尺的幽幽碧绿，一入大海是宽阔万顷的浩瀚湛蓝，可深可浅，亦柔亦刚。就像西安女娃们的刀子嘴豆腐心，就像她们善良纯真的内在与坚强的性格，就像她们变幻莫测的温柔与倔强，她们是美好的西北姑娘，她们是西安女娃。

3 西安钟鼓楼景区

——朝闻晨钟，夜傍暮鼓

雾霾藏匿在日光里，远远看去，那古老而庄严的钟鼓楼，仿佛徜徉在时光云海里彼此相望。钟鼓楼，是西安的魂，我虽想用最华丽的语言来描绘这绽放异彩的一片天地，但唯恐繁华损枝，这里有着最古朴的西安，有着最炫动的西安。其实不论沧海桑田如何轮转，它依旧一副洗尽铅华的姿态，不悲不喜，璞玉浑金。

每一座城市都有它们的代表，或是美轮美奂、鳞次栉比的高耸大楼，或是艺术与美结合而成的雕塑，或是千年传承的古迹，然而，身为一个西安人，我却一言难尽钟鼓楼。

它坐拥着千年繁华，盘踞在城市中心，车水马龙，霓虹万千围绕着它不止地旋转着，可是，当你靠近它，会感觉一种威压穿越时空而来，你站在城市的心脏，却蓦然沉静下心绪，那不是粉饰浮光给予的奢华感，而是十三朝古都如同电影快放的细碎画面，你仿佛看到皇室的大气恢弘，于是你沉默了，你只能长长的欷歔，却不知为何而欷歔。

由此开始，这是整个关中的精髓，西安这座四四方方的城市，以钟楼为矩形的中心，延展开来，就像是树干的枝桠，由此开始，苍翠馥郁，开花结果。

以钟楼为圆心，由圆心向东南西北四个方向画四条半径，那么依次就是西安东大街、南大街、西大街和北大街。这就是钟楼和西安城内的关系。就是如此中规中矩，直接分明。

钟楼的西边，是与它相望的鼓楼，从这两座气势磅礴的建筑，延伸出一个柔美、淳朴的古城，也勾勒出一个新颖、繁华的大都会。

你看见古色风格的西大街甚至于 Nightclub 都穿着雕栏木窗的外衣，鼓楼身后回坊人家美食叫嚣一整夜，化觉巷、清真寺里穆斯林虔诚受着洗礼。你看见南大街挥金如土奢侈享受购物天堂，街边却不乏老西安的小吃美味，芙蓉春卷，金线油塔，蜂蜜粽子。美妙的名字，低廉的价格，豪华的味觉享受。你看见欧陆风情的德福巷如同美艳女子，香烟美酒夜生活，午夜上演寂寞的狂欢。你看见书院门里文墨悠远仿佛青衣长衫的温润少年，竹帛所载，丹青所画，书卷气正浓。你听见千年秦腔，那是黄土高原千沟万壑的一声长鸣，朴实、粗犷、豪放，富有夸张性的嗓音，也会让你感染，为之高声喝彩。

这是大西北的精魂，钟鼓楼，在万物喧嚣之后，又在山河永寂之前，它们就那么安静肃穆地坐落着。却也并非看不见它被风蚀的痕迹，但它一如既往的沉默，砖瓦间的伤痕见证历史

晨钟暮鼓

与荣光，吟着千年的绝唱。自它诞生起，就守护着西安这座城池，以王者的姿态，时光荏苒，坐拥百年。

旅游指南

作为西安城区内最大的交通枢纽，地铁公交非常便利，但是会令人饱受堵车之苦，不过只要错开高峰期时间，钟鼓楼附近的公交在城区内各大景点“起承转合”的作用就得以发挥。不推荐乘坐的士，除却高峰时段，的士还有下午三点至五点的交车时间。

地铁二号线纵横连接西安，北起新建成的城北客运站，南起电视塔，西安城四四方方的特征使二号线笔直贯通城市腹地，长驱直入，钟鼓楼景区就在这一条路线上。如果规划好旅游的南北景点，只需在城北搭乘一趟开往南方的地铁就可以。

钟鼓楼区域内住宿条件优越，多数为高级酒店，远一些有锦江之星、汉庭、南大街中段的城市酒店等。还有零散在小街小巷的青年旅舍，如湘子门国际青年旅舍、书院青年旅舍、碑林老街青年旅舍、钟楼国际青年旅舍、正之道青年旅舍。青年旅舍代表年轻的新生活方式，是“穷游”、“小清新”的最佳坐标，非常有古城特点，砖木结构的建筑，雕花木窗，庭院式的布局，古色古香又极富有现代活力。当然市中心的家庭式旅馆也是不错的选择，比如馨乐庭城中服务公寓。

酒吧街、美食和购物中心也在钟鼓楼区域密集的布置，以鼓楼附近、西大街区域、南大街区域和永宁门内外为主，鼓楼后的北院门有西安最庞大的小吃体系，钟鼓楼附近的菜色以陕西特色为主，饺子馆和羊肉泡馍不容错过。

钟鼓楼附近的特色购物，集中在回民街的化觉巷里，如果需要带一些陕西美食干货也可以在化觉巷买到，钟鼓楼广场和钟楼盘道里也有购买当地特色的商铺。东大街骡马市更是适合全城淘宝的潮乐汇集散地。

关于酒吧，在顺城巷里城墙根下的慵懒歌声，昏黄的光线一点一滴在渗透着向晚的天色，德福巷喧闹的电音和年轻女人的香水味道凝固成彻夜不眠的狂欢，南大街的夜店叫嚣着这座城市愈夜愈美，钟鼓楼这里，不单是历史的黑白照片，也是霓虹的炫舞。

主要景点 M

钟鼓楼风采

——恢弘钟鼓楼

朝闻晨钟，夜傍暮鼓。

凤阁龙楼金宝顶，雕栏飞檐舞。

干戈不入长安楼，琉璃瓦，绕红绸。

也许每次路过钟楼的西安人都不忘庄重地看它一眼。钟楼，看了十年，二十年，五十年，一辈子，琉璃玉珠光，四方钟鼓楼，看它那么久，仍然觉得美不可言，觉得发人深省。

所有西安人都对钟楼有一种特别的情愫，说不上的感觉，也许是敬仰，也许是骄傲，也许是黄土高原的人们对故乡朴实

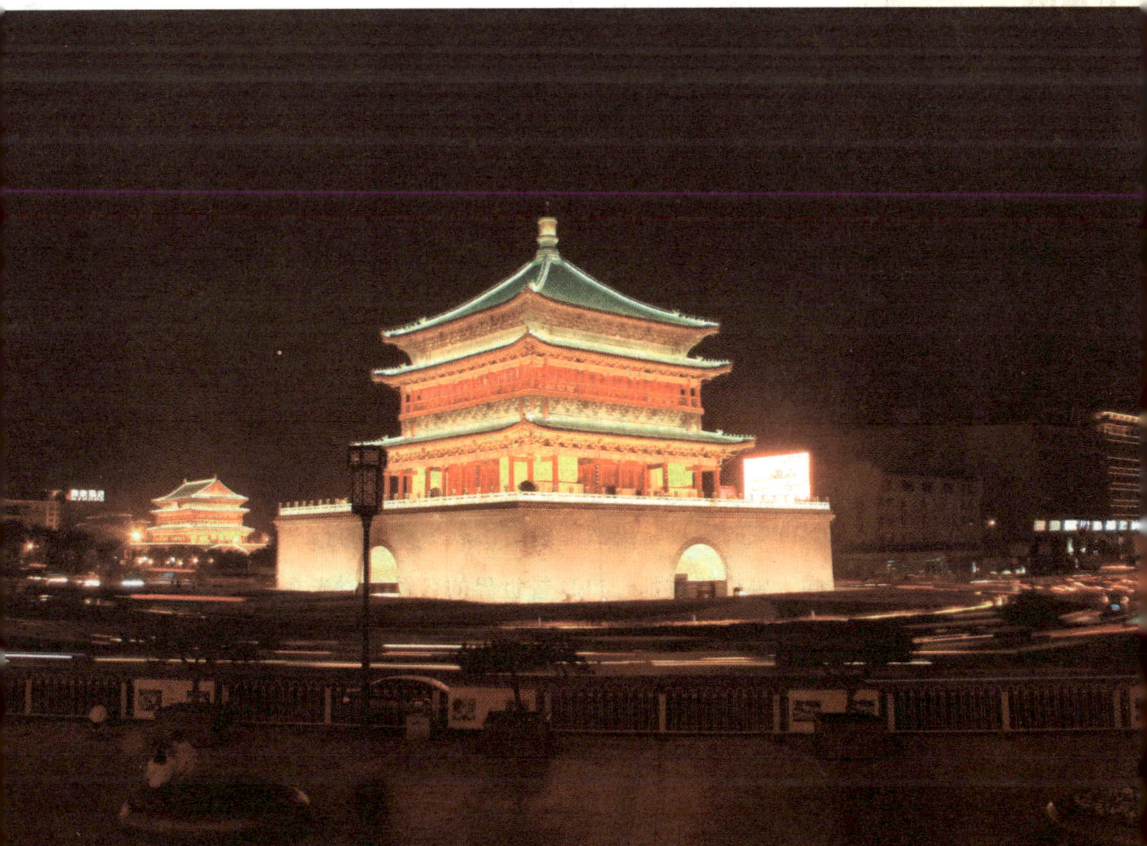

交通枢纽

的依恋，因此，身在西安，最爱钟楼。

远观钟楼，它是很美的一座建筑，四季皆景，阳光明媚时，它若英姿威武的将军，冬雪纷飞，它一如豪迈伟岸的王者。

钟楼有三十六米高，四方稳固的青石正方形基座将近九米高，在基座之上有两层木结构的重楼，顶部为四面攒尖顶结构，宝顶用金铂裹木心。三层微微翘起的琉璃屋檐，墨绿色的琉璃瓦在阳光的映射下绽放梦幻般的皇室色彩，镏金宝顶点睛一笔十分大气又不失灵动。眺望四条主干街道，历史的沧桑感和现实的繁华交错，仿佛从古代穿越到了今日，又仿佛从今日回到百年前古时候人潮攒动的街口。

顾名思义，钟楼有钟，才叫钟楼，明朝原先悬挂的巨钟是唐朝景云年间铸造的“景云钟”，原为长安城内的景龙观所用，移至钟楼。1953年景云钟移藏至西安碑林博物馆，仿制了另一个景云钟，虽然小了一些，但钟裙，雕饰，铭文都比较相似，仍然是西安古城的宝贝，仍然能敲击出震慑黄土的长鸣。

我去碑林的时候，曾目睹过那一口享誉世界的名钟，时光在它身上刻下了些许的斑驳，但是却没有削弱它的霸气，虽然景云钟只是安静地坐落在庭院深深之中，仿佛长久地睡了，可当你靠近它，还是能感觉，那发人深省的一声长鸣。

每年的元旦，凌晨，人们在钟楼敲响新年的第一声，如果远方的朋友觉得意义非凡，不妨在年关来，亲自敲响这守护了长安百年的钟。

记载钟楼历史沿革的刻碑，可以在楼内看到，彰显百年前政治权力。楹联为今作，但也描绘了王权皇室胜地的面貌。楼里有很美的雕栏画栋，门扇窗檐雕镂精美而赋有寓意，每一层的门扇上有八幅浮雕，每一幅浮雕都讲述了一个遥远的典故。

钟楼四面正中各有高约六米的十字相交的券洞，过去是贯通东南西北四条的十字口，车水马龙从券洞通过。如今虽然封闭了券洞，但以它为中心，延伸出与东南西北四城门相接的四

钟鼓楼广场

钟楼夜景

条主干道。正面门洞两边有对称的石砌台阶，精美磅礴，整座建筑如果在夜色的衬托下会更加美轮美奂。

当然，和所有的历史文物一样，钟楼有很多的传说故事。明太祖朱元璋登基初期，关中连连发生地震，民间相传这是地下的蛟龙翻身，导致长安频频震动，朱元璋听道士之言，在西安的城中心修一座钟楼，钟能鸣天地之音，以镇蛟龙。由此，全国最大的钟楼从此诞生，之后钟楼又挂上了唐朝曾经的“天下第一钟”——景云钟。

但现在坐落于城市中心的钟楼原本并不在此，在明神宗万历十年，钟楼整体向东搬迁了约一千米，才是现在的位置。

钟楼的神秘搬迁也有一个传说，在万历年间，关中发生了大地震，传言四起，说关中平原下魑魅魍魉作乱。于是有一个道士对知府说："钟楼东迁半里地到十字街口，地动必除。因为此地有条千年鳌鱼在作怪。"知府听后，恐慌的不得了，只能听信道士的话，动工凿开地面，果真露出了四条巨石，巨石掩盖着一口深不见底仿佛直通地心的井，流水的声音如沉缓的钟声，这时，忽然一股井水喷出，水上浮着千年鳌鱼，于是道士制服了鳌鱼，知府就立即将钟楼迁移至此。钟楼以一种神话的形式，巍然屹立，保护着长安。

鼓楼上的二十四节气大鼓

我的爷爷说，早些年的时候，走过钟楼，仍然能听见泉水喷涌的声音，或许，还能听见那被封印百年的老怪，沉重的叹息。

然而传说也只是传说，是一个动听的误会，经过考证后，才知道钟楼的搬迁是因为城市中心的东移，而老人们说起那千年老鳌的故事时，仿佛真的听过它的低吟，也许人们更愿意相信，钟楼是为了守卫这座城池而存在的。

也许，西安人对钟楼特别的爱，就是从当年就开始，它熠熠生辉，金碧辉煌地坐落着，诞生，迁移，都是为了佑护我们，长安的万千百姓。

与钟楼所相望的是鼓楼，它坐落在北院门街的南端，与钟楼相互辉映。

鼓楼的基座也是用青砖砌成的，基座也有高和宽均为六米的南北向券形门洞，与南北街贯通，楼分上下两层，四周有回廊。这样看似三层实则两层的重楼，是皇室建筑的风格，如同钟楼一样。在古建筑学上叫"重檐三滴水"。

但鼓楼比钟楼要大一些，相对于钟楼，它就更显得沧桑沉稳。它低调内敛却

巍然的气质，也令古今文人墨客所折服。

鼓楼上牛皮蒙制而成的大鼓，是1996年为了迎接香港回归而制作的，其名为“闻天鼓”，这张大鼓寓意深刻，有很多特别的数据，如1996颗泡钉，暗示着一九九六回归年。

如同钟楼一样，它富丽堂皇的程度也可与古代皇宫媲美，在楼阁建筑中，琉璃彩绘是必不可少的，阴影调和下，中国皇室建筑更加卓然，封建社会因为等级制度色彩艺术不为平民建筑所用，宋时期“凡庶人家，不得施五色文彩为饰”，明时期“庶民居家，不许饰彩色”。而鼓楼的彩绘，沥粉贴金和玺彩绘以及旋子彩绘，如此明艳的色彩，正彰显了权贵如此尊贵的身份地位。

鼓楼之影

鼓楼尽显庄严

钟鼓楼，现在依然是这座城市血脉传输的中点，百年前的它们朝鸣夜响，我无缘听到昔日的声音，我却看到今日它们依旧巍然的风貌。钟楼飞檐上映射金色灼灼日光，鼓楼悄然藏在婆娑的树影里，历史通过漫长的岁月摇曳而来，往往异常的沉重。其间五味交杂，世事如烟，沧海已然经历过桑田，但它们还在这里，仿佛无论是否山河永寂，是否亘古削会成一瞬，它们都会在这里，凝视着动人的长安，柔远镇迩，千古不磨。

交通

乘坐地铁二号线到钟楼站即可。

门票

35元。钟鼓楼套票50元。

开放时间

7：30—20：00

行程安排

可安排半日游，从钟楼地下盘道可进入楼内，在钟楼上可俯视全西安四条主干大街。钟楼以西北院门与西大街路口即鼓楼，参观鼓楼内部可直接在鼓楼下购买门票。钟鼓楼远观亦可，但攀登时兴许会有更秒的感受。

美食

德发长饺子馆

德发长饺子馆坐落在钟鼓楼广场的北边，一边毗邻西安最为高档的商城之一“世纪金花”，一遍紧挨着钟楼。德发长是老字号了，创建于1935年，古色古香的建筑风格和其一如既往好口碑吸引着无数游客，也是本地人宴请远方亲友的好去处。在店门口，您能看到两个憨态可掬的门童雕塑打着灯笼，门外的对联上写着一句“长忆长安德发长”，我却乍一听成了“尝一尝德发长”这也许就是有趣的一语双关。您定会好奇，饺子，能做出多少的花样来呢？不就是皮和馅。但如果去品味饺子宴，就明白这“饺子全宴”的奥秘，二百多种饺子，颜色形状各不同，鲍鱼，蟹黄，核桃，虾脑，这些美味的馅料，加上精致缤纷的色相，足以引得您食指大动吧！德发长饺子馆二楼是饺子宴，一楼是饺子单点，价格有点小贵，二楼的饺子宴人均200元左右，但一楼就会便宜很多，人均只需50元，只要选好您的口味，点上几种特别饺子，也能大饱一番口福。

德发长

碑林区钟鼓楼广场西大街3号

029-87214065

自钟楼步行至钟鼓楼广场即可。

西安饭庄

“陕菜”一直是个神秘的存在，在八大菜系中不见它的身影，但却似乎悄悄地蔓延，无声无息地生长，外地游客来西安，饱餐了西安的小吃，却依旧说不上何为“陕菜”。

西安饭庄在东大街中段一个显眼的位置，它应该是给予游客了很多的便利，要吃正宗、全套的陕西风味，那么来这里品味一回足矣。钟楼的这一家西安饭庄是最老的店了，失去了些许往日的光辉，比不得大酒店的富丽堂皇，虽然有不少分店，但还是老店的口味经得起岁月考验，推荐松鼠鱼、葫芦鸡、泡泡油糕、黄桂稠酒、金线油塔。

这里的葫芦鸡是招牌菜，据说经过了蒸煮炸多重工序，外酥里嫩，十里传香。而油糕是我从小就特别爱吃的，色泽金黄诱人，里面是香甜的糖料，

西安饭庄的泡泡油糕

每次咬下一口糖水都会流出来，这是童年的味道，也是对老西安甜甜的回忆。虽说饭店的名字很大气，但价格还算比较公道实惠的，人均只需70元也可以吃饱。金线油塔在路边摊都有卖，干净实在，西安人也很喜欢在街边捧着一份美味的油塔大快朵颐。这些，都是您不容错过的“陕西风味”。

碑林区东大街298号

029-87680883

在钟楼乘坐201路或252路、612路，到端履门下车步行即可到达。

柳巷面

这是在西安大名鼎鼎的一家面馆，生意火爆，口味出众，每每要花去吃一碗面十几倍的时间来等这碗面，西安人对这家面馆的“宠爱”是无与伦比的。店面小，这面馆的面积总是那么的不够，显得那么狭小；位置比较难找，它处在钟楼东的案板街上，一条叫吉庆巷的深处；环境简陋，拥挤的空间里人潮涌动，哪有就餐环境一说；服务更是天方夜谭，如此多的食客，如此多的口味，服务生能准确无误地记住已经足以显得专业娴熟，但是对顾客的温柔体贴周到在柳巷面馆来说，那就只是个“传说”了。也许是由于陕西人对面食的特殊爱好，才导致他们“纵容”了柳巷面，也是因为憨厚淳朴，老陕只要尝到了够劲道，够味的好面，那别的一切都是“浮云”。柳巷面，人均13元，其实若要感受真实的西安，就应该在这小巷深处，饱尝看似名不见经传、实则妇孺皆知的人间美味。

碑林区案板街吉庆巷

自钟楼至东大街步行至案板街吉庆巷即可。

秦豫肉夹馍

肉夹馍，这是关中的一个宝贝，记得我一个大学同学来自南方，问我，肉夹馍，明明是馍夹着肉，为什么反着念呢。这个问题我苦恼了很久，后来经过漫长的考证，我终于知道“肉夹馍”其实是“肉夹于馍”，原来是介词省略了。这是一个关于肉夹馍的趣事，生在西安长在西安的我们，从来不知道肉夹馍为什么要反着念，只知道它美味，只知道它必不可少，爱一样东西，其实并不用去了解它，这单纯的喜爱，大概只有陕西人才有，只有这直来直往，踏实淳朴的老陕才有吧。

秦豫肉夹馍的地位之高，名气之大，很多年来都是西安数一数二的。虽然西安的肉夹馍店就如繁星之多，它还是能一枝独秀。大品牌除了秦豫，还有樊记、张记等也是很值得推荐的。

肉夹馍，馍的口感很重要，要酥，要脆，面还要劲道，内里要香软，才能与猪肉绵腻的质感相吻合。而猪肉，肥瘦相间，咸香得当，不柴不腻，要能入口后再一次升华，这样的肉夹馍，才能做出名气，才能有地位。

秦豫肉夹馍，普通7元，优质10元，凉皮5元，这样算下了，吃饱喝足也不过20元。

吃肉夹馍的时候，要上一份油辣子淋上的凉皮，再喝一瓶西安特有的汽水“冰峰”，这全套的西安人饮食装备，就算是齐活了。

碑林区东木头市19号

自钟楼乘坐251路到端履门下车步行至东木头市即可。

钟楼小奶糕

钟楼小奶糕，是一种砖型的冰淇淋，是八零后九零后永恒的迷恋。对钟楼小奶糕的喜爱从我们的童年开始，它淡淡的香甜，浓郁的奶香，绵滑的口感，吸引着我们趋之若鹜，我总是记得那么多浓墨重彩的夏天里有它的一丝清凉和甘甜。大概和所有的西安人一样吧，它是一种印记，是一种回忆，是一段失去的时光，是一个西安人，对家乡的思念。

钟楼小奶糕还在钟楼卖着，一支2元，口味比过去多了些许，如果您来西安，如果您愿意体验西安人这特别的眷恋情愫，就买一支尝一尝，小小的冰淇淋，大大的西安情。

碑林区东大街619号钟楼邮局南门面

补充说明

1.游览钟鼓楼时最好待晴好天气，当然烟雨蒙蒙时钟鼓楼也别有一番风味，黄昏时登楼若正逢华灯初上，这时俯瞰全西安四条主干大街的夜景，仿佛一场盛大的时空穿越，身在雕栏画栋的檐角下，却见霓虹渲染成流光。

2.在钟鼓楼广场后有“同盛祥”羊肉泡馍和“德发长”饺子馆，建议品尝饺子宴，羊肉泡馍可在鼓楼后的回民街选择多家老字号。钟鼓楼广场的回廊可以买到西安特色纪念品，也可以在北院门化觉巷内和回民街购买特产，其实门面比较大的饭店也许味道比不过街边的小馆子，而且价格差异很大，来西安旅游的朋友不妨先做好功课，这样才能品尝到西安真正的美食。

3.由于地处西安中心商业区，钟鼓楼附近美食餐饮密集，商城也比较多，供休闲的咖啡厅和冰淇淋店在钟鼓楼广场内，可以供旅人们休憩。

4.钟鼓楼景区景点多而比较集中，由此城内的旅游景点都可以延伸到，来西安旅游的朋友们在此处下榻最优，当然如果高档酒店价格昂贵，不妨试试家庭式旅馆和青年旅舍。

5.在钟楼美伦酒店门口有机场巴士专线。

6.这里有西安最复杂的地下盘道，每个出口虽然有路标但是仍然比较容易混淆，西安本地人都会经常走错，远方的朋友一定要注意每个路标和提示，否则很容易在钟楼下绕圈噢。

游览：

钟楼西北方向一百米处即是钟鼓楼广场，向西步行五分钟即可到达鼓楼。鼓楼后为美食一条街——回民街，回民街化觉巷内是大清真寺。钟楼向南五百米可到达永宁门，向西便是西大街，西大街到城隍庙步行十分钟可到达。钟楼向东为东大街，骡马市在东大街中段，步行可达，无需乘车。

美食：

钟鼓楼广场可以品尝德发长饺子，鼓楼后回民街内有西安最具特色的清真美食，东大街沿线也有西安饭庄可以品尝陕西特色小吃。西大街广济街口有西安人最喜欢的甜点，德懋恭水晶饼。详见本章美食部分。

购物：

步行至东大街中段可到达骡马市，鼓楼后回民街内化觉巷可购买极具西安特色的小玩意儿。

主要景点 M 回坊

——饕餮之夜

寒冬时节，穿过鼓楼威严的砖瓦，然后忽然看到了这一片狂欢的盛宴，热气腾腾，满街飘香，这里就是回民街，老陕总是叫它“坊上”。

回民街，这三个字就可以代表一场盛宴。

回民街的主街叫做北院门。在北院门里，历史名店鳞次栉比，美食散落在各个转角，零零碎碎地交织出一个原生西安的剪影。这朴实无华的青石板上承载着一段悠久的饮食文化，人群摩肩接踵，张袂成阴，只言片语间流露出的不同民族间融和

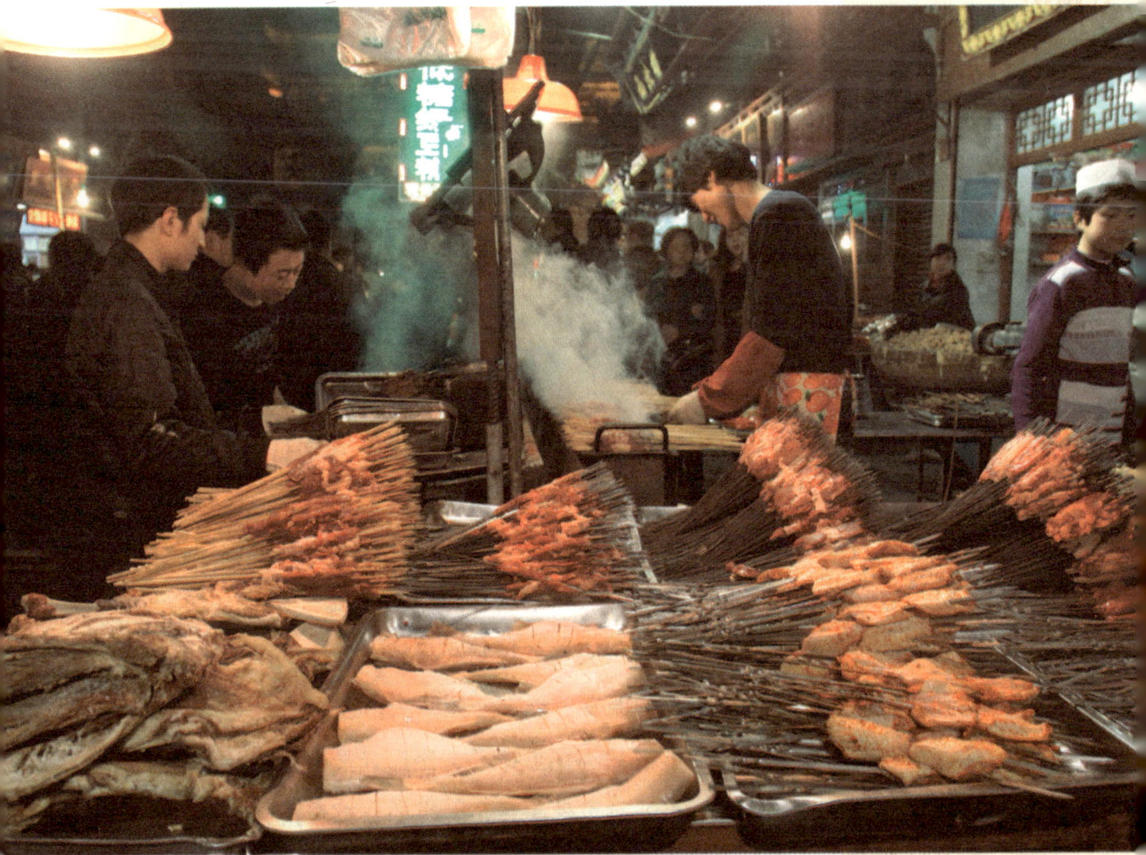

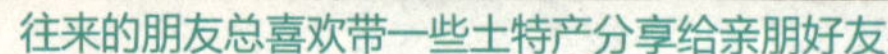
往来的朋友总喜欢带一些土特产分享给亲朋好友

回民街的土特产

交汇的繁盛景象，正欣欣向荣。

回民街的历史有一段渊源，曾经这里作为丝绸之路的起点，一度吸引着精明的阿拉伯、中东地区的商人。外国的使节，波斯的商贾，在这一带滞留停歇，终于扎根于此，繁衍生息。现在的回坊，聚集着六万多穆斯林，他们高挑的鼻梁、深深的眼窝、如同亚欧混血般的美丽容貌，象征着千年前的血脉，他们都是虔诚的信奉者，忠实的教徒。

这条街，乍一看满满地摆了各种各样的美食，似乎比较多的是老陕们最爱的泡馍。水煮的羊肉有一种自然且不膻的香，肉质软滑，浓汤升腾着香气四溢的雾气。掰碎了手中的芝麻饼泡在羊肉浓汤里，然后等碎饼泡到外软内韧的时候咬下……还有铁锅烙馅饼，饼皮薄，灌上一个鸡蛋，馅料饱满地裹在饼里头，牛肉酸菜韭黄，咬上一口，馅饼里喷香的芡汁呼之欲出。西安这厚重的北方城市，也因为这些美味的小吃而时不时雀跃于千沟万壑的黄土之上。

常说的回民街其实就是北院门，是小吃最多的正街。这条街朝北走到尽头就是西安市政府。南边的门在鼓楼下面。北院门西边分出三条巷子，像大树分出的枝干，由南向北分别是西羊市、大皮院和小皮院。

初入北院门必定有种眼花缭乱的感觉，走个十米开外人都恍恍惚惚，不知从哪里开口，这时候要镇定心智，来一家一家地看。

刚入眼的应该是一家很大的干货店，各种蜜饯果脯，坊上的手艺很有特色，如果是喜好甜食或者外地来观光的朋友可以带一些回去。

稍微向北走，就会有很多零散的小糕点摊子，比如蜂蜜凉粽子、桂花糕、玫瑰镜糕。这些精灵一样的小糕点非常可爱美味，大米的口感爽滑柔韧，浇上玫瑰酱、蜂蜜，甜味恰到好处，丝丝缕缕的花香溶蚀了甜点的腻，可以把这样的甜点当作餐前零食来享用。

街道比较中心的地方，就会有很多腊牛羊肉和酱牛羊肉，老马家腊牛羊肉、贾永信腊牛羊肉、老铁家的都是不错的选择，老陕们买点牛肉夹一个馍，其中滋味妙不可言。走到这里也会有烤羊肉了，羊腿羊排羊蹄，当然是肉食爱好者的天下，口味香辣过瘾。推荐“平娃烤肉（北院门店）”。不光只有北院门有美味的烤肉，西羊市大皮院小皮院都有香气四溢的烤肉店，个中滋味，还得慢慢品尝。

八宝镜糕

摊馅饼的回民大姐

不得不说灌汤包子，特别薄皮大馅的灌汤包子有一家——贾三灌汤包，也可以尝尝这里的八宝粥，包子甜汤，美哉快哉。

也许你很快就会注意到其他的美味，比如麻酱凉皮和黄桂柿子饼，比如肉丸胡辣汤和油茶麻花。这麻酱凉皮，顾名思义就是芝麻酱淋的凉皮，特质的酱料或许是秘制或许是祖传，不同于普通面筋豆芽油泼辣子的凉皮，因为有了麻酱口味更加绵甜一些。肉丸胡辣汤是很多人的最爱，比如我，胡辣汤的芡粉稠稠的，牛肉丸子颗粒饱满，作为早餐和夜宵再好不过了。

坊上的油茶麻花非常值得一提，油茶用小麦面粉和丰富的佐料以清油炒熟熬成汤，将麻花下到煮好的油茶中，撒上芝麻、杏仁、黄豆、花生、核桃等配料，麻花的酥脆瞬间变成香软。它便宜、廉价，它的香味几乎让所有西安人都难以忘怀。

不能不说的还有刚才提到的黄桂柿子饼，用柿子和面做成的小甜饼，金黄的色泽里面有不同的口味，几十种馅料供你挑选。还有一种甜食叫做甑糕，用糯米和枣泥做成的，深红色甜美的枣泥下面有软滑的糯米糕，很受女孩子的追捧。

西羊市有一家非常著名的泡馍馆在里面深藏着，“老米家泡馍”。老米家也是脍炙人口的店子，坊上大大小小的羊肉泡馍多得数不清，各有其特色，老米家的店子很小也很不起眼，但是正宗，无数人推荐。虽然不想千篇一律，但是也不希望朋友们错过了美食，假如你不在乎条件优劣只注重口味，就去尝尝吧。

大皮院里最不能忘记的是“定家小酥肉”，就在大皮院与北广济街的交叉口东北角，牛肉裹着面粉蒸得油香四溢，几乎每次去坊上我都会点一份配上米饭来吃，如果是女生的话两个人吃一份足够了。

我很喜欢的山楂糕、山楂卷也推荐一下，酸甜可口。在坊上吃了比较腻的美食，刚好用作餐后小点心消食，但是比较难找，常常是一位耄耋老人推车在卖，所以如果碰上了，可以买一点，简单的味道，正是朴实无华的老西安口味儿。

坊间也许没有什么山珍海味，挨家挨户地吃也许花不了多少钱，但是在西安，人人都爱它，只要你空着肚子去，就能满载而归，就能享受特色西安的饕餮盛宴。

石榴是晶莹剔透的尤物

交通

乘坐地铁二号线到钟楼站，向西步行至鼓楼。

美食

贾三灌汤包

老字号，各种旅游攻略都不会漏掉的一家回民街经典，也是西安民族饮食的一面大旗。门面够大，在拥挤嘈杂的众多小馆子中规模可谓巨大了。汤包，首先要细细品味那汤，轻尝那薄皮儿，再细嚼慢咽那肉馅，虽然贾三灌汤包的门槛都要被踩破了，但味道还是精致可口的。羊肉包子很出名，但略微膻，虽然最有特色，若外地的朋友吃不惯这彪悍的西北风味可以品尝牛肉的。八宝甜粥也好喝，当一股浓浓的桂花香飘来，牛羊肉的膻腥就一股脑都不见了。推荐八宝桂花粥、牛羊肉灌汤包，人均30元。

鼓楼后北院门一百米

三德隆饭庄

这是一家实惠味美的清真餐馆，回民街内优质美食比比皆是，可是它仍然能从香气四溢的这一整片街区中脱颖而出。这里适合休闲小憩，适合宴请宾客，有些坊间的回民结婚都会选择在这里。设施虽有些老旧，但同样因为“老”而出名。推荐铁板滑鸡、羊排、紫砂鲶鱼，人均45元。

碑林区北院门派出所南侧(西羊市路口北侧)

盛志望麻酱酿皮铺

全西安最好吃的麻酱凉皮，久负盛名。这是很专一的店，就做凉皮和酿皮。筋道的皮子，配上浓浓的一勺麻酱，再多来点辣子，浓浓的麻酱香，鲜艳的辣椒油，要一碗酣畅淋漓地可劲儿吃，面皮筋道，入口才知不虚此名。一份酿皮，一杯酸梅汤，人均15元，一般中午以后就卖光了，想尝尝的朋友一定要早点去。

莲湖区大皮院西口225号

陕拾叁冰饼糖

主打陕西本土特色化的甜品店，冰酪很惊艳哦，醪糟口味，汉中红衣花生味、石榴口味，富川苹果味，也不会腻，清新的甜很讨喜。回民街到处卖的酸梅汤，在这里叫土贡梅煎，就是所谓古法酸梅汤，味道很有层次，也很丰富，值得尝一尝。店面的装修有点特色，门口玻璃上写满了陕西话，店面里也介绍陕西各个地方的小吃和特色。虽然很小只有四五个桌子，但是可见装修上费了心思，凳子是鱼形状的，很是可爱。冰酪的味道和冰淇淋还是有些不同，浓郁而不甜腻，还可以搭配杏仁核胡茶，是一家很赞的甜品店。

北院门270号(西华门靠近北院门路口转角西侧)

回民街美食地图

北院门南（鼓楼北面）：→指向北

北院门路东“清真干果行”→“老四烤肉牛羊肉泡馍”→“安家炒菜”，和安家炒菜对面的“平娃烤肉（北院门店）”→“红红酸菜炒米”→“一分利面馆”→“黑蛋麻辣烫”→“荣盛祥”→“兰家烤肉”→“海家烤肉”→“锅贴王”→“馅饼第一家”→“固坊人家（北院门店）”→“军军绿豆糕土特产”→西羊市东口往北的“桥梓口贾永信”→“老金家清真炒菜”，和对面的“楼北楼饭庄”→“三德隆饭庄”→“马家手工面馆”（菠菜面）→“金月楼饭庄”。

从西羊市东口往西：→指向西

西羊市路北的“沙家水煎包”→沙家水煎包往西的“白胖子炒货”→“马老虎水盆羊肉羊杂”→“马玲粥饼店”→“老回回麻辣烫”→“麻乃馄饨馆”→“义祥林”→“老孙家”→“马三泡馍馆”→“陕西第一碗”（牛羊肉泡馍小炒）→“老米家大尔泡馍总店”（只从上午8点营业到下午2点以前）→“贾三灌汤包子馆”→“东南亚甑糕”。

从大皮院东口往西：→指向西

“鑫磊小吃城”→“荣荣烤肉烤羊排”→“军娃涮烤”→“东南亚食府”→“一真楼”→“新疆特色餐厅”→“新疆饭庄”→“王家餐馆”→“隆盛饭庄”→“萧家奴哈餐厅”→“老吴家牛羊肉水盆”→“尔卜餐厅”→“老刘家伊味香肉丸胡辣汤”→“小贾八宝粥店”→“老乌家特色小炒”→“马家粉蒸肉馄饨”→“马文光麻食牛肉饼”→“穆萨砂锅”→“伊仆拉烤肉”→“老马家卤汁凉粉”→“彦彬元宵店”→“欣麻辣烫”→“蒸蒸炒米”→“敬德隆”→“老回坊麻辣

烫”→“辇止坡童家”→“涛涛烤肉”→“文文烤肉”→“老彭家麻辣烫”→“盛家麻将凉皮”。

西大街的北广济街（百盛）往北：→指向南

“回坊楼”→“文勇肉丸胡辣汤”→“老丁家陕西特产炒货”→“马二饺子面馆”→“老白家”→“亮亮烤肉”。

化觉巷内陕西风土人情纪念品较多，小商品琳琅满目，建议在化觉巷购买皮影、户县农民画、剪纸。还可以购买仿唐三彩的饰品，兵马俑的迷你小雕塑。如果想带一些吃的，可以在回民街买干货，如陕北红枣、柿子饼、腊牛羊肉、临潼石榴等。

补充说明

1.回坊美食享誉西安，请您在品尝美味的同时不要忘记尊重这里的宗教信仰（一般回民穆斯林餐厅不提供酒精饮料）。

2.回民街常常吸引大批夜生活爱好者，如果您正烦恼午夜的西安哪里能美美地宵夜，那回民街是不二的选择，更有营业至凌晨五点的“马尔里胡辣汤”，彻夜等候您的品尝。

南大街
——钟楼，越夜越美丽

南大街，它有些浓墨重彩，有些轻歌曼舞，有些纸醉金迷。它在四条主干道中最短，却最宽阔，最繁华，最时尚，最有历史遗韵。它拥有诸多与世界奢侈品潮流同步的高级消费区域，它浮华，却也真实，它是不夜的狂欢之地，它是敦厚的长安之轴。

南大街久卧在钟楼和南门（永宁门）之间，把西安重中之重的两个地标连在一条轴线上，穿过南门，走过南大街，正面就看到威风凛凛的钟楼。

隋唐时期，皇城内，这一条南北走向的大街名安上门街，两侧有尚书省六部等署，官员来往熙熙攘攘，很是热络。在以钟楼为中心向东西南北四个方向辐射的大街中，它最短，只有不到七百米，但历史价值最高，最有古唐的色彩，在它的正

中大国际

南——南门城墙是西安城墙唯一瓮城、闸楼、吊桥一应俱全的城门。

明初改筑南门，由朱元璋钦定，南门为永宁门。给这世界上的一个地方，命名永宁，这个帝王是多么的有心。长安永宁，长安永宁，这是帝王最美好的夙愿，是他夜以继日为国家创造的最高理想吧。钟楼和永宁门楼，在不远处相守相望着，因此，从明清时起，南大街就是富庶繁荣的商贾云集之地。几百年过去了，时光荏苒，南大街的好风水源远流长，仍然给这个城池添上一抹闪耀的亮色。

南大街的湘子庙街口，写着一副对联，“曾是仙乡玉鼎勘破几朝繁盛，依然形胜翰苑赋成万卷风云”，这不正是今日南大街的面貌吗。

钟楼总是端正神圣的，它是琨玉秋霜一般的将士，可南大街像是一段炫彩的绸，华丽地润色将士坚毅的侧影。从开元商城开始，到永宁门结束，这短短的旅程却深似半日走过千年事，我孤注一掷地总是认为南大街的起始并不是巧合，而赋有深意，“开元”为始，寓意开拓一段盛世，也正和盛唐时期“开元盛世”相呼应，而止于“永宁”，寓意盛世不息，永保安宁，也吻合了长安之名“长治久安”。这虽是我自己的揣测，但我相信我的直觉，在永宁门上俯瞰这琉璃玉珠一般的南大街和雍容的钟楼，我觉得它们之间有传说，有故事，它们美得不可方物，它们是佑护这大地的使者。

这里，玉盘珍馐虽不少，但我仍爱小摊上热气腾腾的小吃，一份金线油塔，油泼辣子和风味正好的醋汁完美结合，金

寸土寸金的南大街

线一样丝丝缕缕的面总吸引我的味蕾。

塞纳河法国餐厅是南大街很有格调的一家高档餐馆，酒红色的绸缎窗帘，人潮涌动不息，品一杯红酒，听一段钢琴曲，感受鹅肝丰腴的口感。南大街这里，美好安逸。

雅俗共赏，是南大街的主题。

黄昏时刻，中大国际仿佛高傲的女子，LV和Prada的橱柜在镁光灯下熠熠生辉，而对面小摊上的蜂蜜银耳雪梨汁，夕阳穿透冰凉的杯子，却让人尝到一丝甘甜。购物广场里人群熙攘，从香水到名表一应俱全，另一边超市里却正是大卖场，居家生活气息浓厚。

南大街上，你会看到戴着积家、劳力士手表西装革履的精英，散发着香奈儿的香味，脚下是十公分的高跟鞋，棕色大卷发的知性女人，她们张扬着与巴黎、纽约、伦敦同步流行的贤淑、古典、奢侈。但你也看到笑闹的小女生，也有日落后携手散步在古城的老夫老妻。

南大街，它适合生活，不论是夏日晚餐后全家漫步，还是购物中心里衣袂飘扬，南大街的夜晚，一如既往地很美好。夜晚Nightclub带着节奏和黑暗袭来，白天总是在堵车的繁忙街道却反而空落显得孤单。

我总是为南大街的夜晚着迷，灯火在低处缱绻夜色，夜色在高空辉映灯火，照得这里反而沉重起来。

一个是老西安，一个是新西安，一个洗尽铅华不食人间烟火，一个金碧辉煌彻夜狂欢。这是南大街奇异的美，越夜越美。

交通

乘坐地铁二号线可到达南门站(永宁门)。

范特西酒吧

范特西club是西安Nightclub的后起之秀，整体的装修风格充满时尚，图腾一般的镂空墙面渲染着神秘感，它像一名绅士，又像一位伯爵，高贵得就如同时刻变幻的灯光一般难以琢磨。

范特西club音质很上乘，和所有Nightclub一样以remix为主，这里总是释放城市压力的最好去处，选择蜷缩在灯光里，或是和朋友聚餐玩乐，都可以尽情挥去高压下的疲惫心情。范特西里同样有宽阔的舞池，每每club里的气氛可说是“热”，或者说是“high”，这里永远有着长期的好人气。另外，美女的密度很高，而且经常会有许多著名的歌手或DJ在范特西演出，身为夜店达人的你，绝对不能错过这里。

碑林区南大街46号福康大厦6楼

029-87633999

留声酒吧

地下嵌入式的建筑，通过狭窄的楼梯慢慢走入一个迷幻般的宫殿，后宫的建筑风格很巴洛克，漆白的木质和金属的融和，还有哥特教堂特有的琉璃彩绘窗，这是一家很有梦幻色调的Nightclub。后宫仿佛是摇滚公主一样的存在，和范特西相比，它更加有女性特征，温柔美妙，remix的喧嚣也掩藏不了公主孤傲的心。

碑林区南大街51号太平洋商厦B1楼

029-88587588

乐巢会酒吧

乐巢会，我更乐于把它描绘成于一个少年。乐巢会比之范特西和后宫来说Nightclub的氛围较弱了一点，更介于慢摇和pub之间的，比较出名的是这里的DJ和主唱。乐巢会也仍然有属于自己的质感，时尚中又有点颓废，是一种很“雅痞”的风格。

碑林区南大街西木头市109号

029-87280563

三克拉主题酒吧

这是一个很有特色的酒吧，白天是咖啡馆夜晚是酒吧，而三克拉的吸引力在于这里的服务生身着日本动漫里黑白色的百褶裙“女仆装”，这样打扮的少女非常可爱乖巧，惹人喜爱。三克拉由于比较安静，环境高雅富有艺术感，也很适合两三好友相约在此桌游，来度过周末古城的闲散时光。

碑林区南大街粉巷26号多木金时代广场2楼

029- 85090001

补充说明

1.建议步行，游走在这个城市最繁华的主干道，细细品尝它的余味，您就会爱上这里浓郁的生活气息和繁华的景象。

2.南大街酒店较少，建议在钟鼓楼附近下榻。

3.南大街除了酒吧、Nightclub，还有不少咖啡厅和茶座，KTV也有许多，是休闲的好去处，若您在疲惫的旅行中想要感受西安的休闲氛围，不妨体验一番。

游览：

永宁门内向西步行即可到达湘子庙街，韩湘子庙在此处。继续向西北可到达西安最著名的酒吧一条街——德福巷。永宁门内向东即是西安的人文书画街区——书院门。顺城墙东是城墙根下的古色古香夜生活街区——顺城巷酒吧街。沿书院门步行街向东至文昌门，可到达碑林博物馆。

美食：

书院门街口有西安特色的小吃金线油塔和芙蓉卷饼。

西大街
——时空穿越的街巷

皇家风范，雍荣典雅，这是中国第一全仿唐建筑商业街，两千余米的西大街气宇轩昂地横贯钟楼西侧。盛唐，物华天宝，人杰地灵，身在这样宏图华构的华美建筑群景观中，犹如一场盛大的穿越，在当年金碧辉煌的宫殿里，感受一梦千年。

从西门到钟楼的这条东西向大街，名为西大街。西大街现在是一条繁荣的商业街，凭借它赋有盛唐韵味的建造风格一度成为钟鼓楼商圈的宠儿。

最美的西安是夜色下的西安，最美的西大街也是。向晚的天空刚晕染上精美而壮阔的彩霞，雕栏飞阁在逆着斜阳的阴影里显得沧桑，华灯初上，霓虹雕琢这条街道。路人在浮雕广场里小憩，在树下的长椅交谈，是恬淡而闲适的生活。这

城隍庙

条街如此温柔，又如此庄严肃穆，无法追回的过去早已沧海桑田千年，大概只有向晚的天色还记得西大街曾经的样子吧。

隋唐开皇二年，西大街位于当时皇城内的第四横街，最高行政机关尚书省设立于西大街。遥想当年，官员们身着各色的绸缎袍子，奔走在这条长街。专门接待外宾的鸿胪寺也在此处，那时金发碧眼的外国人赞叹着这繁荣富庶，一片歌舞升平。

时光轴拨动，盛唐已经翻了页，历史走入了明清。西大街遗失往日辉煌，却也有了新的样貌。明朝洪武年在长街中间位置修了一座城隍庙，这座城隍庙后成为了西大街重要的历史景点。雍正年间，城隍庙被年羹尧重修，那时的它宏伟华丽，回廊开阔，图案浮雕精美，牌坊前立着一对红铜的狮子，气派非凡。当年迷信的人们接踵而至求拜，香火一定很旺。如今我们得以见到的是都城隍庙真貌，一座高大木牌楼矗立在前，木牌楼上飞鸾走凤丹虬碧螭，琉璃瓦间闪烁着无限的光彩。

都城隍庙现今百工聚集，由大门往里全是商铺，主要都是小货品，有绸缎花布，有木器，还有唱旧戏时用的衣装鞋帽和民族器乐。我和小商铺的老板们聊天，他们对我说，木牌坊后面写的“你来了么”这四个字其实是黑白无常的用语，做生意的老板们晚归时常常听到殿内的窃窃私语，据说有一年还报了案，老板们说，这是城隍爷跟下属商量要事呢。

西大街西头路北向东走，有条老街贡院门，是当年才子聚集的考场——贡院。这里三年举行一次乡试，考中了就叫举人，也不知有多少有意愿大展宏图的少年才子在这里开始了仕途。贡院里有个明远楼，八面攒顶，四面皆窗，这样一览无余的通透阁楼是古人为严防舞弊专门设立的“瞭望台”。

如今的贡院已经遗失了往日的庄严肃穆，千年的科举制度土崩瓦解，但这种追求绝对公平、恪守纪律的精神也许还在。贡院现在成了儿童公园，孩童们嬉笑打闹着，一片温暖和乐的景象。我走在这里，依稀看到昔日才子奋笔疾书，却又真实地听到周围孩子们的欢声笑语。也许，遗失的时光再也拾不起来，贡院已经慢慢消失在人们的记忆里，但是，留下的故事还在这里，随时等着有心人翻阅。

西大街起于中环银泰百货，止于西门。商业气息浓郁，商铺密集，远观万顷琉璃在日光下灼灼其华，这又是万家商贾聚集的金街。

盛唐时期西安的繁华终于在西大街重现了，那个风驰草靡的绝对王权时代，那个镏金镶玉的天子之城，恍然依稀可见当时车如流水马如龙，摩肩接踵的路人青衣长袍，长袖翻飞的女子舞着霓裳羽衣曲，热闹非凡。

西安就是这样，一面是历史厚重，一面是新鲜大都会，历史给人感觉沧桑，大都会让人觉得冷漠，可西安，她有浓浓人情味，它只是个做梦的地方。秦唐故地，古建煌煌。在这西大街恍如隔世，一梦千年。

乘坐4、7、15、23、31、32路在广济街站下车。

休闲娱乐

苏格缪斯 S MUSE

国际知名的奢华连锁夜店苏格缪斯继在成都、

武汉、贵阳、昆明、重庆登陆之后，如今终于在西安投下重弹。

苏格缪斯西安店仍然保持着MUSE的顶尖俱乐部姿态与奢侈风格，设计师的强强合作，协同设计，使得其整体风格兼具东西方文化精髓之传承，令夜色下的光怪陆离世界在古城完美实现。豪华、惊艳、时尚到爆的MUSE无疑是西安当今的最热夜店，相信每一个夜店达人都能够感受到来自苏格缪斯俱乐部的极致氛围体验。

西安市碑林区南广济街133号金泰丰大厦2楼（西大街百盛对面）

苏荷soho酒吧

雕栏画栋的Nightclub，也许仅此一家。

soho酒吧有许英伦颓废的味道，也有美式率真简单，更有中国古典优雅的韵味。酒吧外部完美地诠释了西大街复古的主题，如同唐时舞榭歌台，一副歌舞升平的景象。

然而soho也是一种生活态度，崇尚自由和艺术的结合。这里有西安最IN的音乐，有最个性的泡吧达人，体验一下soho的魅力，不要错过这里。

碑林区南广济街(百盛对面)

莎莎俱乐部

莎莎酒吧一直是西安的“美女吧”，大而宽阔的空间永远不会使你感到拥挤，充满女性柔美的灯光渲染着风情，莎莎时常有聚集美女的活动举办，比如“旗袍 party”，高挑的旗袍美女身着旗袍，古典而张扬，是不是很有吸引力?

莲湖区西大街107号时代百盛商场7楼

029-87286666

美食

德懋恭水晶饼

“金底银帮鼓鼓腔，红色印章盖中央”，这就是西京秦点之首，德懋恭水晶饼。

享誉盛名的水晶饼，小巧玲珑皮层酥脆，金黄色面饼两边是雪白的饼墙，馅料如水晶一般盈盈闪烁着光彩，水晶饼很甜，但并不腻，砂糖如同细小的钻石，玫瑰馅料如同华丽的绸缎。十三元一盒，过了这么多年似乎也没怎么涨价。水晶饼的馅有猪油，吃时，放在平底锅上烤一下，更香。烤过的水晶饼入口滲甜酥软，搭配一杯浓浓的茶，苦中有甜，忆苦思甜，这就是秦人的生活之道。

碑林区西大街广济街口

至钟楼沿西大街步行十分钟至广济街街口即可。

补充说明

游览西大街可以分为两个主题，喜欢历史的朋友可以先去都城隍庙、南院门、广济街逛逛。喜欢购物、时尚的朋友可以在白天去西大街几个大型商场，比如百盛、中环银泰，夜晚还能够体验古城的夜店魅力。

德福巷
——城市秘密古巷

永宁门厚重的城墙身后，有一条琉璃霓彩的街巷，毗邻八仙之一韩湘子的庙堂。

这是一副很奇特的景象，两条连根的街巷，一边是幽深宁静的庙堂，偶尔依附于墙角的古朴野花会延伸出街头，白皙纯净，就像那吹笛的韩湘子，温柔雅致。另一边影影绰绰的酒吧灯光洒满地，像是星辰留恋人间不知往返，香水香烟酒精咖啡，这些缠绵悱恻的味道，徘徊不散一整夜，这正是华月初上的德福巷。

卡其诺咖啡

德福巷位于钟楼的南门一侧，它有一个纯粹古朴的中国名字，但巷子里咖啡馆和酒吧却充满着异域风情。

这一条不长的巷子挤满了酒吧、咖啡馆、西餐厅，所有城市里寂寞的人昼伏夜出。安静的咖啡厅里女子缓慢地唱着蓝调，忧伤绵长，而对面喧嚣的酒吧里，动态的流光音乐，熙攘热闹的人群都在为最华丽的年岁引吭高歌。

德福巷隋唐时期已有，那时，它是皇城的一部分。后来这里慢慢囤聚了许多幽深的老房子，漆黑一片，仿佛蛰伏在夜里的困兽，全长不到一公里的斜巷子，中间还拐了一个弯，在西安横平竖直四四方方的街道中，是个特例。现在德福巷繁华起来了，也仍然免不了古韵悠然的意味。

事实上德福巷是非常拥挤的，但就是这样的拥挤，才让这里分外隐秘而安全。也许是这个城市流动得太快，人们累了倦了疲惫了，才格外需要一个狭小而安全的空间，找寻一些浪漫的记忆与滋味。这世界如此广阔，也许在一种弥漫着如梦似幻的空气中，在这窄而拥挤的霓虹街道，才能抚慰躁动的心脏。

德福巷的咖啡馆与酒吧非常有特色，因为这里的建筑都有一种巴洛克与洛可可的欧洲建筑风格。白天这里是静止的，时光被无限拉长，巷子外的世界如何嘈杂，巷子里的世界却仍安静，仅仅有咖啡馆、茶语吧里的浅吟低唱。窗外的人匆忙路过，可以看见精美的白漆木窗里坐着低头看书的女孩，她的睫毛反射午后浪漫的阳光，桌上一杯甜腻摩卡，长发柔顺地撒在肩膀上，白色的耳机里大概是什么歌呢，一定很温柔。

时光静好。

这条巷子却不仅有欧陆风情，也有一小部分中国古建筑的风格。有些咖啡厅，木雕精美，内饰古色古香，红漆窗里，怀旧的情愫仿佛平静的湖泊中一叶扁舟，推着潋滟的波

时光咖啡

福宝阁茶楼

光摇荡开来。

中式雕栏木刻茶语吧，英式白色圆石柱，美式小碎花田园浅色调，在这里融会贯通。

仿佛是为了辉映这里的气氛，在湘子庙街口有一个很古拙的青年旅舍，红漆厚重的大门，打开来却是另外一番景象。红灯笼下的酒吧有着奇异的融合感，如果是疲惫的旅人，不妨在德福巷游走之后来这里小憩。

这条巷子因为独特的欧洲小镇主风格而非常适合圣诞节。那时的德福巷更加令人神往，彩灯与线香花火互相晕染着色彩，雪水刚刚融化，青石板的路面坑坑洼洼的积水，倒影着仿佛不远的夜空，晴冬的星辰一个一个摔落，在这座城市的秘密花园。

乘坐地铁二号线在达南门站(永宁门）下车，进入南门向西步行至湘子庙街，在湘子庙街与德福巷接口处步行至德福巷。

老亨利酒吧

在德福巷众多的酒吧当中，老亨利是一个知名的主，酒吧面积虽然可以说“袖珍”，每每都有拥挤的感觉，但正是这种热络的氛围，却给人们一种温暖。老亨利的驻唱技艺精湛，时而年轻男人沙哑的声线，时而天籁般的女声，在这不夜的街巷里，也可谓红得发紫了。

老亨利没有豪华的装修，没有气派的大场面，没有昂贵的消费，有的只是一些单纯的快乐，只是人与人之间温馨的交流，它代表了一种“草根”精神，坚韧却朴实无华。

德福楼

德福楼，听名字就知道它的中国韵味，这是德福巷里少数几个中西风混搭的酒吧或者说茶社。古典的中国名字，欧式的装修风格，丝绒的大沙发，环境优雅，兼顾中西。坐在其中，品茶，喝咖啡，点一杯鸡尾酒，聊聊天，玩桌游。德福楼是一个静吧，这里没有喧嚣和吵闹，它不吵闹也不冷清，恰到好处的恬静宜人，适合疲惫的人去小憩。

时光咖啡

这里的欧式风情非常浓厚，充满了巴洛克气息，白色的浮雕，花纹繁琐精美的窗台，天鹅绒的窗帘和烛台，几枝蔷薇攀附着生长。这里的主题就是“格调”，“小清新”的感觉从咖啡杯里一点点溢出，冬日里摩卡巧克力带给你浓浓的温暖，夏日里拿铁幼滑怡人。咖啡和茶不同，茶，是细致典雅的淡香，咖啡，是浓郁雍容的醇厚，但是它们都能给你一个午后的释放。在这时光咖啡馆的午后，一个充满阳光气息的释放，是不是很惬意呢?

福宝阁茶楼

福宝阁，是个听相声的茶馆，在古色古香中展示出精美雅致的明清建筑风格。精美的飞檐斗拱，雕栏画栋极为雅致。

闲暇时光来这里喝茶、聊天、听相声是个好选择。在这里，听客的笑声总是络绎不绝。茶楼一共有五层，纯中式装潢风格，每张桌子周围有一个古韵悠然的小屏风。一楼为大厅“聚福厅”，大厅正中央流水环绕置放着古筝的亭子，古典美人在其中演奏。二三四层为包间，楼梯的墙壁上挂有不同时代的茶书字画，摆着历代的茶具。这些剪影像是蒙太奇的艺术片，以细碎的镜头在眼前展现。茶馆内部装潢典雅华丽，五层还有一个皇都小剧院。每晚也有秦腔表演。中式茶道，日式茶道，还有根据史料创作的“大唐茶韵”都可以供您欣赏。茶楼内也有各类陕西风俗节目，从陕北民歌到相声，精彩纷呈。偶尔，还能碰上西安名家在此会文作画。

福宝阁的茶也有很大名气，虽然生意极好但还是很真诚，不会以次充好，鱼目混珠。

补充说明

前面说到的茶楼酒吧，在德福巷里都很好找，因为巷子不长也很窄，都一家挨着一家，也因为生意红火，很容易引起游人的注意。关中人好客又朴实，跟老板聊一聊，陕西话叫“谝寒传”，“谝”就是聊，“寒传”就是闲话，意思是说说话套套近乎，说不定能打折的噢。湘子庙街里有两家青年旅舍，湘子庙街口还有类似汉庭、如家等快捷酒店，方便入住，价格适中。

书院门

——文化大观园

古朴而温柔的书院门，实际是一条叫做三学街的步行街。

由文昌门进去，就是久负盛名的碑林博物馆。

历史告诉我们，曾经繁荣富庶的盛唐，悠悠十三朝古都经过，但西安仿佛釉色朝霞里的晨钟一般宁静致远，静默在暮鼓下广阔却精美的落日中的还是千年前的平易。正如这三学街，也许从未改变。

唏嘘时光，历史不仅在文献上留下了盛世的人文记录，也给西安留下一个温润文墨的剪影，这就是书院门。

书院门里，肯定是有一座书院的，那就是曾经明清两代的最高学府——关中书院。它曾是西安最著名的学府，是全国四大著名书院之一，西北四大书院之冠。西安这座城市，也因密集的大学分布而有“文化圣地”之美誉，可鲜有人记得关中书院曾经的辉煌和成就。

它命运多舛，但成就斐然，它久负盛名，却低调而内敛。深藏在三学街的关中书院，四百年来，一直没有停止传道、授业、解惑，这朗朗读书声始终未间断。

那是在明万历三十七年，西安城南门里的宝庆寺西，建成了一座占地数十亩、青瓦红柱、肃穆庄严、槐树松柏各种名木掩映着的学府。一时之间这里松风朗月，槐香荷语，才子聚集。这座学府就是关中书院，而关中书院的成就和由来，都要从一位明朝历史上的传奇的人物——长安人冯从吾说起。

明万历二十年，冯从吾身为朝中官员眼见着朝政怠荒，皇帝终日沉溺酒色、滥施淫威、荒于朝政，且性格残酷暴戾。刚直不阿的他告了皇帝一状，大致就是说，你这皇帝做得太不称职！万历皇帝恼羞成怒，心想敢说我不称职，我直接革了你的职。

不久，冯从吾丢了官，但他没有心灰意冷，也没有停止对学术的追求，他开始了三十多年的讲学生涯。起初，在西安城南门里的宝庆寺讲学，后来成立了关中书院。当时从学者达五千余人，学生爱戴敬仰他，尊称他为关西夫子，礼学大师。

宦官专政的明万历三十年，以魏忠贤为首的阉党如一群蛀虫啃噬着国家之栋，冯从吾毅然挺身而出，又上书弹劾宦官。当时全国仅西安没有建立魏忠贤的生祠堂，这激怒了魏忠贤捣毁关中书院，而冯从吾，也在书院被毁第二年，抑郁离世。直到康熙年间，关中书院才得重新大放异彩。

但凡我想起文人骚客，大多都是这样一幅画面，琵琶箜篌，纵意诗词歌赋，浅斟低唱，羽衣霓裳佳期如梦，俨然不食人间烟火，皆是缱绻缠绵。但关中书院，却让诗词歌赋不再是靡靡之音。

清光绪二十一年，康有为公车上书，学生们一怒而起，不满光绪皇帝同日本签订了丧权辱国的《马关条约》，就如同他

书院门

们所敬仰的伟大导师冯从吾一样，威武不屈，敢于在这黑暗腐朽的旧社会掀起大浪潮。公车上书的陕西参加者多达五十五人，大多曾就读关中书院。

辛亥革命，大革命，抗日战争，解放战争，关中书院云集了多少的有志之士，不遗余力地积极把革命推向高潮。在西安事变前夕，古城西安的爱国学生游行队伍正是从这里出发。从书院建成以来，学生们就没有停止过战斗，他们批判现实，议论朝政，标新立异，在黑暗守旧的封建社会，要一片朗朗乾坤。

追忆红色的岁月，铁血铮铮的爱国少年从书院里走出成了斗士，书院一侧墙壁上立有“中华民族解放先锋队全国总部遗址”的标牌，也许是提醒现在的莘莘学子不要忘记，在这书院里那些豪情壮志的壮士，曾与今人共用一间讲堂，同在一个屋檐下。家国天下，千里山河，豪言壮志连霄汉，靡靡之音作烟萝。关中书院改变了传统意义上的文人几曾识干戈的定义，学生们在这里是战士，笔墨如剑戟，诗词是战场。

如今这条温润的老街，全然感觉不出当年的魄力，也许是岁月对它柔了光润了色，但这青石板曾经走过的诗人、学者仍然传递着精魄，这里才得以如此厚重。

走过书院门仿佛依稀可见当年学子们青衣长袍，现如今，从三学街开始，这里就是笔墨纸砚的天下。文墨气息和茶香萦绕的老街，木雕的牌匾，石砌的街道，小商贩卖字画，时常见银发长髯的老人身着丝绸的唐装，在街巷的青石板上，用大大的笔沾着水写字，路人静静围观，时而赞叹，从不曾有冒失的行人从诗词间走过。

这里有着一股文人墨客的深沉，也有市井气息的活泼，所谓雅俗共赏。整个书院门的文化氛围，也是整个西安的文化精髓。我走过青石街道，似乎嗅到了一丝墨香，原来身边卖字画的小摊位上端坐一个五六岁的小姑娘，正安静地握毛笔写字，一提，一顿，一勾，稚嫩却有力。我微微一笑，忽然抬头看见书院门那句楹联“碑林藏国宝，书院育人杰”。

书院门步行街

交通

乘坐地铁二号线可到达南门站(永宁门)，下车后进入永宁门向东即可到书院门。

补充说明

在书院门购物主要以笔墨纸砚为主，还有一些碑林比较著名的石碑拓片。书院门内仍有古宅古院，但不能参观。关中书院现在是西安文理大学分校，也不能作为景点参观。

化觉巷清真寺

——城市中心的安宁

游走在西安，自然不能遗漏那些星罗棋布的宗教建筑，也许是长安城目睹了太多繁华萧条，兴盛衰败，宗教氛围就更加浓郁。不论是偏安一隅香火鼎盛的大兴善寺，抑或是深藏在城市中心的清真寺，都独自安静地划出一方净土，包容着一切，滋润干涸的心田。

建城史三千余年的西安，在宗教历史方面有独一无二的优势，佛教传入有一千九百年之久，八大宗派中，有四个宗派的祖庭在这里。道教和基督教在西安也有一千余年的历史。伊斯兰教于唐永徽二年（公元651年）传入西安，距今已有一千三百多年。

走过化觉巷，在这长巷深深深几许中，有一方穆斯林的净土，它就是大清真寺。大清真寺的独树一帜体现在它没有阿拉伯清真寺固有的石墙、圆屋顶、塔楼

化觉巷里有各种小玩意儿

清真寺的静谧时光

的标志性建筑，而是中国传统的木结构楼阁式，仿佛一座庭院，可见伊斯兰文化与中国建筑的和谐融会。

清真寺默默隐匿在喧嚣的城市中心，庭院郁郁葱葱，清幽深邃，充满原木的朴实色调。它是规模宏大、庄严肃穆保存最完整并驰名世界的伊斯兰寺院之一，占地一点三万平方米，其楼台亭殿堪称完美布局，神圣而赋有威仪。金碧辉煌的琉璃瓦顶，微翘的飞檐，雕梁画栋的建筑美轮美奂。

寺内的石碑记载，该寺创建于唐玄宗天宝元年（公元742年），距今一千二百余年，石碑上说此寺为皇帝敕建，在当年盛唐气象下，定居长安的回族人越来越多，唐玄宗命令修建清

落日

真寺，以供回民来此礼拜，我们可以看出当年穆斯林聚集在此礼拜的盛况。其实关于这座石碑，即《创建清真寺碑记》也饱受争议，因为有专家学者考证后认为它是明代伪碑石，这座清真寺应该是建成于明洪武时期。

明嘉靖年间，陕西伊斯兰经学家看到了伊斯兰教在中原的日益衰颓，于是决定在家收徒弟讲经学，将伊斯兰教的著作弘扬出去。后来，慢慢发展成了学堂私塾式的教育模式，学生在清真寺学习，坊间教民提供他们的食宿。如此在中国，伊斯兰教不再拘泥于“父传子受”，而变得透明，变得开放，甚至演变成了穆斯林“负笈载道，接踵其门而求学”的盛况。而陕西也形成了一种伊斯兰教学派。这是有中国特色的伊斯兰宗教教育体系，它发轫于清真寺。

化觉巷清真寺有四个进院，第四进院是清真寺的主院。其中心的亭子叫凤凰亭，六角形的中央主亭，飞翘起来的檐好像凤凰的双翅，其尖宝顶正像凤凰的头钗，两侧亭为三角形，三座亭子连在一起，仿佛是百鸟朝凤。可是我发现这座精美的凤凰亭却有一些倾斜，遂问之，原来这是当年在抗日年间，回民清真寺组织“陕西回教抗日救国会”，1940年身为回民的国防部部长白崇禧在清真寺做礼拜，不料走漏了风声被日军知道，于是日军对回民街进行了大肆轰炸，而寺里的雕琢考究的汉白玉栏杆被炸毁了，凤凰亭也倾斜了。虽然凤凰亭不再完美，但我认为它的倾斜是珍贵的，正是它记载着清真寺的风风雨雨，反而将这座清真寺研磨得愈发闪耀，璀璨如深夜的月光。

我去清真寺的那天，只是在大殿外徘徊了一小会儿，并没有赶上做礼拜的时间，但仍依稀可见庄严宏丽金碧辉煌的大殿顶棚，地面上铺着华美的地毯，依稀可见当年的时光斑驳，跪坐的穆斯林在虔诚诵经，默默留给我一个坚毅的背影。

交通

乘坐地铁2号线至钟楼站，步行至鼓楼后回民街化觉巷内即可。

门票

25元

开放时间

8：00—17：00

补充说明

1.化觉巷清真寺每周三、四做礼拜，有心的游客可以赶去参观穆斯林礼拜。清真寺里有很多做礼拜或是补课的回民，和他们交谈的话，他们会给你讲很多典故习俗和历史。回民只要跟售票的说一声即可免票。

2.参观清真寺有许多要注意的地方，如不要随意进入寺中的礼拜堂，要保持寺内的卫生，不可随地吐痰。

骡马市

——流光倾泻的老街

西安，其实这两个字就是一本厚厚的历史书，它的街道，它的巷口，它的一砖一瓦，一树一石，都是摧枯拉朽的印记。可是，故事太多，多得写不尽道不尽，于是时光让人们开始遗忘，时光真是残忍的东西。不知三十年后，五十年后，还有谁讲得出这些老街的过去，还有谁能想起灯火辉煌的街角，可曾藏着一段令人唏嘘的年华。

骡马市——这是重新繁华起来的一条百年老街，历经沧海桑田，往日的金碧辉煌，昨日的萧瑟败落，今日的火树银花，它在老一代人心目中有着特殊的位置，也深受新一代西安人的喜爱。

那是在盛唐没落时期，一朝繁荣轰然坍塌，都城东迁洛阳之后，曾经的皇

骡马市中心广场

城府衙成了居民坊，于是就有了骡马市。当时有个形象的名字，叫耳窝坊，这名字让人觉得它九曲回肠，仿佛深深地隐藏在某个角落。

后来光阴流转，飞沙走石，骡马市一度淡出人们的视线。直到明嘉靖二十一年，这里到处是牲畜交易的集市。明朝时期，有一项戍边的政策，以茶易马，而陕西这个地方，西出就到关外了，于是陕西边防就成了今天的“沿海”贸易地区。“用汉中茶三百万斤，可得马三万匹”。西域来的商人牵着上好的骏马，走过摩肩接踵的人群，寻一处好地方，等待自家的良驹寻伯乐，能够换得上好的汉中茶，日落时分满载而归。而陕西的商人又以陕西为中心，向全国输送西番马，每年贩卖约有数万匹。可想当年商贸繁荣，人群熙攘，是何等热闹。

历史的长河浩浩荡荡向前流动，从清朝开始，骡马市已经赫然成为骡马市大街，全街两旁都有拴牲口的木桩石桩，还有了骡马店，为远道而来的商旅拴养马匹。其实西安街名是很有趣的，盐店街、粉巷（起初因全街卖面粉而得名，后变成烟花柳巷，也算街如其名）、木头市、案板街、竹笆市，骡马市，这些地名今天在西安也不陌生，几百年前它们街如其名，各司其职。今天的它们，有些重振旗鼓整装出发，有些却没落了，遗失在人们的记忆当中。

天下总是合久必分，分久必合，当清朝腐败开始，也是中国近代屈辱史的开始。1900年，八国联军的炮火打开了闭塞自满的天朝上国，帝都繁华一夜成了血雨腥风，圆明园灰飞烟灭，慈禧太后慌忙逃窜到西安。清政府已经失了人心，慈禧太后却还在做最后的挣扎，她看到陕西正是旱、蝗大灾的年代，饥民超过三百万，赤地千里，饿殍遍野，就假惺惺地发起了慈悲心，决定赈灾救民，就在骡马市东北角设粥局。偌大的西安，只有这骡马市一个施粮送粥的地方，当时这里人山人海，水泄不通。饥民为了这一小瓢的救命粥挤破了脑袋，却怎么知道，黑心的官吏克扣粮食，为了减少木材燃料竟然往锅里掺石灰，让赈灾的粥锅看似沸腾，官员只顾绞尽脑汁填满自己的口袋。而百姓的性命却无一人关心。清之所以会亡，是因为世间总是不乏蛀虫一点一点啃噬，栋梁成枯木。揭竿而起的人们为什么赢，先人早就悟到这个道理，仁义不施而攻守之势异。这一条不长的骡马市街道，见证过不堪耳闻的故事，见证过人性的腐烂扭曲，见证过人心纯粹的黑暗。骡马市的历史，它是怎样的沉重，怎样的不该被人忘记。

二十世纪三十年代，骡马市建起了牲畜交易市场，人们在这里的广场交易、喝茶。商贩们袖口下用手指捏一个数字，代表马匹骡子的价格，然后买家捏着下巴，议价或者成交。成交了，两人相视一笑坐着在茶馆前下一盘棋。因为人们总在那儿聚弈，这家茶馆后来名声大噪，吸引了全城的棋手。那是一段惬意悠闲的静好时光。后来牲畜交易市场搬迁，而当时特别有名的茶馆，也消失了踪影。只听骡马市的老人说，这条街出了许许多多的棋艺手，但也多隐没于市了。

二十世纪五十年代以后，骡马市变成了旅社、旅馆的天下，这里云集全国的旅客，仍是熙攘热闹的。现在的骡马市角落里有一个老旧的酒店，那是当年豪华气派非凡的大东亚饭店。1956年，周总理为了支援西部建设，一声令下，把上海南京路的大东亚饭店迁到西安。1978年，东亚饭店成为西安市首家旅游涉外饭店，曾接待过美国前总统尼克松等外国元首。可惜现在的大东亚饭店已经辉煌不再，甚至与骡马市格格不入，孤零零地站在角落，不被人们记起。

在我很小的时候，模糊地记得一些零碎的小东西，西安人大多都要到那里去买，当年骡马市也是有小商铺聚集。如今作为商业步行街，它的繁华在于其高度密集的服饰小商铺。这里没有豪华奢侈的购物享受，但这里店铺的小老板亲切又热情。道路两边从乱花渐欲迷人眼的小吃，到优雅的咖啡厅西餐厅都能满足饕餮的心情。对于女孩子来说，没有什么比闪烁在玻璃柜里的水晶，摆放在陈列柜上的包包，悬挂起的蕾丝雪纺裙摆而更加诱人的了。在骡马市里购物血拼，几乎占用了所有西安女生的周末。

现在的骡马市很美很炫，东京馆，银座区，纽约馆，巴黎馆，建筑物美轮美奂地伸展在夜色里，东京馆的街巷上方悬挂着风铃，巴黎馆的霓虹是埃菲尔铁塔的轮廓。

骡马市商业街

华灯初上，我背着相机，透过镜头放大的光圈看这里，流光倾泻的广场，喧嚣的人群，却忽然感觉到一丝历史带来的沉静感觉，仿佛谁在默默地追忆，深沉地回望。

交通

乘坐地铁2号线至钟楼站，步行至东大街即可。

美食

骡马市内有各种餐饮，日韩料理在购物广场负一层里，购物广场西侧有西餐绿野仙踪，环境较好。快餐之类的在广场中央有汉堡王和麦当劳。在骡马市入口附近可以找到星巴克咖啡。

补充说明

骡马市较大而且路线复杂，区域很多，层次不明显，主要的购物区在地下负一层，广场西分离出东京馆、纽约馆、巴黎馆等，广场东从地下负一层直接连通民生百货。几个区域的价格有较大区别，西侧因为是新开辟的区域较便宜，负一层相对西侧来说同样的东西会贵许多，不过都可以砍价。

易俗社
——一百年的秦腔绝唱

2012年8月，绿荫覆盖的关岳庙街里，算不上热闹，也算不上冷清。街里，坐南向北的易俗社剧院老旧但却依然精致，沉默又庄严地屹立着，它正迎来自己的第一百个生日。

文化和戏曲是西安离不开的两个重要元素

“中华民国”紧扣着封建时代的土崩瓦解和社会主义的抽芽，现如今的西安，民国痕迹早已荡然无存，但易俗社却作为遗迹保存到今天。1912年，辛亥革命的第二个年头，易俗社成立于西安，从此它踏上了一段艰难却光辉的旅程，曾经重要的政治地位，蹉跎岁月里的摸索，战争的毁灭，新时代的重生，一百年来国内没有一个戏曲团体可以与它的历程匹敌，它是一个先河，是一个不可觊觎的存在。它经历过护法运动、抗日战争、西安事变的洗礼，仍然在今天唱响三秦大地。

新西安的易俗剧院

秦腔是满腔热血的，是豪迈夸张的，在易俗社里唱的秦腔或许更加有味道。几十年前，战火纷争，这个舞台上前辈们曾经用生命在歌唱，救国救民的呼号从未停歇，而易俗社却被日军的轰炸几近摧毁。

易俗社刚刚修成时，由于演出场景变换的需要在这里设计安装了转台，这在当时是绝无仅有的。当年的易俗社有百余出戏，每逢演出，西安城里万人空巷，不知那时人潮涌动的演出场面还能否再现呢。那一段段嘶吼，那些名角的唱腔，是否还能再听得见呢。

在易俗社的一百年里，鲁迅、张学良、杨虎城、毛泽东、周恩来、习仲勋等历史人物对易俗社的成就褒赞不已。风雨飘摇的一个世纪中，易俗社使享有“中国多种戏曲的鼻祖”之称的秦腔被世人听到，使秦腔传播到大江南北。

鲁迅先生为它写下了“古调独弹”这四个字，这正是易俗社，从古至今它都以一种孤独和高傲的姿态，在自己的道路上战斗着，既经历过辉煌又经历过倾覆。

它独一无二的地位也体现在易俗社的带头人多是当时的政治人物，如其创始人是同盟会会员，首任社长是当时的省议会议长和东征军的后勤部长。而后来的名誉社长也是辛亥革命中陕西新军起义的领导人之一。

在关岳庙街，一眼就能看到这座古朴凝重的老式建筑，但现在的它已然涅槃重生，整栋建筑颇有明清风格，古朴雍容。雕花古门，精美的屏风和格窗，长廊里慢慢道来一百年风烟和深厚的文化底蕴，老旧乐器似乎还没有醒来，仍把弦调在曾经的曲子中。时光在这里也悄然地回味起了那百年的绝唱。

交通

乘坐4路公交钟楼北站下车，沿西一路向东即到。

补充说明

在易俗社看秦腔也算是老陕日常生活之一，但现在这里也有更多的选择，比如4D舞台剧《梦回长安》。周围有一些简单的小吃，适合观赏秦腔演出之后夜宵。

碑林
——碑石林立，君子如风

文昌门一隅，古朴城墙下的三学街，有那么几棵千年峥嵘的古树。古树苍劲的枝桠掩映着庄严肃穆的石刻大照壁，照壁端正写着“孔庙”两个字。这时候，就看到西安久负盛名的碑林了。

碑林的幽静娴雅与三学街的浓墨气息辉映着，墙外三学街人潮涌动，熙熙攘攘，到处是卖笔墨纸砚的铺子。墙里的碑林安宁沉稳，碑石的拓片墨还没干，透出淡淡墨香来。这是一座典雅庭院，俯瞰的时候会看到亭台楼阁被绿树掩映着，郁郁苍苍的枝叶中偶尔会跳出灵动的歇山檐角。“一轴两翼”的格局之美均衡对称地铺开，很有韵味。

余秋雨曾为碑林写过一篇文章，《石上墨韵 西安碑林》。他意味深长地说道，大概只有心中放不下书法，放不下笔墨的人，才会去碑林看一看吧。

碑石丛立 君子如风

碑林

碑中唐史

一千年前，大唐王朝的繁荣富庶分崩离析，曾经美轮美奂的唐皇城被毁坏，唐玄宗李隆基亲笔所写的《石台孝经》流落辗转。后来在九百多年前的北宋，《石台孝经》和《开成石经》一同被运到了碑林。这时起，碑林的藏碑史才真正揭开帷幕。金元明清，中华民国，碑林被保护和扩建，它的书法艺术地位无人能及。馆藏文物一万一千余件，其研究、收藏、陈列的碑石志铭及其他古代石刻艺术品荟萃了中国人文的博大精深。

景云钟，人们应该是很熟悉了，但只闻其声，不见其身，曾经每年除夕的钟声，就是它敲出的。景云钟原来在钟楼上，后来运送到了碑林博物馆。景云钟的刻字，出自唐睿宗李旦的手笔。李旦在景云钟上写的字是隶书，都说字如其人，从他

一只卖萌的石狮子

的字，也能看得出这位皇帝的心境。这位皇帝一生波澜起伏，两度登基，两让天下，执政不到三年，却眼看朝代更迭，经历几十次宫廷政变。李旦生母，就是古今第一女皇，武则天。

公元745年，玄宗李隆基封了一位贵妃，这位贵妃体态丰腴，肤如凝脂，她就是杨玉环。这时开始，万千宠爱于一身，君王从此不早朝。

李隆基的一生里，既有大唐空前鼎盛的开元盛世，也有唐王朝由盛转衰的开始——安史之乱，而流传最广的是他与杨玉环的爱情故事。身为帝王，无法肆意潇洒于尘世，这是唐玄宗的悲凉。他应该是个才子，纵情诗书乐律，终得一心人，白首不离。

同是公元745年，即天宝四年，唐玄宗写《石台孝经》。据说由于唐玄宗爱上了自己儿子的王妃杨玉环，他夜夜辗转，这位皇帝竟然像情窦初开的少年一样。皇帝宠信的高力士就出了一个主意，让皇帝亲自写《孝经》于石台，以启发让他的儿子以孝道为重，从而亲自献上杨玉环。碑林第一迎客碑《石台孝经》就这样诞生。同时，玄宗也是为掩盖自己弑杀自己亲人韦皇后和太平公主的真相，才宣布以孝治天下。《石台孝经》记录了盛唐的孝悌思想，同时也为一段帝王爱情，埋下伏笔。

唐玄宗的隶书清新秀美，就像这盛唐一样，丰腴华丽。

儒学的石质图书馆

与《石台孝经》同时进入碑林的《开成石经》也同为国宝级文物。

从西汉董仲舒的“罢黜百家，独尊儒术”开始，儒家学说就成了千万学子走向仕途的必修课。而古时候，经书流传靠手抄总是容易出错，于是就把儒家学说之经典的十二本经书全部刻在了石碑之上，总共刻了一百一十四块石头，二百二十八面，用了七年的时间，六十五万字。

石碑无言，历史有声

正在制作拓片的工作人员

在今天，六十五万字，印在三十二开的纸张上，需要八百多页，三厘米厚。

看到这细细密密的刻字，似乎只能长长地感叹，七年时间填满了这些石头，古人是怎样的精诚所至。

这些石碑上触目惊心的断裂痕迹，来源于1556年明代一场八点五级大地震。时光研磨了岁月，石碑伫立不倒，它们在天灾之中得以保留，其实是我们的幸运。

书法精诚，金石为开

书法的至高境界也在碑林，颜真卿为自己的家族所写的碑文就在这里。这篇碑文由于是他年老时所写，所以人们赞誉“人书皆老，炉火纯青”。我不太懂书法，可是我看到颜真卿的字，一派浑然天成，返璞归真，占满了整个格子，笔墨浓重，彰显了成熟老辣。颜真卿骄傲地在这里写着，孔圣人的弟子有七十二人，颜氏家族就有八个。字，的确是如其人的，我站在石碑前，看着刚直不阿的楷书，自然想到他陪伴四朝皇帝，七十七岁仍然带兵平定叛乱。最后被陷害致死只是高呼，“我颜氏家族威武不屈，我的哥哥给敌人割去舌头仍然唾骂不止，我要死于光荣，要继承家族高洁的精神”。德宗皇帝听闻颜真卿死讯，五天不上朝，三军将士也悲伤哭泣。

余秋雨说，在这里几乎有所有风格的书法，他看见康熙皇帝写的“宁静致远”，就说，写这字的人，大概是想劝一劝自己吧，也想劝一劝世人。

碑林，拥有浩瀚如繁星的国宝，而现在肯静心看看这些石碑的人却愈发少了。真的如余秋雨所说，只有心中放不下书法文墨的人，才会去碑林走一走么。碑林一直在那里，城墙下古树掩映，无心的人走马观花，囫囵吞枣一番。虽然它的光辉是遮盖不住的，但我不愿见到，只有心中放不下那片稀世光辉的人，才记得去看它。

颜真卿书法真迹

交通

乘坐旅游4路、旅游6路或704、512、402、302、40路至文昌门下车，进入文昌门里向西到达碑林博物馆。

开放时间

夏季：8：00—18：45，18：00停止售票；

冬季：8：00—18：00，17：15停止售票。

门票

旺季（3月1日—11月30日）75元；淡季（12月1日—次年2月底）50元，学生、军人半价优惠，离休、残疾军人、70岁以上老人持相关证件免票参观。

补充说明

碑林博物馆内有石碑拓片可以购买，参观石碑拓片制作也是不错的选择。

西安城墙
——当年城垣，当时明月

“筑城以卫君，造廓以守民”。卫君守民，这是古时候，一座城池的使命。

寻常时候的城墙，总是肃穆雍容。它永远是长安的卫城战士，保卫着早已不复存在的君王，保卫着长安城的万千子民。

每年的元宵节，我都愿意登上城墙走半圈看看灯会，那时候的它如同一条金龙，承载着琉璃般的千万花灯，形态迥异，美轮美奂。

明洪武年间，一座宏大雄伟、气势浩荡的古城堡在富饶的长安城拔地而起，它就是西安城墙最初现世的模样。在唐皇城和元奉元城奠基之上，明洪武七年至洪武十一年，五年的时光终于修筑成了这座稳固如山的“卫城战士”。其形制为一个矩形的城墙，四面平均长大约三千米，周长十三公里，城墙四角各有角墙，城墙外有城壕。它包括护城河、吊桥、闸楼、箭楼、正楼、角楼、敌楼、女儿

西安城墙夜景

墙、垛口等一系列军事设施。“城”这个字，最早出现在周朝的金文之中，当时的文字，活生生的就是现在城墙和城门守卫百姓的样子。虽然最初的它是夯土制成，但并不妨碍西安城墙成为冷兵器时代防御体系的最完整和高超的体现。

公元1568年，泥土的“卫城战士”首次穿上了青砖的战袍，清朝乾隆年间，又为它更换了更加完美坚固的戎装。

城墙上靠外的一侧，也就是有凹凸的那一边是用来杀敌、瞭望和射箭，垛墙上每隔三米左右有凹形垛口，全城共有这样的垛口五千九百多个。而内侧为了保护士兵的安全，修成了女儿墙。女

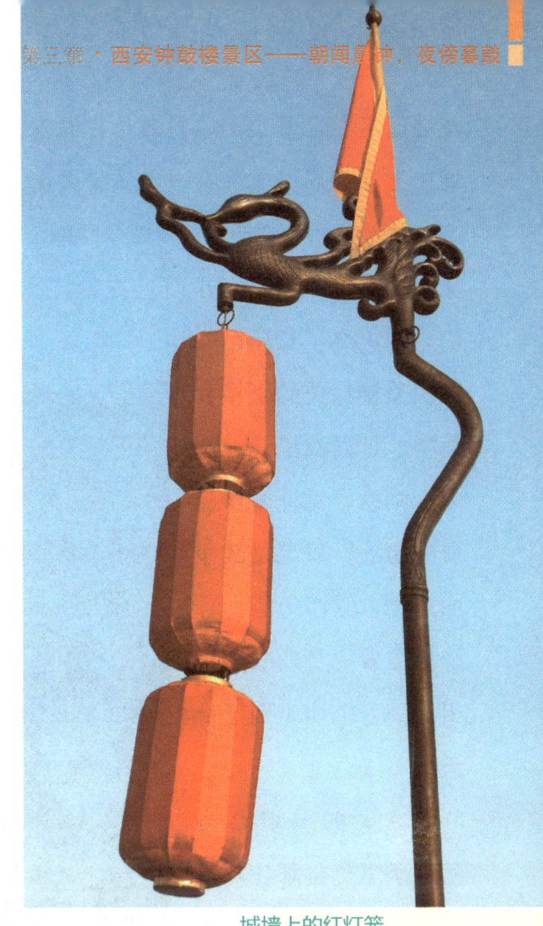

城墙上的红灯笼

儿墙这名字含蓄柔美，是效仿古时女子羞涩睥睨，这名字放在硬汉气息浓郁的城墙之上，却显得城墙有一丝铁骨柔情。

历经了朝代更迭，饱受战争蹂躏，古长安城墙见证了多少战火。当年李自成的起义军一路攻城，在长乐门下，指着长乐的匾额告诉将士，皇帝长乐，百姓长苦！将士们一把火烧了长乐门。歇山重楼精美的正楼和角楼，那回廊里曾经历多少厮杀，见证多少流血的历史。城墙是战争的产物，它浴火浴血，最后带着一身残破的盔甲，满目疮痍走到了今天。

明城墙与护城河

今天的城墙，虽然骨子里仍是那庄严肃穆，但它平易温柔多

古城墙下晨练的人们

了。暮春时节，城墙上奔跑着放风筝的孩子，他们手中飞舞纸鸢给古城添了不少纯真。

西安人每天行走在这城墙的里里外外，看尽了它烟雨蒙蒙，看尽了它雪中屹立，看尽了它烈日下的雄姿，似乎这十三公里的城墙已经是生活的一部分。都说西安人恋家，恋的就是这秦砖汉瓦，泥土芳香。

古城墙下的秦腔票友

虽然现在看到的这城墙早已是翻修再翻修的成果了，当年的黄土早不知到哪里去了，当年的青砖也风化殆尽，可是当年的城垣还是今天的城垣，当年的明月也是今天的明月。仰望这稳固如山的城墙，一轮新月下是垛口边的红灯笼，映照着旌旗飘扬。

交通

乘坐地铁2号线在永宁门站下车。

门票

40元（元宵灯会期间60至80元）

开放时间

夏季8：00—21：00　冬季8：00—19：00

补充说明

1.城墙上配备观光车以及租赁自行车，单人自行车20元100分钟，双人自行车40元100分钟，需要交付200元押金。乘坐观光车游览一圈65元。

2.城墙有19个开放登城的地点，一般都在城门附近。建议从永宁门登城。

老城根与顺城巷
——故都旧事

生活在西安二十年，日日夜夜伴随着她发人深省的暮鼓晨钟。我的城，像整装的战士，也像温润如玉的先生，淳朴与教条，开化与包容；我的城，在慢慢地改变，适应着时代变迁，城墙上的砖瓦眺望着不远的霓虹，一片升平盛世。

了解一个城市，并不是去看遍所有的景点，并不是走马观花，囫囵吞枣，而是要静静去参悟，是什么渗透了这个城，让她变得或雄伟，或简单，或奢华，或淳朴。我以为，若要渗入西安这座城市，去走走顺城巷，看看老城根，因为那儿，才是老西安的本色，才是故都的根。

城墙坐落在市中心区，是一个规整的矩形，而我要说的，就是城墙下那依附于砖瓦高墙的老城根和顺城巷。这个“巷”，北京人说“胡同”，上海人说“弄堂”。其实都是在说一条长长的深不见底的路，这样的路通常狭窄而熙攘，西安城四四方方的城墙下就有这么悠长的巷子。巷子里有各自的故事，却共同见证着故都兴衰变迁，风云变幻。

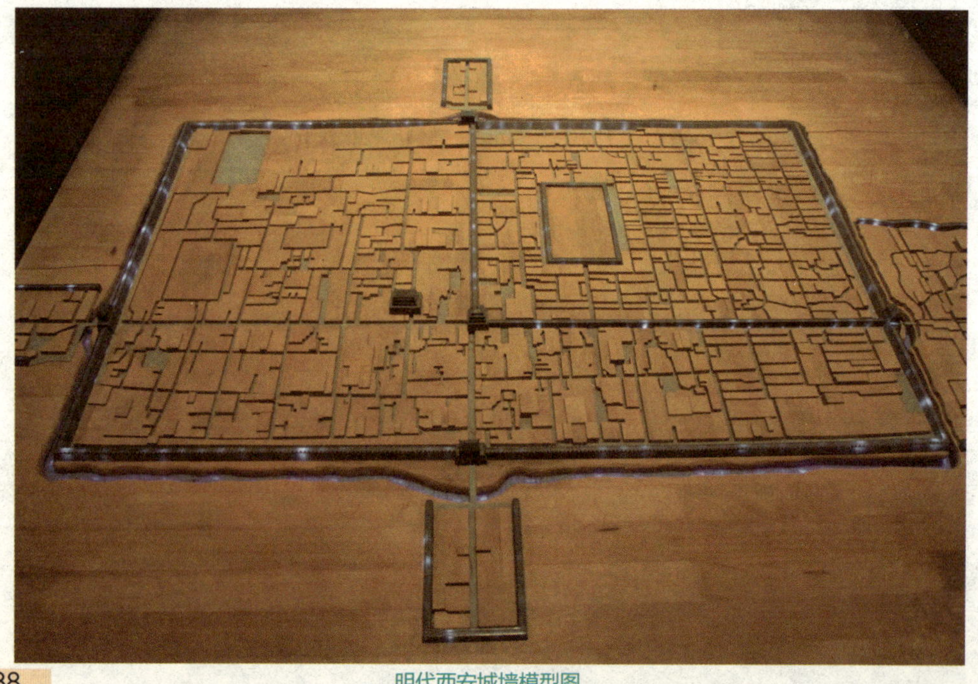

明代西安城墙模型图

我曾见过一张照片，一位有心的游客来西安旅行，这时夜色刚刚上演。飞机在咸阳机场缓缓地预备降落，然后有一幕惊呆了他。他看见整个西安城里的灯火整整齐齐，横纵交接，城墙摆在中心位置像是一个巨大的长方盒子，金色的灯光在黑的纯粹的夜幕里勾勒着古城墙宛若游龙。这样的城市，仿佛被人规整地摆放好，精美对称，横平竖直，严丝合缝，这就是西安城。这位游客举起了相机，记录了这一瞬间。我相信他按下快门的时刻是感动的，这是一个俯瞰时让人惊讶的城，一个四方的西安城。

老城根与新人

砖瓦与叶

在这四方整齐十三公里的城墙下，它的外侧摆放着一条长长的绿色项链环城公园和护城河，内侧一边就是顺城巷。

永宁门被西安人叫做南门，每天都在城墙下穿梭的西安人，有多少不知道，东门长乐门，北门安远门，南门永宁门，西门安定门，四个门各取一字，合起来为“长安永定”。在西安，这样有心的巧合太多，不知是作古的帝王留下的小秘密，还是上天可以为西安所写的伏笔。每个城门向它的东西辐射的一段城墙就以它在内城的方位命名。以永宁门向西向东延伸的这一段城墙叫南城墙。在南城墙的墙角下，有这个城市留下的许多记忆碎片，这些老西安的碎片总是如同钻石一样珍贵。

南城墙的最西边，有条巷子，叫火药局巷。只听名字，就觉得这条巷子一定是个咽喉要地。十九世纪六十年代中国开始了近代机器工业，火药局巷，就是当年如水银泻地般的资本主义经济侵略后的催产物，可是当年清政府官办的军火工业，也没能抵挡得了洋人枪炮的前仆后继。今天的火药局巷真是一条古老的街道了，两边矮矮的旧式房屋，有点破败衰落的感觉，想象不出这里曾经军火要地的情景。路过这里有种难以言喻的心情，在西安就是这样，你永远不知道你脚下的石板路有怎样的过去。

顺城巷的柔情紫藤萝

护城河

火药局巷的东边，有一条横街甜水井。甜水井街同样是横贯南城墙的古道之一。很久以前，人们饮水要靠城外引入渠水。宋代开渠疏浚也没能解决西安城里的饮水问题。直到清初的时候，人们喝的都是苦咸的水。终于有一天，这里凿出了一口水源充沛的甜水井，老百姓在这里开上了茶铺，饮水思源，甜水井的名字就这样来了。后来民国时期，这里是富人居住的地段，有很多阔气的公馆别墅。甜水井附近的冰窖巷，顾名思义古时候这里有冰窖来贮存冰块，而古时冰块当然只有宫廷贵族才得以享用。当年唐皇城里贵妃御榻的小方几上，都是千里马疾驰送来的贡果，贡果下面铺了一层冰块，才送入贵妃的唇齿中，是何等的奢侈。

南门西边，城墙下的湘子庙街，据说在唐德宗年间，韩湘子和他的妻子就住在这里，后来，韩湘子得道成仙，成为八仙之一，这里就建了一座湘子庙。湘子庙里古朴清幽，嗅着淡淡的青烟，觉得这样清雅的味道也正是像那个悠闲雅致的吹笛仙人，青衣长袍一挥，开出了满屋檐的花。

再朝东走就是书院门和碑林历史博物馆，这一条路古迹古巷古建鳞次栉比，从三学街开始，就是笔墨纸砚的天下，文墨气息和茶香萦绕的老街，木雕的牌匾，石砌的街道。书院门的中间分出一个岔口，这条巷子和三学街的风格虽然相似，仍是古色古香的雕栏木刻，但这边却多了些现代的感觉，有主题酒吧和独特的咖啡店。如果说三学街是温婉清丽的美人，那么这里，也许从华灯初上的夜开始，就变成妖娆妩媚的年轻女子。

西门城根下有一个非常有特色有味道的酒吧，那座酒吧就叫做老城根，可见西安年轻的一代人怀旧的情愫。

继续向东还有一条古巷，下马陵。下马陵，有很多不同说法典故，从老人那听说，是因为有董仲舒的陵墓，所以路过这里的达官贵人都要下马以显敬意。白居易《琵琶行》中“自言本是京城女，家在虾蟆陵下住。十三学得琵琶成，名属教坊第一部。歌女所说的“蛤蟆陵”也可能是这里，不知当年京城里绝色的琵琶女，是不是曾在这下马陵弹琴，引得全城公子驻足聆听呢。

西城墙的两条巷子也是老巷，是当年跑马奔腾的长巷，南北马道巷。马道巷，应该是京城里公子哥们骑着名驹扬尘而过的宽阔街道吧。也不知现在这里再没有了马蹄声，会不会让长长的西城墙，很寂寞呢。

我家就在南城墙的东边，只要看见城墙，我走一圈，总是能回家的。

城墙下

每天清晨，我听着环城公园咿咿呀呀和吹拉弹唱醒来，环城公园里的秦腔久负盛名，唱了几千年。十三公里的城墙下缠绕着绿色的绸带，每个城角有一处林苑，对弈的棋手，垂钓的老人，散步在老城根下，石砌的路，写着诗词的路灯，这就是老城的根。暮春时节芳菲满城根，馥郁的香气似乎让整个城市陶醉其中。也许等我老了，白发苍苍，也可以在城根下一圈一圈地走，看着斑驳的城墙年复一年的沉稳，看着春华秋实一载一载的轮回。顺城巷是老的，缓慢的，环城公园里的城根是老的，是古朴而温柔的。仿佛釉色一样的朝霞里的永不变的晨钟仍然宁静致远，暮鼓下广阔却精美的落日中的还是千年前的平易。南门这里，古城墙和璀璨的玻璃城堡一般的高楼并肩站着，让我们唏嘘时光，也让我们感叹时代。

然而老城根儿和顺城巷都简单淳朴，它的安宁也是主调，或许只有那么一小部分有着繁华和浮光。围绕城墙走这么半圈，这样一路走在窄长的巷子里，有美食私房菜，有下棋的老人，有喝茶的小门面，青石板路积着小小的水坑，镶嵌着倒影的天色，槐树梧桐安静地站在路边，露出星星点点的日光，影影绰绰，又是一段静好年华。

交通

乘坐地铁2号线至永宁门，顺城墙根外的即是。

书院旅行家餐吧

地方不大，但是却布置得很温馨。外国友人一大堆，喜欢在这里安静地坐着小声聊天，是氛围很好的西餐馆。小清新、文艺范、森系风充斥着整个西餐厅，拍拍照片也是不错的选择。难得西餐很正宗口味上佳，比起噱头很大的西餐厅，这个小地方性价比极高。服务也深得人心。

碑林区南门里顺城南路西段2号

休闲娱乐

猫咪森林休闲驿站

这是一个有很多只可爱猫咪的咖啡厅，这是一个爱猫一族的天堂，从没有一个咖啡厅能像猫咪森林一样真正容纳这么多猫咪。一边喝咖啡，一边逗弄躺在沙发里的懒猫小姐猫先生们，午后的阳光直穿过玻璃窗，享受一段猫样慵懒的闲逸时光。

碑林区南门里顺城南巷西段100米(近湘子门青年旅社后门)

巷往咖啡

布置得精心又别致，环境实在是讨喜，难得的是让人有一种很自在的感觉。两层小楼，安静而舒适，大书架满满的都是书，让人不知不觉消磨了大把时光。华夫饼松软绵甜，很可口，咖啡搭配起来极为合适。是个适合自己静心的去处，也同样适合与闺蜜小聚聊天。

碑林区府学巷5号(碑林博物馆西侧)

我们的咖啡馆

一家特别的咖啡厅，它的诞生来自于微博上68人的合资。信念很好，传递给我们很多的正能量，积少成多、量变也能成就质变。68个人一起开一家咖啡厅，确实新颖又新奇。很安静，风格也特别，适合二三人小聚。在这里听听歌，发发呆，品似水流年，还原自己的纯真世界，咖啡是种文化，我们一起开咖啡馆是一个梦想。

碑林区太阳庙门(西安日报社东侧)

松鼠家

松鼠家没有松鼠，有的只是一种闲适和淡然。整个小咖啡馆都充满了80年代情调，满满地复古风。老式弹簧沙发里的暖洋洋，书架上随手翻开一本很好的书，润滑香甜的奶茶，一切都是柔软亲和的，若是下雨，这里就更加清净。

碑林区下马陵2号院(近和平门)

那是丽江火塘酒吧

感觉很好的一家小酒吧，大家可以围坐在一起，中间用蜡烛堆了一个类似篝火。更贴近了人与人的距离。虽然比较昏暗，但仍然很有气氛的，晚上九点以前人少又安静，九点以后就慢慢热闹起来。驻唱歌手很不错，是中国式摇滚风，环境和其他酒吧不太一样，更适合情侣或是非常要好的朋友。

碑林区书院门顺城巷3号

补充说明

1.城根最能体现老西安生活特色，夏天的夜晚，全家人可以在城根下乘凉散步。

2.环城公园是围绕城墙和护城河的四方形公园，一年四季都很有味道。城角下散落着的酒吧也很有气氛，这俨然是古城中一抹亮色。

城门的故事

——渐次闻钟去早朝

西安这城，颇有文风。在广袤大西北千沟万壑的土地上，西安自有一种儒雅和诗情画意。每年到了年根，西安十八座城门都会贴上楹联，这些春联来自民间，文人墨客在西安这里是从不缺的。诗书大家，市井百姓，纷纷提笔挥洒墨迹。我想，每个西安人都有过这样的愿望，自己写下的楹联高挂于城门之上，那是如何的荣耀。

这的确是一座令人倍感荣耀的城池，无处不历史，千年岁月渗透到这些砖瓦泥土中，人们常常不经意地走过才恍然想起一段故事，而后终于领悟了，几日携手游西安，一日路过千年事。

我想，西安的城门，定是鉴定过最多风风雨雨的古物了。

南门夜景

南门，帝王之愿

南门（永宁门）两侧的券洞下，终年车流来往不息，这里是西安交通的咽喉要地。每每路过南门，都是一片繁忙拥挤，车辆扬尘而过，到处嘈杂喧嚣。

公元582年，隋初，宇文恺用一年的时间建成了宫城和皇城，在皇城南面偏东，有一座城门叫安上门。这是隋大兴城的南门，也是唐长安城的南门，直到明代，朱元璋钦定给它了一个美好而赋有夙愿的名字，永宁门。

或许真的因为帝王赐名而使得永宁门得以较完整的保存至今。如今它在西安有着城门中翘首的地位，位居正中，门外环岛，向北长驱直入即是钟楼，向南直下即是主干南关正街。南门外留出一方广场来，仰视这座文物的时候，还是倍感沧桑和沉重的。我猜想，或许是因为城门和城墙都是为了保护城廓，它们之所以庄严肃穆只因能够震慑敌军，城门与城墙并肩站在长安大地上，就像骁勇善战的将士一身戎装，身侧整齐排列着铜墙铁壁般的军队。

牢不可破，这是我走过护城河，站在吊桥上向里面望去时唯一所想的。吊桥之后，闸楼用来放置城门吊桥绞盘，仍是歇山顶大气又不可侵犯。我很敬佩古人，只是用来操纵吊桥的楼都如此高大精美。城墙四门瓮城外均筑有拱卫瓮城的小城，作战时为防御工事最前沿，平时用于因晚间城门关闭而无法进城的百姓休息和圈喂牲畜，俗称羊马城。又因其造型为半圆形，就叫做月城。月城身后，紧随箭楼，箭楼的正面和两侧设有方形窗口，供射箭用，当时人们的智慧不容小觑，站在高处放流箭，这使敌军走到了箭楼，军队力量就差不多消减了。敌人穿越层层战线，这时候又见一城门，自以为正是攻城时刻，入城后却有如困兽，被一举拿下。这就是瓮城，箭楼和城楼中间一座小方城，用来将敌人封闭在此处，从而瓮中捉鳖。

永宁门的城楼，华丽的重檐歇山顶，它眺望着不远处的玻璃宫殿，车水马龙，泥土和石头这时候却显得那么萧索。这座城门楼一千多年了，依旧磅礴而雄浑，棱角分明线条丝毫不见温柔，尽是苍茫气魄，它细数着历朝古都的威严，诉说这帝王的夙愿——守望长安。

西安四座古城门都饱含着统治者的期许，东门长乐门祈祝大明江山长久安乐万年不衰，西门安定门寓意西部边疆安泰康定，北门安远其意柔怀安抚少数

风雨勿幕门

民族。

君王多么有心，因而长安才得此久安太平。

烟雨勿幕门

1903年冬季，在太平洋上东赴日本的船里有一位少年，望着汪洋大海，面色沉重，他眼见祖国越来越远，慢慢消失在

南门外大红灯笼高高挂

天海交接的雾霭之中。

那一年，井勿幕十五岁。

时隔两年之后，这位少年加入了孙中山在东京创建的同盟会，而后开始了为革命鞠躬尽瘁的半生。他急于让自己的故乡陕西也尽快成立这个组织，随即回到家乡，奔波各县，宣传同盟会纲领，秘密发展了三十多名成员，成立了同盟会陕西支部。之后的三年里，他往返西安与日本，为革命不辞劳苦。这时的中国，清政府腐朽不堪，面临内忧外患的国家迫切需要改变。陕西反清的浪潮在井勿幕的推动下汹涌澎湃。辛亥革命在这动荡的时局中蓄势待发。

南京临时政府成立之后，孙中山就任临时大总统，但被袁世凯夺去了革命成果，同盟会内部也面临考验，虽然有一部分人见风使舵向袁世凯倾倒，但井勿幕始终站在孙中山身边，坚持革命，反对袁世凯的倒行逆施。袁世凯死后，陕西仍然在军阀中水深火热，皖系军阀段祺瑞的爪牙陈树藩控制陕西的时期，孙中山正号召组织靖国军讨伐段祺瑞。陕西的国民党靖国军兵分六路进攻陈树藩，陈树藩惊慌不已，竟然请井勿幕以调解人身份化解革命军队。井勿幕忠肝义胆，后被推举成为陕西靖国军总指挥。这一举激怒了陈树藩。

1918年的深秋，在兴平南仁堡，井勿幕被奸人杀害，年仅三十一岁。当时的他，身后中枪当即牺牲了，而这位革命烈士的头颅居然也被奸人砍下送去给陈树藩表忠心。

陕西军民为怀念这位不朽的革命烈士，在南门西边开凿了勿幕门。井勿幕的遗体就葬在蒲城。

民国时期所开凿的城门，有三座是西安十八座城门中以人名命名的，除了勿幕门，还有纪念孙中山的中山门，和为了纪念冯玉祥而特开的玉祥门。1926年北洋军阀包围西安八个月，西安人民饿死四万多人，是冯玉祥将军英勇率军解救了西安人民。

听闻北京有朝阳门，西安也是有这个门的，据说是因为每天早上东边的朝阳门第一个见到太阳，所以给了它一个明媚的名字。

碑林和书院门口直对着文昌门，文昌门正如它的名字，这里有十八城门中唯一与军事防御无关的城楼，魁星楼。魁星是主宰文运的传说神话人物，在儒士学子心目中，魁星具有至高无上的地位。因为辉映了孔庙和碑林，文昌门安放在此显得非常和谐。

交通

乘坐地铁可到达永宁门，永宁门向西乘车一站路即可到达勿幕门（小南门）。

补充说明

逛城门是个不容易的事儿，要想看尽西安全十八城门，就得把十二公里长的城墙走一遍。不如走到一个景区时，顺便看一看附近的城门，比如走到南大街务必要看南门和勿幕门，走到西大街就去看看玉祥门、西门、朱雀门。这样既省时间又省力气。

粉巷与南院门

——老巷深几许，繁华话沧桑

粉巷是个好听的名字，它就在南大街的边儿上，曲折回转，小巧玲珑。

南院门毗邻着粉巷，从地图上看，南院门像一个平躺的“人”字，在过去相当长的一段时间里，南院门可称得上是长安城内最繁华、最热闹的古“大街”。

这两条古街，虽然狭窄，但它们一直是老西安的藏宝阁。日光下的粉巷充满着勃勃生机，槐树和梧桐露出斑驳骄阳，到处是市井气息，它们平易近人又温柔淳朴，仿佛一尘不染的古朴野花，秀外而慧中。而夜色里它们却灯火通明，人潮涌动，有可以大快朵颐的美食，有夜市里沸腾热闹的人群，这时候，粉巷和南院门也像枝头饱满的果实，秀色可餐。

这里是老地方，也是充满生命力的新街区。

粉巷一处报刊亭

巷子深深 深几许

粉巷二三事

粉巷一直氤氲着神秘的色彩，因为它的名字，仿佛谁也说不出由来。

老人们说，曾经这条巷子，垄断了整个长安城的粮食，到处都是卖面粉的。关中人爱面食出了名，因此，粉巷就显得尤为重要，这个“粉”字，也就冠名于它。

还有另一种说法，从唐末到中华民国时候，这条街两边都是烟花柳巷，街道两边挂着暧昧的灯，夜夜笙歌。绝色女子就在巷子里百转回肠地悠悠叹息，总是曲江临池柳，这人折了那人攀，恩爱一时间。

传说的第三个故事，是这一整条街因为曾经卖胭脂水粉而得名。当年的富家小姐，衣着精美上好的绸缎，结伴来到这粉巷里，淡眉如秋水，玉肌伴轻风。而商铺的老板就在这里为年轻的女子们轻点朱唇，画出眉黛青颦。

最后一种说法，这里曾是古代皇城选妃的时候，候选女子所住的街道。她们的体香和胭脂水粉的香味，从这条巷子里远远传出，就像馥郁的花香一般。不知那皇城是不是唐皇城，也不知这里是不是曾有过堪比杨玉环那回眸一笑百媚生、后宫粉黛无颜色的传奇女子呢。

今天的粉巷，仍然飘香十里，俨然已经不是当年的香粉味道，而是令人食指大动的美食。

传说中的粉巷似乎都离不开美人，今日的粉巷曲折狭窄的道路边，有古雅的茶馆，有聚集在此的美食，有精美的外贸小店，有乱花渐欲迷人眼的服饰衣廊，有娱乐休闲的场所。行走在粉巷，仿佛真的透过岁月，看到层层剥落的时光里，当年环肥燕瘦的暧昧气息，当年女子望穿秋水的凄美爱情。临着南大街这条金色的主干道，不论粉巷曾经是什么模样，今天它确实如水粉画一般，带着清透和淡雅，缱绻着，动人心弦。

南院门的怀旧情愫

雨后清新潮湿的空气里，还有一点春寒料峭的味道，南院门的石板路上，小水坑倒映着天空和老旧的街道。这里的房屋被重新修成了当年的样子，古色古香，却少了那沧桑的韵味。

南院门与春发生

不算热闹的街区，但总是车水马龙，没有比肩接踵的行人，却有悠闲散步的老者。

这里就是南院门。

它回归了最初的样子，今天的南院门，就像当年唐末的南院门一样。当年唐皇城改建成新城之后，南院门是居民坊，街边的小吃摊子热气腾腾，人来人往并不拥挤却也不冷清，那时候，南院门也是这么的有平民气息。就像今天一样，除了当年的小吃摊今天成了老字号，来往的除了行人也有了车辆。一切都好像没有变过，好像这南院门，从未繁华兴盛过，也从未没落衰败过。

而南院门繁华的消逝，也就是近几十年的事，而这里的兴盛则经历了数百年。一个地区要形成一定的规模，并不是一蹴而就的，从五代到宋元，就是南院门在为后来的名声显赫而做准备的时期。

从元代起，这里就有税收机构和“勾栏”。“勾栏”就是剧院，可见元代的时候，这里消费水平就很高了。明代，这里有两座王府，而且交通很便利，它很可能就是一个达官贵人喜欢的去处吧，也许从那时起南院门就有了一个繁华前的序章。

大名鼎鼎的BiangBiang面

而南院门真正迎来华彩的乐章，是清代。清初，陕甘总督将衙署设立在这里。南院门开始成为西安乃至西北地区的政治中心。政治上的地位确定之后，商业兴盛也随之开始。从清代直到中华民国时期，南院门一直是西安城内人口

低调的西安古旧书店，不小心就会错过

集中、商业最鼎盛的地区。那个时候，商人接踵而来，马车川流不息，行人项背相望，酒肆觥筹交错。

据说，南院门当年这总督衙门是很气派的。在总督门前有过一个大匾额，写着“统治西陲”四个大气的正楷。那还是风驰草靡的王权时代，也是南院门辉煌的开篇。

后来，清中期，陕甘总督搬迁到兰州，行署就这样一直被空置下来了。

1900年，八国联军总共一万多人却吓得北京城内十几万兵力慌忙逃窜，慈禧太后也带着光绪逃到了西安。官员就把空置的行署给“老佛爷”住，可是没几天，太后就嫌弃这个，嫌弃那个，一会儿说房屋狭小，一会说荒芜陈旧，就移驾到陕西巡抚的北院门去住了。

巡抚只好搬到南院门，直到清亡，南院门都是陕西巡抚的新署。

1911年，辛亥革命开始，南院门作为清政府在陕西统治的中心，它只得首当其冲，遭遇了起义军惊涛骇浪的进攻。

中华民国时期，南院门的政治地位被继承，陕西省议会和国民党都曾占驻南院门。当时南院门的小广场上集中了许多摆摊的商贩，贩卖小吃、书籍、杂物等。在广场西面，还有当时国民党的广播电台。那时，南院门仍然至关重要，也迎来了更为繁荣的新篇章，它一度成为当时西安城里最热闹的地方。

后来的后来，火车站建成，临近火车站的东大街慢慢地开始发展，于是历史也慢慢地疏远了南院门。

1954年中国共产党西安市委由新民街迁入南院门，2011年它也搬去了新的行政中心，政治终于离南院门远去，昔日的鼎盛也不复存在了。

回望今天的南院门，我却没有在这里嗅到一丝繁华落尽时的寂寞，反而，它以另一种姿态展现在世人面前。西安著名老字号春发生葫芦头，还有古色古香、鲁迅题字的西安古旧书店，都在这里等待淘宝的人来发现惊喜。更有甜点，咖啡飘香的休憩小情调。对于南院门来说，它的往事不需再提起，因为今天的它已经足够美好了。

乘坐501、706、707路至粉巷，向西可步行至南院门。

补充说明

南院门和粉巷是没有什么重要景点的，这里也不适合走马灯似的观光旅游。在你浮生偷得半日闲的时候，去这儿逛逛，走走，感受老西安浓浓的生活气息。去尝尝巷子里的美食，去看看街头老人的对弈，在路边买点小零碎，喝两杯茶，淘两本好书。仅此而已，但这里的西安，最温柔，最宁静，也最美好。

休闲

西安古旧书店

古旧书店最早的源头要追溯到1908年成立的公益书局。它是由当时的同盟会员创办的，我想，在那个年代，传播新思想最好的切入点就是文化。也许古旧书店的前身一度成为新思想的载体。

今天的古旧书店门面并不是很大，和西安众多气势磅礴的书城对比，古旧书店却小得有些袖珍了。而书店无非是卖书的地方，古旧书店之所以在西安这座文化之城里有着难以逾越的地位，是因为它不仅仅卖书，它还承担着收藏、保护古旧书籍的重任。这里的店员能力超强，他们不但要辨别分类，重要的书籍要妥善保存，分散的丛书要花费几个月到几十年的时间配全，破碎的书籍要修补，必要时要试用化学药剂保存纸张。

美食

春发生葫芦头

春发生葫芦头的地位就堪比同盛祥饺子店，也是西安老字号，真正本土特色。不少食客都是慕名而至，葫芦头的由来是因为药王孙思邈的药葫芦提味而来，肥瘦是自选的，而且很多种做法。但比较普及的还是葫芦头泡馍。西安的两泡两宴，就是羊肉泡馍，葫芦头泡馍，饺子宴，小吃宴。落座的客人都清一色地自己掰馍，这时候老西安的手艺就显现了，看到馍掰得又碎又匀称的就是西安食客，掰馍略显生疏形状不规整的就是外来的朋友了，掰馍自然是越小越好。浓浓的高汤，加上嫩滑肥香的肠和劲道的小馍块完全融化在口中，个中滋味也许当这美味在唇齿间绽放时才能体会吧。

葫芦头其实就是大肠，春发生之所以有名就是它将大肠不但处理得极好味道也做得极其上乘，有些女士接受不了大肠的本质，来到这也还是尝了尝。春发生和西安所有的名吃一样有个通病，那就是人多，环境也尚有很大的改善空间。虽然有名，但价格还是很公道的，吃一回葫芦头，人均也就三十元左右。

碑林区粉巷南院门20号

029-87253694

在钟楼乘坐706路至粉巷下车，向东步行至南院门即可。

惠记粉汤羊血

南院门附近是个美食卧虎藏龙的地方，这家店的渊源也久矣，很久以前在南院门就有家无名的羊血招揽了全城的生意，久到人们还管西安叫长安的时候，久到确实没有人记得那家店，或者说是摊子，是不是消失或是被继承成了今天的惠记粉汤羊血。

然而惠记俨然已经成为了西安最好吃的羊血店。

辣子蒜羊血调味很好，蒜味舒爽到喉咙，醋的比例也好，带辣椒籽的辣子油又香，酸酸辣辣美味至极。羊血极其细滑，冒得恰到好处，入口脆嫩。这是全城第一的手艺，也可能是从古到今，全城第一的手艺了。

粉汤羊血可以要原汤，也可以要辣子。麻辣的口味偏重，也是很好吃的。

粉汤羊血　碗十块，店面小人又多是不用说的了，但是仍是有络绎不绝的食客把这小小的摊子变得门庭若市，不愧是古城一绝。

碑林区小南门内交警三大队西侧(近报恩寺街)

029-88986418

钟楼乘坐706路之粉巷下车，向东步行至南院门即可。

西林春牛肉面

南院门连续占据了三个西安第一：第一葫芦头，第一羊血，第一牛肉面。

西林春是连锁，在西安开了很多家了。但这家店是老店，当年周边十里八街的人都对这家店趋之若鹜，由于因为西安人对面高度集中的要求所致，西安的好面馆味道都是顶尖的。西林春的牛肉面劲道，而西林春的汤也是极其有特色口味很独特，酸香，味道并不重，无比适口，也就是因为独具一格，所以才赢得了好口碑吧。环境比较不错，价格适中，人均也就十元，推荐牛肉面、虎皮鸡蛋。

碑林区南院门大车家巷

钟楼乘坐706路至粉巷下车，向东步行至南院门至大车家巷街口，向南步行至大车家巷中段即可。

资讯补给站

[住宿]

正之道青年旅舍

非常有古城风韵的一家旅社，建筑也非常漂亮，古老的木门、清幽的庭院和石槽里的荷花都能令你沉溺在西安的柔光之中。旅舍位于小南门内，面对古老的城墙，窗外可以看到古城墙的风韵。旅舍顶层有一个露天

正之道青年旅舍

正之道青年旅社休息区

小院，可以用来烧烤桌游，喝茶聊天。正之道的建筑风格独特，保留着中国古典风韵，与西安这座古城能够完美的契合。走进旅舍，中式的古董屏风、家具，传统文化的气息扑面而来，映入眼帘的是青砖瓦舍，使人油然而生一种回到过去的感觉。安静的

午后，惬意的时光，一杯茶，木制门窗，都给了游人可描绘的西安印象。

旅舍目前在西安拥有超高的人气，因为它的恬淡幽静与古城相得益彰，也因为它十分便利的地理位置，还有“驴友”们口口相传的干净与舒适。这里离钟楼很近，在夏季的夜晚去钟楼转转，去骡马市小购物一番，去回民街尝尝小吃都是方便的。四人间50元/床，标准间158元起/床，淡旺季略有浮动。

碑林区小南门里顺城巷东段(近老兰家泡馍)

029-87618713

在钟楼乘坐公交608路(火车站西—紫薇田园都市)，在小南门下车，步行至小南门里向东走50米即可

碑林老街国际青年旅舍

碑林老街居于市中心南门城墙下，毗邻顺城巷酒吧街，院内花香鸟语，院外车水马龙，颇有闹中取静的感觉。在老街住下，每晚都可以打开窗欣赏明城墙的磅礴与大气，也可以时时刻刻去书院门淘一些小宝贝回来。与国外的许多青年旅舍一样，床单要自己领自己换的，许多网友戏称，住在这里有一种“自己动手，丰衣足食”的感觉。老街国际是清代庭院式民居，环境清幽祥和，门头很漂亮，虽然不大，但精致绝伦，极富有明清的古典韵味。庭院里面装饰素雅别致，有南方小院的景致，又有些北方古朴、实用的风格。客房也不大，但许多网友都表示喜欢这种小而温暖的感觉，就像自己的家一样。旅舍六人间50元/床，双床标准间>130元。

西安南门里顺城东巷仿古文化街C1号

029-87264259

自钟楼乘坐公交603路(火车站—金浮沱)，经过1站，在南门下车，向东步行至顺城南路东段即可。

西安七贤国际青年旅舍

七贤旅舍坐落在典型的中国四合院中，是西安唯一真正设立于历史建筑物中的旅舍。建筑物建于二十世纪

七贤国际的精致设计

初，原是八路军西安办事处接待站，曾经接待了几乎当时全部的要人，距今已有百年历史。精巧的小四合院，白墙青瓦、圆门直路，木质门窗。初春院子里的桃花怡人，盛夏的爬墙虎像是绿色的海洋，秋日落叶铺了满院，冬天砖瓦和积雪浑然一体。这里的客房没有独立浴室，院内都是公共卫浴。大院的酒吧里有无线网络，可供游客上网。多人间40元/床，标间148元起。

西安市北新街后宰门八路军办事处纪念馆院内

029-87444087

从钟楼乘坐公交4路(丰庆公园西门—幸福中路)，经过2站，在北新街南口下车，向北步行十五分钟即可。

湘子门国际青年旅舍

湘子门国际青年旅舍

一家外观古色古香的旅社，或可说是一个漂亮的古院落也未尝不可。相传此建筑为宋朝皇帝赵匡胤的堂兄遗留下的，现为重点保护性传统

湘子门青年旅舍前台

湘子门国际青年旅舍古色古香的内景

湘子门青年旅舍

民宅，由两部分组成，前院是传统性四合院（现为西安市唯一），后院是仿古建筑，后门仅与城墙一路之隔。所有员工都会说英语，可以得到正确的旅游信息。这家青旅有一个传统的中国特色酒吧，木质的桌椅雕花大床是如此讨人喜欢，红色的灯笼下掩映着古城的夜色都变得朦胧，酒吧与古韵旅社的结合恰似中西的碰撞。总的来说，湘子门国际青年旅舍非常适合年轻的游客小住。在餐厅里，可以尝到中西方料理，可以提供早、中、晚餐，包括比萨、意大利面……因为有许多许多的外国游客，因此这家青旅在西安显得非常“洋气”。旅舍位于西安市中心南门区域，至钟鼓楼步行约5分钟，至南门步行约1分钟，至碑林步行约3分钟。门口是西安著名的酒吧一条街德福巷。四人房50元/床，标间160元。

碑林区湘子庙街16号

029-62867888

从钟楼乘坐公交302路(马王一太乙路)，经过1站，在南门下车，步行至湘子庙街即可。

西安行者国际青年旅舍

坐落在西安环城南路西段，位于古老的西门、悠久的含光门厚重的古城墙下，与无极古玩市场、优雅的庭院式公园无极公园毗邻，有着浓浓的古城味道。行者是一个很“自助”

的青旅，远方的朋友也可以在这里大展一番厨艺。行者给人一种安静的感觉，温馨的大床，充足的阳光，纯木质构造，是不是能够给你的旅行多一份轻松和温暖。旅舍旁各种商店超市林立，购物极度便利。这里的老板是地道的西安人，对小吃和旅游都非常熟悉。男女十人混住间40元/床，男生、女生宿舍多人间50元/床，双床标间、大床间均为150元。

西安市莲湖区含光门里火药局巷31号

029-87628808

自钟楼乘坐公交502路(东小寨—东滩社区)，经过3站，在含光门下车，向西步行至火药局巷即可。

西安爱人码头家庭式酒店

这个家庭式酒店有着非常高的性价比和良好的口碑，在西安这样一座温柔古城，旅途中小憩的一家旅馆却似乎有家的味道，这一定是最令人开心的事。简单的布置，温暖的问候，温情的体验，还有整洁、清亮、舒适的环境。酒店交通便利，地段繁华。大床房128元，四人间188元。

西安市莲湖区北大街假日国际公寓

18991360010

从乘坐地铁2号线(会展中心—北客站)，经过1站，在北大街下车，向南走五分钟至北大街与二府街交汇处。

西安汉唐居精品酒店

位于钟楼商圈市中心，距离旅游景点和名胜古迹仅有百米，酒店并不豪华也不大，但麻雀虽小五脏俱全，二楼还有酒吧，经常聚集很多的老外。从外观上看，这里并不像旅馆，而像酒吧，是一种美国复古咖啡馆的感觉。大厅里温柔的灯光令人感觉舒适，木质的桌椅有一丝古城的风韵。既是吧台又是check-in前台的特殊设定，让你在登记入住时会抬头看看悬挂在面前的高脚杯和壁柜上的红酒，然后有忍不住顺便来一杯的欲望。整洁极简的房间里没有令人觉得累赘的装饰，便捷和干净是能够媲美外国青旅的。标准间134元起，大床间175元，三人房196元。

西安新城广场南侧南长巷32号

029-87389765

从钟楼乘坐公交46路(城南客运站—大明宫建材家居城)，在端履门下车，向北沿南新街走十分钟至南新街与南长巷接口，步行即可到达。

西安关中客栈

“驴友”偏爱的一家客栈，首先是地理位置很好，地处西安市中心最繁华的商业区，却绕过繁华喧嚣处，有着闹市的清净。其次是价格没有市中心客栈普遍的“昂贵”。然后是特色的房间令人觉得新鲜，也能体验

关中客栈

风俗。这座关中客栈可谓风格传统独特，保持了原汁原味的明清古建筑精美的雕刻及彩绘，而古色古香的明清家具也能够完美地与古城相融。房间虽然精巧，但设施十分齐全。大床间228元起，标准房190元起。

西安碑林区南新街集贤巷10号

029-87688558

从钟楼乘坐公交46路(城南客运站—大明宫建材家居城)，在端履门下车，向北步行至南新街，到达南新街与集贤巷接口时向西步行至集贤巷，步行五分钟即可到达。

莫泰168（西安青年路店）

莫泰的橙色总给人一种活力年轻的感觉，作为连锁酒店的大牌，没有昂贵的价格，也没有豪华的内饰，有的是人性化的服务，能让所有旅客安心下榻的品质保证，和简单却不失时尚的环境氛围。餐厅的美式田园风格，客房里清新的欧洲小碎花床单，令人享受到度假般的舒适。大床间142元起，双床房130元起。

陕西省西安市莲湖区青年路16号

029-87259999

从钟楼乘坐公交k606路(青龙寺—大庆路西段)，经过3站，在红湖街下车，向北步行十分钟通过从斯巷到达青年路，向东步行五分钟即可。

百时快捷酒店（解放路店）

“快捷酒店性价比第一”，“超高的好评率”，“穷游的最佳选择”，众多好口碑让这个时尚的连锁快捷酒店在古城变得炙手可热。百时快捷位于解放路商业区。外观简单的蓝色犹如一抹地中海的温暖，而朴实的灰又与古城完美结合。并不豪华宽敞的大厅却刷上了粉嫩的颜色，客房里洁净的素白和淡蓝令人觉得简单舒适。小而精致、简单讨喜的洁净浴室里能为远来的游客增添舒心。高低铺双人房139元，单人房129元。

西安市新城区解放路110号

029-87436868

在钟楼乘坐公交201路(西辛庄—火车站)，经过2站，在大差市下车，向北沿解放路步行至西一路接口即可。

秦唐一号酒店

非常有亲和力的一家酒店。地理位置很好，价格合理。酒店在钟楼附近，吃饭可以说非常方便，楼下就是秦唐一号饭店。贴心的服务也是秦唐的特征，比如每层都有洗衣机和免费烘干衣物的地方。而客房内的装修也简单大方，明亮典雅。双人标准间，大床间均为268元起。

碑林区东木头市176号4楼

029- 88860222

从钟楼顺南大街步行至东木头市即可。

西安天成商务酒店

一座公寓酒店，地理位置十分便利，服务也到位。天成商务也和其他公寓酒店一样，接待前台很袖珍，大厅基本没有，但天成的客房空间足够，非常宽敞。房间内饰简单明亮，白色的厨房，暖色调的木地板，还有素净洁白的床单与墙壁，灯光明亮而不失温馨。一株碧绿的植物，一幅蒙太奇的油画，打开窗是西安高层的景致，这样的商务酒店相信会令很多喜欢简单的旅客们喜欢。地铁2号线就在大楼负二层。双床房156元起，大床房168元起。

西安市西华门十字西南角宏府嘉会公寓C座7016室

029-87513333

从钟楼步行至北大街200米即可。

西安城市酒店

从外观上看起来非常气派的城市酒店，坐落在钟楼商圈的中心南大街，但以其低廉的价格和星级的贴心服务赢得了人心。单人房188元起，双人间269元起。

西安市碑林区南大街70号

029-87219988

自钟楼沿南大街步行即可。

西安太空舱宾馆（火车站店）

太空舱宾馆也是胶囊公寓，因为每个床位酷似太空舱，所以有了这么一个非常新颖的名字。太空舱宾馆就像是蜂巢一般，每人一个仓位，极好的保证了个人隐私。舱位里是舒适洁白的床铺，内配电视机、照明、电源、负离子换风系统，绝对的舒适。太空舱宾馆里有九个大空间，每个空间中都有独立盥洗室和许多漂亮可爱的舱位。舱位恰到好处的大小并不让人觉得拥挤，反而令游客感到隐秘安全。值得一提的是盥洗室，独立的一人一间浴室，在盥洗室中也令人觉得十分贴心。这里是年轻人和追求新鲜的“驴友”绝对不能错过的体验。一个舱位59元。

西安市火车站民乐园万达广场7号楼2层

18049011069

钟楼乘坐公交46路(城南客运站—大明宫建材家居城)，在五路口下车，步行至万达广场即可到达。

西安和嘉商务宾馆

古典优雅的高大建筑，干净的大厅里有着古城朴实的气质，红砖的装饰别致又新颖。房间宽敞，布局也合理，可爱的小沙发和玻璃桌增添了别致的韵味，也令人觉得亲近温馨。而且卫生间干净整洁。宾馆离南城墙很近，附近就是粉巷小吃很多，步行至德福巷钟楼南门也不过十几分钟路程，虽然位于城市中心地带，但周边并不嘈杂吵闹，性价比很好。普通标准间和大床房均为196元。

西安市碑林区南大街16号(南门里)

029-87282200

钟楼乘坐公交游8路(赵村东—大唐芙蓉园南门)，经过2站，在五味什字下车，在南广济街与南院门接口步行至南院门，五分钟即可到达。

宜必思酒店西安店

十分气派的外观建筑，彰显了这个国际连锁酒店的品位。房间的布局很好，温柔的橙色，素洁的白色，和清新的绿色，有国际风范。窗台和书桌的结合大大节省了空间，也实用，整个房间宽敞简洁，并无多余的摆设。客房卫浴干湿分开，十分方便，更加令人觉得清爽。大床房199元，双床间168元起，家庭间200元起。

宜必思

西安市和平路59号

029-87275555

钟楼乘坐公交7路(西门—王家坟)，在华夏银行下车，步行即可到达。

柠檬酒店

这是一家强调风格和品位、专为中高端消费者精心打造的精品商务酒店。位置非常方便，在西安南门外，体育馆路与南关正街交汇处。走廊和房间看起来很现代，环境要比如家汉庭一类的快捷酒店好很多，服务也非常的体贴。这家酒店可以说在西安十分有特点，明亮的黄色令人想起清新的柠檬香味，正因为这种大方简单又颇有趣味的设计和充满时尚感的整洁房间，令柠檬以不高的价格也荣获快捷酒店最佳性价比之称。酒店地处南门外，出门即到公交站点及地铁二号线。大床房259元起，双床房319元起。

西安市碑林区南门外南关正街89号

029-62269999

至钟楼乘坐地铁2号线(北客站—会展中心)，经过1站，在永宁门下车，沿南关正街步行五分钟即可到达。

[美食]

羊肉泡馍

老乌家特色小炒泡馍

个人认为小炒泡馍叫做“羊肉炒馍”更加贴切。泡馍是泡出来的，而小炒泡馍是炒出来的，在古城简称为“小炒”，牛羊肉小炒泡馍是牛羊肉泡馍的一个变种，泡馍一般是汤的，而小炒汤很少，是干的。小炒和牛羊肉泡馍一样是回民的清真特色食品，但在做法上有着区别。用料上，小炒增加了黄花菜、木耳、青菜、豆腐干、鸡蛋等配料，加上切成小块的牛肉，直接用油泼辣子和醋一起炒制。小炒的味道既有泡馍的浓郁厚重，还有酸辣爽口的独到滋味。吃小炒和吃普通泡馍的步骤差不多，都要先自己把馍掰碎，一小碟糖蒜在旁候着，辣椒酱依个人喜好准备好，耐心等候美味端上桌就行了。

老乌家特色小炒是西安回民街里很有名气的一家小炒泡馍，虽然店面不大，但小店锁不住十里飘香的美食，每天都有许多人大清早就排队了。中午两点关门，到了吃晚饭的时间才再次开门，而开门前总是有忠实的食客早早等候，可见其超高的人气。深冬进补，羊肉小炒是上好的选择，碗里的泡馍香气四溢，冬日的严寒被一扫而光。

碑林区回民街大皮院91号

乘坐地铁2号线到达钟楼后，步行至回民街，到达大皮院即可。

马峰小炒牛羊肉泡馍

又是一家“重口味”的泡馍馆，特色是生肉优质小炒，单凭这一个招牌就让马峰家红透了古城的泡馍圈子。生肉小炒是生肉直接入锅翻炒至熟的，和普通熟肉加工而成的有很大不同，那馍与肉的味道完美契合，缠绵悱恻，酸辣浓重，犹如在舌尖上恣意狂欢的精灵。

小炒泡馍最忌寡淡无味，过于刺激又令人难以下咽，恰到好处的“重口味”才能抓住食客的胃。酸辣不能掩盖肉的鲜美，牛羊肉的膻腥也不能露出一丝一毫，浓郁而不杂乱的口感是最好，最能深得人心。

两个馍，一份糖蒜，可以自己掰也可以点现成的，但也许西安人总是有一种莫名的执念，觉得馍还是自己掰的好吃，所以店里的食客都在认真仔细地一小块一小块掰着馍。小炒做好了端上来，热气腾腾，颇为显鲜艳的颜色正炫耀着酸香劲辣令人垂涎欲滴的口感。粉丝，青菜，豆干，腐竹，漂亮的配色饱足温暖兼顾。

吃过马峰家小炒的，都忘不了一个“香”，馍含蓄温柔的香，肉张扬肆意的香，在唇齿间融合成一条雀跃的溪流。也许是陈醋的酸，或许是辣味的刺激，这样的小炒回忆起来总是一种垂涎三尺，而小炒泡馍的魅力所在，就是令人忘不了那浓重的滋味。

莲湖区北广济街(近大皮院广济街)

至大皮院步行即可

老白家水盆羊肉

水盆羊肉在西安是牛羊肉主题系列的贵族了。顾名思义，就是一大盆羊肉汤，配着一个烧饼吃，肉烂汤清，鲜嫩爽适，味美可口。水盆羊肉吃起来特别豪迈，师傅伙计穿梭在大锅和大桌之间，食客埋头于大碗和大馍之中，凸显出浓郁的西北风。所以水盆羊肉当仁不让地成为最有豪情的美食，大口吃肉大口喝汤，关中爷们儿西北狼的性格就在这水盆馆子里显露出来了。

老白家水盆羊肉是一家卖完就关的牛店。厅堂不小，饭点总是坐满，大多是会吃会享受的当地人。水盆分普通和优质两种，但优质或许更受食客喜爱。水盆羊肉的精髓在于肉汤，吃水盆其实就是“喝汤”，幼滑滋养的汤汁能品出这家老字号的历史和高超厨艺，羊肉鲜嫩味美，肉汤清澈浓郁，附送一个烧饼，一碟糖蒜，味道是不能说出来的，只能靠亲口品尝才知道。

吃水盆去老白这家一定要赶早市，早晨六点就开门，到中午光景卖完就打烊歇业啦，若想饱尝美味还得勤快才是，不要扑空了。

碑林区北广济街口

钟楼乘坐251路到广济街下车即可

乐乐餐厅

乐乐餐厅在西安红起来的时间也有不少年头，可以说是真正的好吃不贵量又足。菜色结合了川菜、粤菜和本地家常菜，做菜的风格很有西安特色，那就是朴实，分量极大。虽然这么多年走的都是家常菜的低调路线，但火爆的生意却在古城十分高调。

乐乐餐厅

乐乐餐厅是不适合聚会聊天慢慢品尝的，因为随时都有食客排着长长的队伍等待，也许是生意太好，所以不论服务员还是老板都得有三头六臂才能够顾得过来。若是去晚了，不仅要排队，特色菜可能都会卖完。但不论乐乐的服务多么一般，环境多么嘈杂，它依旧凭着极好的口味虏获了众多食客的心。乐乐餐厅用餐前需要交100元押金，算账的时候多退少补，一般两个人吃也就七八十元左右。推荐乐乐烧排骨、乐乐茄子、烧带鱼。

碑林区大南门里湘子庙街11-A号

029-87232243

钟楼乘坐地铁2号线至永宁门下车，在南大街与湘子庙街接口沿湘子庙街步行即可到达。

秦唐一号

虽然是一个十分地道的长安名字，但做的是改良川菜，也算颇有古城风韵。招牌菜是分量很足的糯米排骨，白皙幼滑的糯米中埋藏着清甜不腻的排骨，像是雪中的梅花一样好看，这道菜光是色香味中的“色”就能得高分了。能吃辣的来盘夫妻肺片也不错。川陕川陕，陕菜和川菜也许在味道上都能十分融洽的汇合。

餐厅分为两层，环境都不错，宽敞舒适，一楼属于大众消费，人均50元。二楼比较高档，价格相对贵些。在钟楼逛完后，是个吃饭的好去处。

碑林区东木头市176号

029-87235888

钟楼乘坐706路公交车至粉巷下车，在南大街与东木头市接口处沿东木头市步行五分钟即可到达。

老孙家总店

老孙家饭庄

说起西安的泡馍，老孙家也是百年老店之一。过了许多年，店门脸大了起来，场面也气派起来，档次也不再像西安寻常的泡馍店只是个小摊位了。墙壁挂的都是有时代感的领导人照片，在诉说着老孙家百年的荣誉。馍能吃机器切的，也能吃自己掰的，味道跟大多数老字号一样，虽然不如回民街出品，但环境尚可，名气很大，人均四十元也不算很贵，但这足以让外地的朋友也可以体验一番羊肉泡馍的大排场。老孙家小炒、泡馍、糖蒜、羊腿、腊牛肉 都很不错，值得一试！

碑林区东大街264号

029-87214438

钟楼乘坐 K235 路（或 218、K203、203、235 路），到大差市下车，向西步行至东大街即可。

牵人麻辣粉

“重口味”食客的最爱，可谓是太麻太辣太刺激。肥肠粉能稍微清淡点，打理得干净、入味，配上一个饼，既能缓解辣味，又能填饱肚皮。

牵人麻辣粉的辣味，绝对是非常地道的，所有嗜辣如命的食客们都可以去试试，绝对够味。同时，配上古城西安特别香的辣子油，和一瓶清凉爽心的“冰峰”，试一次真正过瘾的麻辣享受。麻辣粉一份六元，要一瓶冰峰，一个馍，人均十元就可以吃饱。

大车家巷，713车站正对面，粉巷和大车家巷丁字路口东南角

小白奶酪课堂

在这样一家清新可爱的小店，也许味道不是那么重要了，重要的是气氛与趣味。不大的店面里，墙上贴满了顾客写的小纸条，还有许多怀旧复古的小玩意儿，比如红领巾，比如小本连环画，比如跳棋与飞行棋。店里面的装修就是八零后课堂的样子，餐桌就是带桌斗的课桌，提供的掌上游戏机是九零年代初可以玩儿俄罗斯方块的那种复古游戏机，老板的小心思十分到位，这里还有韩梅梅李磊版的英语课本，非常怀旧。

小白家的口感偏甜，双皮奶或许是西安最好的双皮奶，老板是个害羞的高个儿男青年，人均15元，喜欢奶酪的游客可以去尝尝。

碑林区南广济街129号(近西大街)

029-87624781

钟楼乘坐45路到广济街下车即可

4 大雁塔景区

——塔势如涌出，孤高耸天宫

千年前，长安。大地无声，两岸春风拂晓。

偶尔有风，携着松柏的香，萦绕在雁塔的砖石之间，依附古刹木雕禅房的窗飘过，呼吸之间捕捉住的苍翠的香气，那是遥远而又缥缈的味道。盛唐，一个无双的时代。极度繁荣的社会与文化，造就了一个千年奇迹。它如此之久远，却也如此之近。

八百里秦川，远山之间泄露的那一点苍穹的晨光，淡淡的，带着茜色的霞云，就如同精美瓷器上的釉。这山峦连绵起伏，黄河水势浩荡，孕育了华夏文明，也造就了中国历史上最鼎盛的时代。落在此处的一座池城，是曾经最为奢侈雍容的皇城，有过多少风花雪月，也经历了多少战火烽烟，大唐长安。

时过境迁，如今长安已灰飞殆尽，却出落成一个全新的城市。西安日新月异的飞速改变，但是她没有忘却哪怕一丝一毫的历史。古老的长安包容着新兴的西安，长安不是一个掩埋于黄土的名字，长安在这儿，仍然在这儿。

大雁塔犹如一只归雁落在城南，帝王百年，于雁塔石隙间的青苔，如白驹过隙。而芙蓉园里草木馥郁，花开荼蘼，贵妃明眸含情，却只听长恨歌唱尽三千恩。红颜未老，宠爱未断。唐明皇与杨贵妃，上穷碧落下黄泉，也是只羡鹊桥归罢了。南湖游弋着曲颈天鹅，鸢尾又渐次漫过了城外的矮山。鸢尾娇嫩至极，吐蕊和开花都不是一个色，姿态万千，它一开就是千年。

皇帝在梨园又宴请了今年的状元才子，雕梁画船，诗词歌赋，正是长安的早春。兴善寺的青烟绕着那旧木许久，雀巢筑在那檐角，鸟儿整日聆听念诵的梵呗。不夜城的灯火辉煌了千年前的天际，霓虹晕开又是一轮明月光。

这里是城南，这里寸土寸金，集中着西安最贵的地产。因为城南，坐拥着盛唐。

以大雁塔为轴心，划出了一片天地，尽显天家贵气，盛唐气象一发不可收拾地铺开，燃烧了时光，一日看尽千年事。大唐极尽奢华之能事的皇室风范终于在此领略一二，古镇与古街毗邻繁华大都会，如此鲜明的时间错觉却令人神往。

大雁塔夜景

小寨，城南的金街，被古刹和历史博物馆包围着的商业中心却未曾显得不伦不类。紧跟潮流时尚的步伐，它犹如一艘巨轮行驶在新老西安的临界线。年轻的裙摆飞扬在这里，车如流水行人如织，与大唐的繁荣富庶互相辉映，上演了又一个上进、开化、融和的盛世。街心花园和黄昏广场，是百姓生活浮世绘，西安人本就是极随遇而安的性格，人生在世，一间房屋遮风挡雨，尚能温饱即可。闲时有心赏花品茗，在仲夏的夜晚可散步悠闲一番，遛遛狗，散散心，快哉优哉。

许久以前，长安城晨光熹微，朝霞穿朱户。今时今日的西安日出东方，又是一番金碧辉煌。许久以前，长安城里的百姓过着静水流深一般的日子，织女的机杼声中，织就花团锦簇的声音。那时候，碧空湛蓝高远，青石板的水洼里倒映着迁徙而归的飞鸟。春时守望南湖的樱花，夏日聆听慈恩寺的蝉鸣，逢秋曲江硕果累累，冬季雁塔积雪成堆。而过了千年，雁塔南湖，慈恩曲江仍在，仅仅是沧桑了许多。叹今时今日之所幸，长安不曾离去，一直在这里。

我坐在雁塔下的咖啡厅里看雨，古色古香的乌木窗外，大地被淋湿。慈恩寺里的草木翠色欲滴，古朴的野花在印着青苔的石壁上蜿蜒盘旋，藤蔓犹如相拥的爱人。

旅游指南

城南大雁塔区域，因为其独特显著的唐文化复兴元素，成为了与西安钟楼并驾齐驱的标志性地区。闻名于世界的大雁塔，目前最为密集的唐朝建筑群，呈现盛唐风貌的芙蓉园，唐式主题生活中心，以及西安历史博物馆，它们相互辉映，成为金石文化历史的旅游中心。

从交通上来说，西安地铁 2 号线并不能完全解决燃眉之急。在节假日出行，非常拥挤和饱和的交通情况并不是您的好选择。建议在非节假日选择正常工作日在此游玩。

这里门票最贵的是大唐芙蓉园，即将开通的雁塔全线轻轨也是一项收费项目。并不是所有景区都需要门票的，如历史博物馆可免费参观。

这里的餐饮主要集中在商业街上，雁塔附近的非常有特色，小寨附近主要是一些寻常餐馆小吃。值得推荐的美食街大唐通易坊与大唐不夜城，时尚与古建拼接，又有浓郁的盛唐风情，想必会使得您食指大动。

这里也集中较多高品质生活区，可以说“品”在雁塔。精美高雅的咖啡厅，格调清新的茶社，颇有韵味的餐馆，这里是寸土寸金的城南，因此高级会所也很多，是西安最为富裕的宝地之一。此外，丰富的夜生活和购物场所也日渐饱满起来。在新乐汇酒吧街和大唐通易坊酒吧街，能充分体验古今的碰撞。

居住在这片区域也是非常方便的，从国际大酒店到时尚概念型酒店都可以包揽。以唐文化为主题的慈恩客栈坐落于大雁塔北广场旁，有着浓浓的文化底蕴，房价以三百元左右起。而汉文武德青年旅舍也同样古色古香，六人间床位五十元起。

城南雁塔下，一花一草都可以发现长安，不拘泥于所谓的胜地。脚下古朴的砖石，檐角珑璁铜铃，每个人眼中都会发现一个不同是大唐盛世。让心随意动，万物则皆着“我”之色彩。

大雁塔
——巍然连霄汉，佛法闻九州

古都的天空悠远旷达，如若得以在云端鸟瞰这座池城，除了可见四方稳固的城墙，依稀就是曲江乡那一片琼浆玉色分外惹眼。

长安城，曲江乡，雁塔孤高耸天宫，芙蓉池水映春荣。

大雁塔，无疑是古城的又一个地标。

如今的雁塔广场极尽雍容尊贵，而长辈口中当年那层层绿染的梧桐树后，高草萋萋掩映的塔楼早已焕然。水舞广场夜夜上演声势浩大、金碧辉煌的西北第一音乐喷泉，水光声色，一如玉盘上的宝珠。节日庆典，北广场的烟花一度彻夜不眠。慈恩寺和大雁塔，就在这水波，乐动，光焰之后静静地盘踞着，遗世而独立。

雁塔前的水舞广场

流光水画，随着一曲终结，雁塔的北广场又碎了一地璀璨钻石。

音乐是美的，或者说是这个世界最易动人的。水也是美的，或者说水是这个世界最澄净的精灵。水和音乐在一起，她们时而咄咄逼人，时而温柔婉转，曲中自有颜如玉，曲中自有黄金屋。竖琴拨动三两根弦，北广场的水雾氤氲而来，渐渐地，钢琴倾泻，琼玉的水色回旋而升，撒下光影一片。直到乐队奏出了高潮，弦乐与管乐交织缱绻，整个北广场的每一眼泉水都苏醒了，随着绵延的小提琴摇曳，随着打击乐碰撞着地面，随着号角喷涌向高空中无限纯粹的夜色。最后一个音，悄然褪去，整个广场安静下来。一切戛然而止，只留一虚一实的两座雁塔，一个是真切古朴的，另一个，是水光晕染出斑斓色泽的雁塔倒影。

北广场的宏伟气势，很有当年唐长安城之无双风华。

大雁塔北广场的光影

东西步行街就平铺在大慈恩寺的东西两侧，这儿有一系列精致的雕塑小品。我很喜欢闲时在北广场的步行街游走，看见游人和造型夸张的民俗雕塑合影，自己也常常乐出了声。步行街的小广场是很热络的，有耄耋老人在石板的路上用水写出一手好字，银杏树下穿汗衫的老大爷扇着蒲扇两两对弈，大妈

大雁塔北广场

爱在这儿扎堆跳舞，俨然是西安欢乐生活的浮世绘。春季的时候，雁塔脚下古朴的野花都默默地开了，步行街的桃花和樱花也恰逢花期，落英纷飞正是小情侣的时节。一个西安流传的小段子，假如在西安拥有爱情，一定要去雁塔北广场的步行街花下执手同游。步行街两旁有很多特色小店与摊点，有各种特色的旅游纪念品。

北广场的西苑和东苑是两块儿翠绿欲滴的园林，西苑雕塑品都是展现陕西关中、渭北高原、陕南、陕北民俗特色的，比

夜色下的大雁塔北广场

如皮影、剪纸、泥塑、陕西八大怪、农村嫁娶、吹糖人、踩高跷、老城趣事及白鹿原的故事。东苑是文化为主题的戏曲大观园，忠孝信义雄举，美丑善恶昭彰，世间百态尽在其中，以雕塑的形式展现大秦腔的独有魅力。

南苑，慈恩寺遗址公园，这里以前叫春晓园。贞观二十二年，大唐太子李治为了给母亲祈福而修葺的大慈恩寺，是现存寺院面积的七倍。“穷班垂巧艺，尽衡霍良木”，仅仅十个字，可见当年这里仙境般的鼎盛园林艺术。后来由于战乱风烟，雁塔的园林神话被历史抹去，最终消失殆尽。1988年西安市政府斥资重修原大慈恩寺遗址，并称为春晓园。再后来，2007年，重建后更名为大慈恩寺遗址公园。

我是特别钟情这里的，此地有崇山峻岭，又有茂林修竹。崇山峻岭多为石砌的艺术品，茂林修竹却是真切。牡丹园里每年五月芬芳馥郁的香气沁人心脾，睡莲在潋滟的水光中有种孤芳自赏的韵味，十月的银杏金灿灿明晃晃在枝头摇曳，冬雪下的红豆和腊梅也不忘在最好的时光里美丽一季。我时常背着相机，独自在园子里漫步，这里人不多，是一个人躲在繁忙城市里，重新惬意呼吸的地方。

玄奘与雁塔

公元613年，十三岁的少年玄奘心中有着一个宏大的梦想。他年少却极具慧根，那一年，他被朝廷破格录取，在洛阳的净土寺剃度为僧。

贞观元年，玄奘和尚付诸了行动。虽然那时他向朝廷奏请远赴天竺取经被驳，但这位最后名震世界的伟大法师矢志不渝，终于在贞观三年，踏上西行之路。

二十七岁的法师离开长安的时候，一袭袈裟，手执锡杖，缓缓西行，颀长坚毅的背影和长安的落日一同消失在地平线上。那之后，就是三年五万余里的孤独征途。

九九八十一番磨难，万里单骑的丝绸之路。

到达佛教圣地天竺之后的五年，玄奘在佛国印度游历寻道，最后以备受敬仰和崇拜的地位返回大唐。与他一同回到东

大雁塔前的玄奘雕像

土的还有经卷657部、佛像8尊和众多舍利。

后来，玄奘将自己在印度学佛十七年的见闻记录成《大唐西域记》，唐太宗亲封他为“三藏法师”，并召集天下高僧齐聚长安译经。那时，长安城内一度呈现佛法闻九州的盛况。贞观二十三年，大慈恩寺落成，玄奘任该寺首任主持，慈恩寺也成为当时最为宏丽的皇家寺院。自此，玄奘法师的余生，都专心致力于佛经翻译事业。而唐永徽三年创建的大雁塔，就是供奉玄奘从印度带回的佛像、舍利和经书之处。统治者自然有更多的野心，当时建成大雁塔，也是为了以雁塔恢弘之躯彰显国家之荣光，辉映一个九天阊阖开宫殿、万国衣冠拜冕旒的帝国威严。

唐龙朔三年，三藏法师率众译成《大般若经》六百卷。在《大般若经》译成的第二年，一生辛劳的法师溘然长逝，长安城的上空，自此陨落了一颗璀璨的巨星。对玄奘充满敬意的唐高宗，当时悲泣不能自已。

今日的大雁塔南广场，仍然立着三藏法师的雕像，他身后是雁塔和慈恩寺，他面前是灯火辉煌、霓虹闪烁的大唐不夜城。法师仍然是当年一袭袈裟手执锡杖的模样，远远地望着，衣袂飞扬。

大雁塔前的僧人

大雁塔

多番修葺与雁塔题名

唐永徽三年，高宗所建的雁塔五层高，砖面土心，不可攀登，每一层置放着舍利。这是由三藏法师亲自主持而建的。

武则天年间，女皇将其修建成七层青砖塔，雍容富丽，一如女王的风范。

再后来，五代乱世战火纷乱，慈恩寺被兵荒马乱的年代侵蚀得破败不堪，唯有雁塔金身浴火独存。

五代结束后，气若游丝的唐于长兴二年再次修葺雁塔。不久西安地震，雁塔塔顶震落，塔身震裂。

明朝万历年间，雁塔最终成了今天的模样。六十四米高的塔身，四方形的阁楼样式，线条遒劲流畅，体态端庄。底层南门洞两侧嵌有褚遂良所书、唐太宗李世民所撰《大唐三藏圣教序》和唐高宗李治所撰《述三藏圣教序记》两通石碑，具有极高艺术价值，人称“二圣三绝碑”。

雁塔名来是有一个故事的。相传很久以前，在印度的一个小寺庙里，和尚信小乘佛教，是可以吃鹿、吃雁、吃犊肉的，这叫做三净食。一天，一个和尚看见天空中飞过一群大雁，于是怅然说，不知今天菩萨能不能体恤我们饥饿呢。而后，一只大雁就投身寺院中坠死了。这和尚惊喜急了，认为是佛祖在教化他们，于是就在大雁坠落的地方建起了塔。三藏法师兴许是觉得这个典故十分美好，于是就把慈恩寺西的佛塔也叫做大雁塔了。

唐中宗神龙年间，新科进士及第，要参加曲江的国宴，皇帝也会在曲江边的楼亭里垂帘观看。当年金榜题名的才子须登大雁塔留名，如此风雅之事，也只有大唐了。杏园里春酒轻抚过微醺暖风，杏花香馥郁，映着那时塔院小屋四壁，皆是卿相提名，才子将雁塔题名视为莫大的荣耀，群芳争艳不知是哪般地热闹。

历史不曾让那些文人洋溢的喜悦之情消失殆尽，当年二十七岁的白居易成为进士，写下了锋芒毕露的一句“慈恩塔下题名处，十七人中最少年”。那时的他们，欲把雁塔比蓬莱，欲将题名作飞仙。那时的他们，春风得意，站在雁塔上望着华美的长安，似乎历史的车辙再也不会向前滚动，似乎雁塔已是仙境天上之楼，他们对未来和仕途充满了美好夙愿，一如他们充满了梦幻的诗“及第新春选胜游，杏园初宴曲江头。紫毫粉壁题仙籍，柳色箫声拂御楼。”

今日的大雁塔，坐拥西安城南咽喉之地，面朝美轮美奂的北广场，背对灯火辉煌的南广场，毗邻芙蓉园，接踵新曲江。千年的繁华好像要在此写得一个如火如荼，古都人们在这里闲庭漫步，酒吧街喧嚣正浓的青春，购物娱乐中心鳞次般的聚集，只是雁塔的砖木不曾改变，依然那么静静地看尽春华秋实，岁月流转。

交通

乘坐5、21、23、27、30等公交车可至大雁塔站（或雁塔路/大雁塔十字北）。

门票

由于大雁塔位于大慈恩寺内，所以须先买大慈恩寺门票50元/人（学生凭学生证等有效证件购买30元/人，军人、残疾人、离退休及70岁以上的人员可免票），登塔30元/人。

开放时间

9：00-17：00

补充说明

大雁塔景区附近餐饮住宿方便，但交通易拥堵，建议不要于节假日在此下榻。附近有咖啡厅、酒吧、西餐厅和唐风酒店，人均消费较高。

下一站

游览：

在大雁塔的东边，有西安最美的园林——唐大慈恩寺遗址公园，继续向东大约一二百米，就能够到达大唐芙蓉园。沿大雁塔西侧的慈恩西路步行，即可到达大雁塔的唐风休闲娱乐美食酒吧街，大唐通译坊。而雁塔南广场向南依次是城南最繁华的曲江新乐汇，大唐不夜城，开元广场。在大雁塔北广场乘坐715路，到曲江池遗址公园下车可达南湖，大雁塔北广场对面，乘坐游6路、34路、19路等公交至翠华路下车即可到达陕西历史博物馆。乘坐521路、401路至小寨下车，可到达小寨和大兴善寺。

美食：

大唐通易坊内有诸多美食，大雁塔北广场的慈恩镇里也有不少小吃，大雁塔南广场后的曲江新乐汇和大唐不夜城都有许多餐饮。在小寨的兴善寺东街，更有整整一街的特色美食。

购物：

步行到达小寨商圈。

大唐芙蓉园

——千载梦回

曲江这块地方，在长安尽显物华天宝，人杰地灵。

千年前，秦王的离宫就建在这水草丰美的曲江，一夜莺啼，柳绿了水色，波光潋滟只教帝王不知归。时光流转，改朝换代到了隋朝。隋文帝迁入新都大兴城，曲江就依附着这城池回肠婉转。后来曲江被挖成深池，隔于城外，圈占成皇家禁苑，池水深深仿佛能永存隋天下的王者气脉。曲江风景之迤逦，皇家雍容之华美，在那时，天下仅此。但敏感多疑的隋文帝不喜欢“曲”这个字，于是就让宰相为这座精美的园林另寻一个名字。隋文帝的宰相叫高颖，仲夏的某一天，大兴城的天色向晚，高颖遥遥望去，见曲江池荷花开遍，霞光如釉色般均匀地染着水面，荷花映着天色，衬着水光，正开到荼蘼。美景令人窒息，高颖心下一动，就想好了芙蓉园这个名字。

隋炀帝的时候，芙蓉园已经成为首屈一指的皇家园林，并且以她华丽婀娜的

梦回唐朝

大唐芙蓉园中再现唐仕女

身姿登上了历史的舞台。那时候文人雅士，流觞曲水，魏晋风流涌入了宫苑之中，芙蓉园添了更加高洁、尊贵的一层面纱，那就是人文精神盛行在此的初始。

后来的后来，大兴城也消失了，取代它的是一个空前的盛世长安。

唐代的芙蓉园，也是一个空前的奇迹。她绝代的华美，她皇室的尊贵气质，更加彰显，更加浓郁。但那个时候的曲江却揭开了她优美的面纱，一改以往只见帝王的姿态，而成为了皇族、僧侣和平民的聚游之胜地。

暮春三月，浅草才能没马蹄，文人墨客正吟诗对赋。曲江流饮，就是诗人们靠在曲水边，酒觞盛着美酒流到了谁面前，谁就作诗助兴。当年皇帝专门修了杏园来宴请金榜题名的青年，满是芬芳的杏园官宴曾是多少新科进士的荣耀。曲江盛极美景，载满了大唐的人文荟萃，弹奏出了中国文化最高音。

芙蓉帐暖度春宵，自从唐明皇遇见杨玉环，也许他就不再是帝王了，他成为了一个好丈夫，好爱人。唐玄宗的天下就是这个绝色倾国的女人，那座梦境一般的芙蓉园，就是他们十四

大唐芙蓉园紫云楼

年爱情的见证。

贞观之治以后，高宗和睿宗都修葺过芙蓉园，让这座皇家园林更加精致华贵，但他们的手笔，终是没有大过唐明皇空前绝后的修整规模。

唐明皇时期，大唐芙蓉园可谓达到了中国园林艺术的顶点。当时的芙蓉园盛况，包括文化、建筑、艺术都是天下首屈一指的。在大明宫和芙蓉园之间甚至有一条直通的夹城，途经兴庆宫，可见帝王对芙蓉园的特别眷顾。

那时候的芙蓉园，亭台楼阁，水榭流花，宫殿延绵。杨玉环和唐明皇在精美的卧榻之上看着五月怒放的牡丹，九月绯红的落叶，一对璧人就这么简单地爱了，爱得深切，却也悲痛不堪。

今天，我再看这芙蓉园里的紫云楼，却也丝毫没有失去当年的巍峨，“形神升腾紫云景，天下臣服帝王心”。当年的唐明皇在曲江大会上一身黄袍，气宇轩昂地登上这紫云楼，赐宴群臣，祈祝天下，与民同乐。

俯瞰芙蓉园，池水的形状像是一个长命锁，而郁郁葱葱的植被仿佛翠玉点缀。全园最主要的仿唐建筑群之一，紫云楼就位于“长命锁”的中心，从芙蓉园富丽堂皇的西大门进去，就直通紫云楼了。这座充满了帝王气势的建筑，每当夜幕垂落，金色灯火总是照得它通明，如同芙蓉园里熠熠生辉的明星。四层高的紫

舞狮表演

花中唐苑

云楼，每层都以不同的角度，不同的载体共同展示了盛唐帝王文化。比如贞观之治的雕塑壁画，大型唐长安城复原模型，国家一级唐文物展，比如唐明皇赐宴群臣，八方来朝万邦来拜大型彩塑群雕。此外还有宫廷歌舞“教坊乐舞”呈现。千年后的今天，我有幸站在它的殿宇下，感受当年帝王伟业的雄霸之心。

“三篇陆羽经，七度卢仝茶，临窗会友细味禅茶，笑看曲江波，淡然超脱间。” 这是“陆羽茶社”的品茗主旨。方才说，俯瞰园子就会觉得她像一个精致的长命锁，陆羽茶社就在这巨大长命锁的最西面一侧。

陆羽是茶圣，唐朝的茶文化盛行，爱茶之人怎么能错过这儿呢，也许远远地就奔着满园的茶香四溢而来了。“一屋一轩一亭一廊相连，一石一竹一花一水相接”，这是陆羽茶社仿唐的建筑群风格。回廊百转，雕花映绿，随着四季变化景色推移，茶社里的花叶也渐次着上不同的色，俨然一幅人间仙境。雅致的沏茶工艺展演，清新的茗香，茶禅一味，这里不外是陶冶心境洗涤风尘的好去处。

一点鹅黄惹新绿，二月曲江恰春畔，三两仕女着裙衫，四目相对若相识，五瓣额前桃花钿。

唐时说的仕女，其实是上层社会的女子，这样的女子优雅，美好，博学。而那个时候，由于还没有出现宋代朱熹的理学束缚，女子们相对比较自由。武后之所以称帝，也是唐时期女性文化推行，后来垂帘听政的慈禧虽然大权在握，却少了武则天坐上龙椅的魄力。芙蓉园东侧，就有唐朝女性主题的仕女馆，当年上层社会的女子，可不是养在深闺人未识的千金，她们身着华富，体态丰腴，却也果敢博识，令人倾慕。

芙蓉园内除提及的紫云楼、陆羽茶社、仕女馆之外，层林掩映之间还有其余四个子园。芳林园在最东，展现盛唐华服和文化的杏园在西北侧，以唐宴饮食文化为主的御宴宫在西南侧，唐朝风俗文化街唐市在东南角。唐市于2012年5月开放，重现了古长安城的贸易、商业活动，是体会盛唐寻常市井的好去处。水幕电影演出是每逢盛会的保留节目，诗歌博览贯穿文化主题、民间生活体验、饮食汇聚、宗教与科技，这些足以再现大唐的繁荣富庶和灿烂文明。

唐代是一个被世界瞻仰过的时代，曲江保留了盛唐那万国衣冠拜冕旒的王霸之气。我每每在曲江这里流连忘返，从芙蓉园曲折的水中长廊看去，这样一个芙蓉园，仿佛与世隔绝一般，仍然存在于千年以前，上演着可歌可泣的爱情故事，华丽绝伦，如同一个梦境。

却也不知是不是这芙蓉园做了一个梦，梦见自己到了千年后，远远看去皇城不再，但有了广厦千万间，这一晃眼，一梦千年。

贵妃画舫笙歌乐舞

交通

乘坐21、22、23、24、44、游4路、游9路等公交车可至大唐芙蓉园南门。

门票

120元

开放时间

9：00—22：00

补充说明

1.芙蓉园区景点较多，一天走下来还是比较辛苦的，驴友准备好充足的水和补充体力的零食，别忘了在园区里买上一张地图。

2.纵然芙蓉园内吃住包揽，但御宴宫既然是御宴了，价格当然昂贵不是一点点。

3.芳邻苑确有尊贵无比的皇家寝殿，但考虑荷包的话，还是建议驴友们在附近下榻，雁塔区的美食比比皆是。

陕西历史博物馆

——史书深沉，国宝荟萃

长安，发人深省，引人深思，令人长嗟叹。历史有其独特的美，若是说博物馆将这份美装裱起来，那长安绝世无双的风华，是藏在这陕西历史博物馆之中的。

周秦汉唐，王都熠熠。若是看五千年的中国历史，应该是要到陕西的。而陕博既然被叫做“古都明珠，华夏宝库”，那更应该是要到陕博的。

城南雁塔之侧，一座雄浑的唐代宫殿铺展开来，灰白的唐宫，一如历史之沧桑。却有天家之威严。

周恩来总理那一年到西安。他看到碑林博物馆馆藏太多珍品备显狭小，于是语重心长地说：“在适当的时候，西安重新建一个博物馆吧。我看，就放在大雁塔的旁边。”后来，就有了陕博。

国宝级文物珍贵稀有，但是陕博却有18件之多，馆藏的珍贵文物也有三十七万多件。

“轴线对称，主从有序，中央殿堂，四隅重楼”是陕博建筑美的一个凝结，

陕西历史博物馆

也是中国建筑学界泰斗梁思成先生关门的弟子——张锦秋女士设计陕西历史博物馆时，对中国古典美的诠释。我一路沿着博物馆南边的路走，视线忽然开阔了，从紧张的街道之中一个转瞬的罅隙，一片唐宫式的浩荡天地就这么长驱直入到我的视线里。一时之间，焦点再也不能离开它。

博物馆外，广场中央的喷泉之上有“陕西历史博物馆”七个金色大字，是郭沫若先生的字，池内东西而卧的巨石是汉武帝时上林苑昆明湖内的石鲸。正门左右的花坛内大石翼马也已经一千多岁。这里就是陕博，处处皆文物。

陕博四方盘踞在市区繁华之处，深灰色琉璃瓦起伏着，如同潋滟波光在阳光下一般地好看。整个建筑群浅灰色的墙体承载琉璃屋顶，线条干脆利落一气呵成，大气简洁又不失雍容，唐宫的雄浑遒劲被表现得淋漓尽致。这样的建筑，没有南方温柔旖旎的感觉，也没有丝毫慵懒之意。它威严得近乎冷酷和不近人情，但正匹配这历史之厚重。

纵向的三组平行院落，最中间的院落以大殿烘托出了轴心。正殿耸立的灰色柱子，混凝土直接浇筑的硕大构件撑起了平直的单檐庑殿顶，深蓝的玻璃幕墙与深灰琉璃瓦相互映射，美轮美奂。这是常设展馆，主要历史文物都在这里馆藏。侧殿是重檐攒尖顶三层建筑，东西两座侧殿后，盝顶和垂花门互相交织的重楼，如同皇宫两边供 望的阙楼一般，这里是临时展馆。

在与垂花门衔接的抄手游廊上环视这一片层叠起伏、白玉青石、环廊相扣的建筑群，方才明了其造型的言简意赅，精美对称。绿意均匀的点缀其中，一切都是美妙平衡的，穿插着阡陌交错，规整而细密。这座建筑群有着它自己的韵律，不容打破，也不可跃出。

轴心正殿之内，重檐庑殿顶下的白柱耸立，半遮半掩一方别有洞天的唐宫。

整个馆藏按时间序分为三个大厅，七个展段。这是一篇陕西古代史的恢宏画卷，自蓝田人出土，至鸦片战争，黄土大地孕育周秦汉唐的鼎盛王朝，也承载了战火纷乱跌宕起伏的时代。

人猿揖别

陕西古代史的前篇是史前历史，时间范围是距今约115万年前至公元前21世纪。这一个篇章是生机勃勃的前奏，每一段历史都有重大发现，文化高峰迭起，环环相扣，并且首尾相连。这是中华民族的童年，这是一轮文明曙光诞生的初始。

陕博中的珍贵藏品

展厅里的蓝田猿人头像，这个30岁左右的女性是迄今所知亚洲北部最早的直立人，1964年在蓝田王公岭被发现。

二十万年，对于一个渺小的人来说，亘古漫长，宇宙洪荒。但在生物进化的时间上看，二十万年只是转瞬罢了。二十万年前人类发展到了智人阶段。华北地区旧石器时代早期智人的化石，在1978年发现于陕西省大荔县。

距今约八千年，人类进入了新石器时代。仰韶文化是新石器时代发展的一个阶段。因为在这类文化遗存中发现了大量的彩陶，所以也叫做彩陶文化。

人面鱼纹盆，画上的人面和鱼纹交织着，人面戴着一尖顶饰物，极简线条却如同今天印象派返璞归真的画作。三角鼻子在圆脸上显得很可爱，嘴上还衔着两条小鱼儿。关于它的含意却是个谜了，也许人面鱼纹是当时图腾崇拜的产物。

在人面鱼纹盆的底部有两个小圆孔，当时的人类生存率低下，孩子很容易夭折。父母把孩子的尸骨放到一个瓮中，将这个盆扣到瓮的上面，留两个小孔以示灵魂可以自由出入。这是父母悼念夭折孩子的方式吧。

历史缓缓推进，终于进入了一个混沌的传说时代。华夏先祖，轩辕黄帝在这个时代诞生。在黄帝之后，出现了尧、舜、禹三位领袖。后来，大禹的儿子启建立了夏朝。

于此，中国便进入了奴隶制王朝的统治时期。

凤鸣岐山

约公元前1046年，周武王牧野一战倾覆了商朝，建立周，定都镐京。

镐京，这是西安成为王都的第一个名字。西周建立之初，统治者励精图治，使得国家一度十分繁荣稳定。西安以镐京帝都为开端，开始了十三朝王权中心的风烟历史。馆藏周时的卜骨，上面的文字是我国最早成型的文字甲骨文。

青铜器发展的最高峰在西周。

它盘，是盛水器，商周贵族宴飨要行沃盥之礼，年长的侍者向贵族手上浇水，年幼的侍者端着盘在下面承接弃水。它盘平唇浅腹，盘腹饰重环纹。细看之下，雕饰一些身体残缺的小人，这些也许是周朝的残酷吏治反映到了艺术品之上。它盘的四个足均有裸体的男人跪着，两手扶着膝盖。这四个男子都是受过刖刑的，他们虽然眉眼俱全，但因为刑罚而被剁去双足。

觥是商周一种盛酒或饮酒的器。日己觥，觥盖十分精美，盖前为龙，盖尾为虎，中间是一条小龙的龙脊。觥的两侧文着

西周出土的礼器

长尾的凤凰。腹部四面浮雕饕餮。神秘又大气的造型，粗犷古朴发纹饰，可见艺术家的独具匠心。日己觥有铭文，是子孙为祭祀而铸造，祈求亡父佑护子孙世世代代。

被叫做鼎的文物通体青灰。它是奴隶制王朝鼎盛时期西周的青铜器。鼓腹，双耳，三足，犹如狮胸虎足一般威武。鼎本来是一种炊具，是煮肉的锅，后来随着礼乐制度的强化，鼎也逐渐成为一种权利和等级的象征。五祀卫鼎是一件国宝级文物。内壁铸有铭文，字迹模糊能依稀看出些痕迹，据说是讲述了西周中期一件土地交易事件。

我忽而想起一个词，钟鸣鼎食，这是古时贵族的豪华排场，如此说，鼎也是身份地位的象征。夏禹曾制九鼎，代表九州天下，象征政权在握。天子九鼎，诸侯七鼎，大夫五鼎，因此，取得天下叫做定鼎。春秋五霸之一的楚庄王，曾遣使询问周朝九鼎的大小轻重，图谋问鼎中原，觊觎天下，篡夺政权。

周幽王的昏诞，一场烽火戏诸侯葬送了西周天下。公元前771年犬戎入侵，西周在铁蹄之下溃败不堪，最终灭亡。

东方帝国

战国乱世，春秋以来长达五百年的诸侯割据纷争，直至公元前221年，秦始皇扫六合而荡天下，建立了中国历史上第一个中央集权的统一国家，定都咸阳。

于此，中国长达两千年的封建帝制确立，沿用至清。

车同轨，书同文，货币统一。一个大国浩浩荡荡在东方升

陕博中也能看到兵马俑

虎符

起，却又瞬间陨落。秦帝国雄浑磅礴的气势，鲜明果敢的军事特征，垂范后世的制度文明，一统河山的魄力被保留下来。阿房宫，骊山皇陵，兵马俑，都是短促的秦遗存的撼动史书和世界之奇迹。

馆藏的“秦半两”是秦国统一的货币，方孔圆形钱币的应运而生，使得天圆地方的思想也一直沿用下来。直到清朝末年，方孔圆钱才逐渐淡出。

展厅之中有一个通体漆黑，身形矫健的小虎，这是杜虎符。我们常说的一个词“符合”，来自于古人一种信物，这种信物叫做“符”，一般分为两半，两半相合，就能作为定约和践约的凭证。古代的兵符很多都制成虎，来象征牢不可破的盟约。

杜虎符是符的左半边，这只虎昂首行走，尾巴卷曲，显得高傲而威武。虎符上有错金铭文，字体为小篆，内容所述是：虎符的右边在国君手中，左边在军事长官手中，凡征调五十人以上兵士，需国君认可，将两虎符相合才可以行动。

秦以“右”为尊，秦国的军权高度集中在帝王手中。

暴政和酷吏使得秦自取灭亡。四年楚汉相争，刘邦运筹帷幄决胜千里，终曲则是百转回肠的霸王别姬。至此，公元前202年，汉高祖刘邦登基。

大汉雄风

一个空前统一的封建王朝，一个当时世界上最强盛的一流大国，在此粉墨出世。

这个朝代是一个中国历史的辉煌篇章。这个打破贵族世袭制度的布衣帝王所创下的国家，鼎盛时期人口六千万，其世界历史地位只有罗马得以相媲美，中国史上只有大唐能够与它并驾。

从此，华夏民族终于有了自己的名字，汉族。

汉人是智慧的，展柜的玻璃罩后，这么一件独特巧妙的铜器，揭示了古人八面玲珑之心。它被称为雁鱼铜灯。虽然看

汉代“京师仓当”瓦当

似灯，却不是寻常的灯具。它能任意调节灯光亮度和照射方向，又通过水吸收烟尘，汉代工艺品兼顾精美和实用着实令人惊艳。

皇后之玺，温润洁白的羊脂玉有着凝脂般的光泽，玉玺上雕一只螭虎形象做钮，篆书的“皇后之玺”四个字，流畅遒劲，刀法娴熟。螭虎像龙有耳无角，用螭虎做钮表示君临天下，威服臣官的绝对权威。西汉的皇后之玺可能为吕雉生前所用的印章。

汉代带有空气净化功能的雁鱼铜灯

高祖七年，未央宫落成。我不曾目睹这座未央神话之中有多么富丽雍雅，但这极尽华丽之能事的鎏金银竹节熏炉，却将汉宫的金玉满堂露出了冰山一角。

鎏金银竹节熏炉，国宝级文物。青铜质地的熏炉有盈盈绿色，通体鎏金鎏银，底座上镂空雕着的两条蟠龙昂首张口咬住竹柄。长柄仿佛一支亭亭玉立的竹子，分为五节，节上还刻着竹叶，柄端三条蟠龙托起花苞形的熏炉。熏炉精巧绝妙，龙纹雕饰细致逼真，从波涛中一跃而出。底色鎏银龙身鎏金，显得华贵而神威。熏炉的炉盖层层叠叠，云雾缭绕，以金银勾勒，宛如浮云出岫。不知当年的未央宫里，袅袅香烟倾泻是怎样一番美态。

建元五年，汉武帝将这座熏炉赏赐给姐姐阳信长公主。

汉王朝的军事力量也非常强大。1965年，咸阳杨家湾的一座汉墓中出土了大批兵马俑。这座汉墓属于汉高祖刘邦长陵的陪葬墓。“银镂玉衣”也一同出土。秦兵马俑多是一身戎装，表情刚毅不屈，犹如身在战场。而汉兵马俑只有秦俑的三分之一大，十分灵动，表情欢悦，大多数做武士打扮，个别做跳舞、奏乐、指挥等姿势。这也是大汉兴平盛世的侧写吧。汉俑中骑兵甚多，汉王朝也正是凭借着强大精良的骑兵才战胜了不可一世的游牧民族匈奴。

可这天下，合久必分。

东汉末年，军阀混战，三国鼎立，两晋南北朝的政权更迭，天下又一次被割据。

盛唐气象与告别帝都

历史很快进入了中国最为璀璨的时期，隋唐。

隋的都城大兴，唐的都城长安，都是我脚下的这个西安。我很骄傲，它承载了一个鼎盛时代，并且留给后人无数

唐代壁画

的瑰宝。

长安是世界首个人口超过百万的大都会，在此时封建社会发展到了一个巅峰。

我几乎为琳琅满目的文物珍品所眩晕，终于，那些纸张、书墨、剪影里的大国气象在眼前熠熠生辉。它们在黑暗下掩埋千年之久，就为了在出土之日惊艳世界。这是大唐的见证。

大唐气象依旧在

仕女俑

我隔着玻璃，如此近的观赏赞叹，分明感受到了往昔之开放，当年之辉煌。

彩绘釉陶戴笠帽骑马女俑，我几乎一眼就看到了她。这个女子，在今天来说，就是很“萌”。齐肩的短发，可爱的鹅蛋脸颇有唐丰腴的特征。细细长长的凤眼几乎眯成一条线，嘴角弯成一个好看的弧度，鼻尖微微翘起。她骑在马上，带着深蓝色的斗笠，身着浅粉的窄袖裙。如此甜美可爱的造型，很难相信她是一千年前的唐朝仕女。

唐朝时的女性自由不受束缚，因为身在一个宽容、开放的时代。她们经常外出游历，抛头露面，与年轻公子们一起踏青骑马、听戏、打马球、逛庙会。她们的裙衫也无拘无束，表达感情也奔放热情。

我想，那位骑在马上的姑娘，她或许方才策马扬鞭奔跑在春日长安城，在街市奔驰穿行。所以她有如此美好的笑靥，犹如朝霞般地温暖人心。

三彩载乐骆驼俑，一只细致可见鬃毛的骆驼曲颈嘶鸣，它站在长方底座之上。骆驼驮着斑斓的羽毛毯，乐手身着唐服盘坐在上，他们奏着胡人的乐器，羌管幽幽，胡笛动人。这是一个乐团，一个流动演奏的乐团。唐代艺术家如此匠心独具，浪漫至极。乐手的表情陶醉在音乐里，而站立驼背上歌唱的女子高束起长发，微微阖着眼帘，仿佛正睥睨着我一般。

唐三彩烧制时，不同色彩的釉斑向下流动，互相浸润后自然曼延开来。这是一种千变万化、斑驳淋漓、彼此交融的古朴之美。这件唐三彩是一个歌唱而来的巡回乐团，有主唱亦有伴奏，这七个伴奏神态坦然全神贯注，沉浸音乐中。婉转歌唱的女子，身穿高束腰的长裙，高雅的上扬着头，左臂微微抬起仿佛唱到动情之处。骆驼长长嘶鸣一声，又踏着乐步徐徐行进。

大唐震撼人心的乐舞之声，穿行回荡在历史的角落里。

2011年唐墓壁画馆落成。《打马球图》这是从章怀太子墓中出土的。马球拳头大小，朱红色皮革制成。是由波斯传入我国的。在唐朝的时候，皇帝百官，甚至女子都爱马球。唐中宗年间，吐蕃派使者迎接金城公主，欲与汉人比马球。中宗同意之后双方展开激烈的较量。第一回合以汉人失败而告终。这时候，李隆基率领精英球队，扭转了战局从而反败为胜。《打马球图》的骑手，足蹬黑靴，身穿窄袖长袍。拉缰绳，持球

大唐威仪

杖，驱马抡球或反身击球，动作一气呵成，将球场上的激烈气氛渲染得淋漓尽致。

《打马球图》只是唐墓壁画馆其中的一幅，我赞叹如此之多的精美壁画，一再久久流连。

帝都盛世久矣，却仍是缓缓衰亡。

唐以后，作为西部重镇和西北区域中心的陕西，依然独具魅力的文化创造和精神传承。唐是一曲高歌，但就是这首曲唱得太美太动听，以至于唐以后的长安，却显得默默无声了。

这首唐华，最终以最动听婉转的曲调回旋在历史上，告别帝都，今天的西安有另一段路要走。

我写了许久，这个陕博，我知道如何开启这文字，却不知如何结束。

生长在西安，我不愿在城墙角下缅怀那一方泥土残垣断壁伤痕累累，只能走往城南的博物馆，时不时地对长安憧憬怀忆。历史千年，长安三日，长安以东方罗马之鼎盛闻名于世，而我追忆她的往昔。这片赤诚之心，只能在陕博徜徉。

交通

乘坐地铁二号线到小寨下，换乘公交（仅一站路）到翠华路下。也可乘坐5、19路至翠华路下车，或乘坐到达大雁塔的公交步行前往即可。

门票

无

开放时间

冬季（11月15日至次年3月15日）9：00—17：30（16：00停止发票）；

夏季（3月16日至11月14日）8：30—18：00（16：30停止发票）。

周一闭馆（国家法定节假日除外）。

补充说明

1.免费开放实行“免费不免票”。每天限量限时发放免费参观券4 000张（每日14时前限2 500张，下午限1 500张），发完为止。散客凭身份证或有效证件一人限领一票，当日有效。

2.进馆参观实行免费存包制度，贵重物品请自行妥善保管。存包处在入口处。

3.展厅内禁止使用闪光灯拍照，保护文物是每个人都应该自觉做到的。

4.馆内的讲解导游60元一位，游客可在博物馆入口处选择服务。

5.临时展馆每一时期有不同的展出，如书法字画展览等。

曲江池遗址公园

——曲江流饮

一千年前的曲江两岸，华美的宫殿延绵起伏，阁楼精美，芙蓉苑盛放着夏荷，杏园里满是樽壶酒浆。曲江是唐人最爱的游览胜地了，若是恰逢适游的节日里，鱼贯而出的香车宝马络绎不绝，仕女环肥燕瘦各有千秋，贵族少年一袭锦袍俊逸非凡。笙歌乐船，笑语盈盈。

唐明皇每年两次大肆宴请新科进士和群臣，在此饮酒作乐观赏舞乐，在此流觞曲水赋诗高谈，这就是使得曲江声名远扬的“曲江流饮”。

秦朝的时候，曲江叫做“陔州”，这儿景色极美，令帝王不禁圈地为园，把它划作自己的离宫。汉朝刘彻在位期间，再次对曲江疏浚，又一个帝王将曲江池占为己有了。可那时的曲江，还是一个初长成的婀娜少女，她不知，在接下来的数百年，她将历经多么荣耀的华美雍容，也将饱受多么悲怆的凄凉。

曲江池遗址公园

唐明皇是一个有艺术气质的君主，他爱音乐，爱歌舞，爱美人，也爱这自然的绝妙精致。可深宫之中，哪有机会游山玩水赏这江河的磅礴大气，于是玄宗就引水入池重新疏浚开渠，这下曲江池，就由一个“池”变成了“江”。

诗人笔下的曲江真是佳境，“翻叶柳交枝，暗上莲舟鸟不知。更到无花最深处，玉楼金殿最参差。”唐时的曲江，俨然是个风韵绝美的丽人了，她翩跹舞在这长安城里，无人不倾倒，无人不流连。犹记得那时三月三，正是上巳节，全城的贵族女子梳着漂亮的发髻，鬓角点缀一支流苏步摇，在此沐浴冠礼。她们嬉戏玩闹的正是水上孵卵的游戏，熟鸡蛋随着流水传递到哪位姑娘，哪位姑娘就食之，在她们来说，这是福临的象征吧。

曲江是那么美好而融洽，景色绮丽的这片桃花源，给盛唐留下一个温柔的印象。

安史之乱以后，曲江就没落了。起伏的堤岸，逶迤的渠道再不见碧波荡漾，水光潋滟，一度成为了陆地农田，沧海桑田的变化，凄凉悲怆的时过境迁，果真佳期如梦，一梦难醒。

直到过了很多很多年以后，直到更迭了数个世纪，曲江池才在西安人心中复活。

曲江池遗址公园，西安人不这么叫她，西安人叫这儿南湖。

南湖，城南的一片小天地。游湖也好，赏园也好，阁楼亭榭一脉相连，春日看水畔飞花，夏夜柳下漫步，金秋丹桂水月，寒冬一品雪晴，真真四季皆景。家人出游，好友同行，商务会所宴请，西安人似乎不曾记得她跌宕的过去，只觉这怡人美景在自家门口，是再好不过了。

湖心岛宛若夏荷怒放，岛上山坡起伏延绵，水榭廊间，美则美矣，却似少了人间气息。藕香榭，暮色天，这才略懂曲江偶尔散发的不食人间烟火的气息。

阅江楼远望曲江天色，一千五百亩的园林郁郁葱葱，刻

红墙绿叶

着长恨歌的石碑在晚风中显得遗世而独立，白石水龙正吐着清冽的湖水，飞鸟迁徙正是回归的时节。四层的阅江楼，是南湖最重要的景了，眼下西安，过往的长安，眼下的广厦千万间，不再是当年寒士的一纸清梦。怀古殇赋未免故作姿态，不如饕餮这一番湖景，怡然自乐呢。

刻有曲江池的石碑，在亭子里端坐着，游人低头逗着水中时不时探出头的小鸭子。锦鲤也聚在湖畔亭周围，朝游人要食儿。而我站在这里，体会到了令身心舒畅的那一份惬意。

松丘小路，柏树林中，虬曲的桃树和扇面般的银杏叶间掩映的院落叫树林人家。这真是极雅的庭院，错落参差地撒着如珍珠一般的数栋唐式阁楼，每一栋都是词牌名：风入松、浣溪沙、浪淘沙、满庭芳、水调歌头、临江仙、念奴娇、忆秦娥，水龙吟。这南湖，青竹藕花深处，水漾松柏斜阳，雅致到唯美景物娟秀清丽如一尘不染的诗书少女。

西安终究是文化天下，文墨宝地，过了多少年都褪不去的，是唐人那份血脉中的诗词歌赋之魂。

曲江的绿园

交通

市内乘坐22、224、212、504路到曲江池调度站（终点），下车步行2分钟即到。

门票

无

开放时间

冬季9：30—17：30；夏季9：00—18：00

补充说明

1.若是春天来，记得去南湖放风筝。若是夏天来，记得傍晚带着相机去散步采风。若是秋天来，记得携一壶好茶闲庭品茗。若是冬天来，裹上厚重的衣服在南湖玩雪观梅。

2.南湖不似景区却胜似景区，这里是最百态的西安浮世绘。了解一个城市，囫囵吞枣是只游览景区，走马观花是在城市中浅尝辄止的游走，而要深入西安，是不能错过这些拥有故事和美景的公园的。惬意的南湖之游，是了解西安的重要章节。

寒窑遗址公园

——千年爱情故事

如果在西安拥有爱情，一定要在新年去钟楼敲响那悠远的钟声，许下彼此爱的誓言。如果在西安拥有爱情，一定要在大雁塔的喷泉下，紧紧握住彼此的手。如果在西安拥有爱情，一定要去吃最美味的羊肉泡馍，在拥挤的小店用美味征服爱的味蕾。如果在西安拥有爱情，一定要去寒窑走那长长的石板路，看着脚下每一块青石上刻着爱的箴言，从执子之手，一直走到与子偕老。

至死靡它，海誓山盟，情窦初开，生死契阔，这些形容爱情的字眼，一个一个被刻在寒窑门前长长的石板路上。我走在这些美妙的词语之上，赞叹中国成语的博大精深，也赞叹古人对爱情至高的理解。身边有一对情侣，正拿着手机拍脚下的“白头偕老”，连同两个人情侣款的帆布鞋也在手机画面里，他们的甜蜜忽然一下就感染了所有路人。

寒窑遗址公园，这是一个有关爱情的地方。

一千多年前，唐朝都城长安。一位大臣的千金，生得沉鱼落雁之美貌，吸引全城年轻的公子趋之若骛。这位大臣左右为难，不知把女儿嫁给谁好，于是就诏告全城，以抛绣球的方式来选择亲事。

王家三女宝钏抛绣球那一日，全城的贵公子无一缺席，在楼阁下翘首期盼着。可就在王宝钏扔出了金丝线大红绸的绣球那一瞬间，却不偏不倚地刚巧砸中了路过的穷小子薛平贵。一段缘分这才开始。

薛平贵家境贫寒，王宝钏家里是怎么都不愿她下嫁的。宝钏认为，既然父亲已经向得到绣球的人许诺，那怎么都不能食言，作为大臣之女，她更不愿落得攀荣趋富之名。于是毅然嫁与薛平贵，嫁到了破败不堪的寒窑之中。

长安城南，小小的寒窑中，二人贫苦却幸福地生活着。薛平贵是老实木讷的性子，又勤劳肯干，对王宝钏悉心呵护，让这个小家之中弥漫着暖意。

然而，憨直勇敢的薛平贵为求上进保卫家国，从军征战远赴西凉。这一别，过了十八个春秋。王宝钏贫病困顿中不曾背弃，始终等待薛平贵归来。贞洁的女子在严寒冷冬颗粒无收的天灾之年，只能挖食野菜果腹。薛平贵屡历风险，屡闯难关，屡建战功，终于平定边关，班师凯旋。

如今，这里古典唯美的庭院风格一改沉闷的遗址路线，这里是诉说爱情的一座花园，也是见证爱情的一碑铭文。

玲珑角亭，两只优美游弋的黑天鹅，鹊桥流水，廊桥回转，剪纸艺术的雕塑，在水一方的岛屿，欧洲风情的婚礼教堂，都是这儿有关爱情的景致。

千年爱情圣地

寒窑里有个婚庆专题区域，融汇中国古典婚礼传统习俗和西方浪漫爱情，以景观建筑、雕塑博物馆群呈现。另有中国娶嫁展演。游客游览其间，不仅能感受到中式爱情含蓄内敛绽放的特有魅力，也能体会到西方唯美精致的罗曼蒂克之美。

贞烈殿是纪念王宝钏忠贞不渝、烈女守夫之精神的。民国时期杨虎城将军之母孙一莲为稳定后方而修的祠堂贞烈殿，是让骁勇的将士在前线拼杀之时能忆起家中妻子，从而更加激励抗战。在凯旋之时与心爱之人团圆，这是当时年轻将士最大的愿望吧。现在，贞烈殿展示了不同载体下的王宝钏与薛平贵的爱情故事，也展示一些民间收集的老照片古籍等，反映出寒窑爱情在民间的脍炙人口。

交通

乘坐公交22路在寒窑路西口下车，或曲江池管委会下车再向北走回。

门票

60元

开放时间

9：00—22：00

补充说明

寒窑目前已经成为西安的爱情圣地，情侣们一定会把寒窑当做自己约会的重要地点。这里有关爱情的“风水”很好，也许会得到千年前的祝福。景区内会定期举行一些相亲活动，单身的朋友不妨一试，说不定会遇到自己的意中人。

大唐不夜城
——雁塔身后，盛唐天街

我想，关于唐朝，关于唐朝的繁荣昌盛，唐文化的源远深厚，我已经说了太多。

可怎么也说不尽。

有关唐代的史书，官方的，民间的，太多太多。它神秘，富有，金碧辉煌。一个唐朝，引得无数古人尽折腰。

是啊，长安，一横一竖一点，岂止千金，又岂是这十个笔画能写得完。

大唐不夜城这大气的五个字，以霓虹灯作为载体，闪耀在大雁塔的后方。夺目华美，就如同它的名字，光奢全城，经年无夜。

这是一条长一千五百米的景观商业步行街，也是亚洲最大的景观大道。千年前的大唐凝固于青铜雕塑一路南北缠绵，高光华灯一路绽放，象征皇家的重檐庑殿建筑恢弘大气，伫立在步行街主干路边，尽显雍容与威严。

大唐不夜城始于大雁塔南广场的玄奘雕像。我曾默默地想，玄奘法师面朝这华灯初上香车宝马络绎不绝的不夜城，而背后是收藏他千辛万苦取回的经书之大雁塔，他衣袂飞扬，仍然目空一切，是不是千年时光在他眼中只是一场风沙。盛唐的天街光耀炫世，一千五百米的画卷徐徐铺开，不夜城和雁塔相望着，诉说了多少古今的故事，古老的雁塔沉睡久矣，不夜的池城却吵醒了世人。老长安，新西安，恍如隔世。

玄奘广场一路向南，两边是密集的商业购物场所和餐饮娱乐中心。成都的春熙路我是去过的，春熙路灵秀可人，不夜城却有着皇室神圣的微妙意境。

不夜城贯穿了三座广场，除却起始的玄奘广场，还有位于中心部分的贞观广场，南端的开元广场。

贞观和开元，是中国历史最为浓墨重彩的华章。贞观，作为开元盛世的奠基和唐朝的第一个治世，它在历史上是有极高地位的。贞观年间，社会空前安定，国界空前开放，商业高度发达，分权制度萌芽，官吏清正廉洁。天下易主，改朝换代多少回，后来的帝王总是爱将自己统治的江山与贞观开元相较一番。纵然开

华灯初上不夜城

元之帝李隆基最后不爱江山爱美人，开元也成了无可取代的时代。我不知康雍乾的三朝兴平与开元盛世可否媲美，但我仍偏爱着长安。唐太宗是睿智的皇帝，他懂得水能载舟，亦能覆舟，百姓如水，帝王是舟。因此，贞观年间从谏如流，诤臣魏征一人就对皇帝提出了二百多条意见，写成数十万的字，字字珠玑。人们说忠言逆耳，魏征的忠言要是搁到别的皇帝耳里，说不定早成了大逆不道。

贞观广场的贞观纪念碑，是整条步行街的一个重要标志。英伟的帝王李世民端跨高头大马之上，手中执着缰绳勒马前

一路群雕，见证历史

行。青铜的坐骑扬起前蹄，欲与帝王一起征战万里河山。暖黄色的花岗岩在灯光的烘托下散发淡淡的金色，四周的仪仗队二十四人，文臣武将数人，在帝王的身侧紧密相随。

贞观文化广场的核心部分是由西安大剧院、西安音乐厅、曲江美术馆和曲江太平洋影城四组建筑组成。这四个具有现代功能的建筑却以雍容的古风呈现，电影院与美术展馆，重檐歇山顶的恢弘造型和灯光衬托使得它们一如两座富丽宫殿，而音乐厅和大剧院两者的大屋顶均设计为与北京故宫如出一辙的重檐庑殿（重檐庑殿在清朝所有殿顶中是最高等级）。四座严格对称的建筑美轮美奂，端坐不夜城正中，彰显唐皇城风范。

不夜城的景观雕塑群随着步行街一路向高潮推进。万国来朝雕塑群，这是大唐四海臣服的见证。那时酒肆里羌笛胡姬歌舞升平，远东海上遣唐使船乘风破浪。唐朝文化逐渐向世界扩散延伸，天下向往的东方乐土一副盛世景象。

武后从行群雕，在贞观广场和开元广场之间，上承贞观，下启开元。女皇被拥簇着行走在这不夜城的中轴路，这位“政启开元”的帝王华服裹身，唐时期珠圆玉润的女性形象在她身上表现出厚德载物的天子姿态。她身侧的二十四根浮雕完美刻画了上元赏灯、曲江游宴这些盛大节日，恰如一卷如梦的唐风浮世绘。

唐朝千年的灯火辉煌

秦汉唐广场天幕

开元盛世

一路向南，历经贞观，跌宕周朝，终于看到开元盛世。

开元广场是大唐不夜城中轴线最高景观，开元盛世群雕也是不夜城雕塑中最为壮观的一组。为世人重现了鼎盛王朝。

玄宗李隆基的雕像高四点五九米，意取九五之尊。八根LED灯蟠龙柱，不断变幻着巨型图纹。龙壁前的天子身形伟岸，他身后矮矮的山峦绵延地平线，唐玄宗顶天立地地站在这里，向北望着他过往的江山。六位重臣以及数十位番邦使节立在帝王身后，乐俑奏着古老的笙箫筝琴。七十八个人物组成的开元群雕，完美诠释了建筑之美，如同一座华美雍容的露天宫殿。

光影在古老的建筑上交错，至此，大唐不夜城拨动了最高的音。

它是独一无二最璀璨的盛唐天街，它的不夜之魅，终将奢耀全城。

乘坐22、23、24、44、212、224、407、500、609路可至大雁塔南广场站。

郭老大大盘鸡

这是一家搬过来的品牌老店，虽然环境变了，地理位置变了，可是那熟悉的味道，从儿时陪伴西安人的香辣滋味一直没有改变。翻炒出的大盘鸡鲜香麻辣，值得一尝。人均40元。

雁塔区小寨东路1号阅唐阁4楼(近大雁塔北广场)

029-85583130

于大雁塔北广场向东步行至小寨东路，在雁塔路北段与小寨东路接口处即是。

喜阿公烤鸭·打边炉

半开放式的餐厅，古朴风格的装饰，笨笨的桌椅板凳，挺别致的新体验。如果吃厌了麻辣火锅，这样烤鸭的水晶锅和电磁炉组合显得特别新鲜。烤鸭锅底里加的是大桶的农夫山泉，烤鸭是北方特色，打边炉是南方风格，鸭架汤当作火锅的锅底。油滋滋的烤鸭肉仍然是卷起来吃。味道和形式都很棒，肉切得厚且肉片很大，是种不肥不腻很舒适的口感。推荐一品肥牛、自制豆腐。人均60元。

雁塔区雁南二路曲江银泰4楼

029-89126208

步行至开元广场中环银泰即可。

阿瓦山寨

剁椒鱼头量足味美，辣得过瘾又痛快。剁辣椒是湖南人喜欢的菜色，可以除去湿气，配上鱼头的鲜美，更是引人食指大动。打底的宽面条吸收了汤汁，劲道爽滑。价格挺实惠，生意火锅，经常座无虚席，往往过了饭点还是人声鼎沸。推荐剁椒鱼头、铁板土豆、蟹黄豆花、鱼头王。人均50元。

雁塔区环塔南路东段6号大雁塔南广场新乐汇(近贞观广场)

029-87891933

步行至贞观广场即可。

百姓厨房

改良版陕菜更加贴合海内外游客的胃口，菜肴上等，色香味俱全，环境优雅舒适，价格公道合理，服务也是一流的。百姓厨房深得人心，是西安人家庭聚会的优质选择，是网友给出超高好评的人气热店，是性价比完胜同类餐厅的安心餐厅。

雁塔区环塔南路东段6号秦汉唐国际文化商业广场G栋3楼

029-89129788

竹荪鹅

绿化非常好的餐厅，感觉像在公园里面用餐，清新宜人，绝对心情舒畅。竹荪是名贵的食用菌，极高的营养价值和减肥的功效日渐使它成为餐桌新宠。这家餐馆的竹荪汤，味道很鲜美，令人难忘。鹅和竹荪汤炖在一起味道也是相得益彰，卤翅也常受好评。餐馆周围的环境极佳，郁郁葱葱的绿色掩映着美味，更让人有一探究竟的好奇心。人均100元。

雁塔区雁翎路中国唐苑饮食街(中国唐苑)

18681862563

步行至唐苑即可。

补充说明

1.大唐不夜城的夜景是目前西安最美的夜景，没有之一，所以一般傍晚以后在这里散步最好，一两个小时就可以全部走完。

2.大唐不夜城虽然是旅游景点，但也是繁华的商圈，目前新建成了许多大型商场可供游客购物，在开元广场附近有电影院。这里也是文化中心，曲江美术馆就在贞观广场旁边，不定期有展览，喜欢美术的朋友可以去参观。

曲江新乐汇

——唐韵欢乐场

西安的夏天，特有的西北干燥浮尘一瞬间蒸发了空气中那点儿可怜的水汽。从五月开始，蔷薇铺满了路边，梧桐绿了街道，小满的日头已然毒辣起来。

这时候，要是碰上雨天，那是再好不过了。

曲江雨后的夜景特别美，尤其是雁塔。氤氲水雾被早夏的风徐徐一拂，披到新长的植被上，蔷薇娇嫩的花蕊上，楼阁飞檐翘角的砖瓦上，古城的意境就一下渲染开了。被淋湿后的路成了镜子，倒映着大雁塔的华灯如梦如幻。

我的大学同学们，就喜欢在这个时候去大雁塔旁边的新乐汇扎堆。

新乐汇里头的酒吧一条街，在西安日渐兴起的酒吧街里以清吧崭露头角，也

新乐汇

新乐汇的旧时光

慢慢成为新乐汇的主角儿。

回廊式的古典意境酒吧，适合城市里小资以及小清新们。咖啡杯里的醇厚幽香，也符合都市生活的质感。从沃尔玛到购物广场，十分适合西安人有点慵懒的生活节奏。闹中取静才是这儿的主题，动如脱兔，静若处子，这是新乐汇吸引年轻人的方式。井然有序的新乐汇，有名胜的繁荣，有古迹的威严庄重，有商铺云集的购物金街，有夜生活的流光倾泻，却无景点的喧闹。

新乐汇还有个颇为欢乐的英文名字，“Happy Mall”。这样直白简单听起来就很“嗨皮”的称呼，着实让新乐汇亲民了许多。

绵延在慈恩路上生长绽放的，除了每年三月荼蘼纷飞的樱花，还有如雨后春笋一般的高档餐厅。我一向自诩为会吃的，当我的同学们在新乐汇的酒吧街或者KTV聚会飙歌的时候，我仍是想着附近有没有值得一淘的美味。虽然从牛肉米粉到牛排比萨，从日式铁板烧到薄皮儿大馅儿的饺子应有尽有，颇有唐朝广开国门的意味，但毕竟处在旅游区域的咽喉之地，价格十分昂贵。对于我们来说还是更爱不在景区内的，超难寻找的草根美味和老陕家常馆子。

我高中的历史老师是个北京人，他给我们讲课，喜欢拿北京和西安做对比。我们的高中校园是能依稀看见大雁塔的，有一天老师看着窗户外面并不清晰的雁塔，语重心长地问我们，北京好么？我们说好啊，帝都呢。老师说北京的古迹现

酒吧和咖啡厅

在都被日新月异的繁华面貌和高速发展的城市气象给掩盖太多了，希望你们西安走自己的路啊。

我看着大雁塔，和雁塔身后这有些魅惑感的不夜城与新乐汇，灯火辉煌，愈发显得夜色下的大雁塔黯淡无光，忽然就想起了老师的话。

希望这西京的长治久安，能永葆它本来的样子——秦砖汉瓦古朴的西京，文墨幽香淡然的长安。

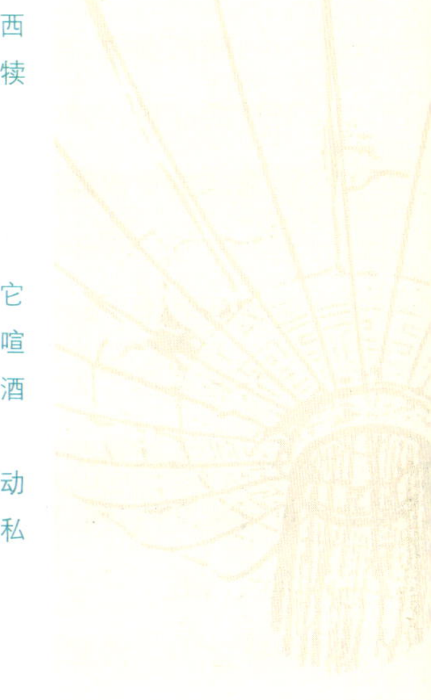

交通

乘坐5、21、23、27、30、606路可到达。

休闲娱乐

品艺园·王木犊剧场

演出、餐饮、茶馆集一体的休闲好去处。位置显眼，装修得也很别致，有浓浓的中国味道，小桥流水，美观又舒适。大厅喝茶听相声，包间充足。王木犊是陕西人喜爱的小品相声演员，“木犊”其实是陕西话，意思是“蠢萌的小孩”，王木犊本人名石国庆，经常在周末还到这里演出，每每都是欢声笑语。

雁塔南路大南广场东南角(新乐汇广场内)

雁域酒吧

这个酒吧有个含沙射影的名字，着实有些文艺。雁塔脚下的雁域，你可以将它当作大雁迷失的休憩之域，也可以在这儿等一场倾国倾城的爱情。城市的浮躁与喧嚣，放慢仓促的脚步，学会驻足。在一个有好的设计，好的灯光，还有好氛围的酒吧中，听听歌，扎堆聊天，玩得自在，无所不欢。

三层的酒吧，第一层是吧台和歌手show场舞台，可以随时享受与歌手的互动和热闹的氛围，第二层是优雅卡座，第三层是独立包间，在这里能够尽享独立的私密空间，学会在城市里放松呼吸。

大雁塔新乐汇

横渡酒吧

地处不夜城繁华街区，也是一个文艺范儿，森女范儿的酒吧。酒吧分为三层，装修很精致考究，海洋的蓝色为主基调，仿佛要洗去都市人繁杂的生活工作烦恼，开拓古城不夜星空下一片宁静的新天地。横渡酒吧就像它的名字一样以游泳运动为主题，热爱游泳运动的朋友不如把这里当作交流聚会的好去处。像欧阳修的名句“醉翁之意不在酒，只在乎山水之间也。”在优雅的环境中聆听悠扬的音乐，聊工作、聊人生、聊理想、聊情感，其实品味酒吧环境也是种纯粹享受。这里还有KTV休闲包厢，唱歌和泡吧其实可以兼顾。

夜色的光怪陆离，白天似乎是另一个世界，夜晚才属于每一个都市精灵。

大雁塔新乐汇

新乐汇夜色

大唐通易坊

——长安新酒肆

朝阳熹微，影影绰绰，仿佛被薄纱轻笼着的宝石一样看不真切。长安城正是初夏的清晨，露水还未蒸发，留在植物细小的枝丫上，灵动的流光像眼眸转瞬间闪烁，虽是微露之光，无法与日月争辉，但仍是极美的。

一千三百年前的长安城刚刚苏醒，窄袖长衫的男人，白发长髯的老人，富贵人家的公子，裙摆飘然的少女，慢慢地在集市上走动起来，少顷，便热闹了。昔日长安城百万人口，熙熙攘攘的集市遍布全城，等到日头下行人的影子已经看不见，长安的茶楼酒肆忽而喧嚣起来。并不狭窄的青石路上，却拥挤着各路车马。集市里全国货物堆积如山，各地的客商和别国的商人来往如织，酒旗在客栈门口迎风而展，一时之间，宾朋满座。来往的人潮中不少西域人，胡姬酒肆中充满了笙歌之声，西域女子裹着纱的面容看不出表情，只见眼眸颦蹙之间，盛开一抹幽幽的蓝。

大雁塔在通易坊尽头

樱花烂漫的长安

白驹过隙。

一千三百年后的今天，我站在通易坊这条长街尽头，仰望不远的雁塔，一时之间感慨万千。雁塔脚下的通译坊还未醒来，石板的路上也没有什么行人，琳琅满目的仿唐店铺雕梁画栋，斗拱飞檐，檐下高挂着大红灯笼别有风韵，路两边的酒吧在日光初升时睡去。这时候，我想，我们和古人是拥有着一样的清晨，朝霞之下的微露，在植物的花叶上舞蹈。

通易坊和新乐汇，两条街区紧紧缠绕着大雁塔，它们各自占据雁塔下的东西两片天地。新乐汇和通易坊的感觉大不相同，通易坊是有些怀旧情愫的，是一条非常感性的长街，店铺的名字，酒吧的灯光，温柔而又慵懒。比肩接踵的庭院式的酒吧犹抱琵琶半遮面，总是浓浓复古风。新乐汇则是开阔的欢乐场，是一群人狂欢的地方。

通易坊，通，乃通达四海，易，为商贸易物。这样颇有唐风的名字也正回归了唐长安市集之所钟。不论是李世民的贞观治世，还是女皇的盛世，抑或是玄宗时代的政启开元，帝王共同的夙愿都是四海臣服，天下归一。

也许正是应允帝王之所愿，盛唐时期，星罗棋布般的集市

文艺范儿指向标

在长安城内蔓延生长，可以说是盛况空前。胡人、阿拉伯商队、新罗商队、波斯商人，中原各路商队都在街道上行走、采买。

刀具店、茶坊、各种商业聚落，来自五湖四海的不同面孔在集市上形成了热络的景象。丝路、大运河和海上丝路这三条相互串联的贸易路线，使得沿海城市和沿大运河城市也繁华起来，因为这些贸易线路成了帝国经济的命脉，从而推动大唐成功走向一个鼎盛时代。

中唐以后，市集的盛极一时渐渐趋近于平和，不是走向衰败，而是已经融于社会，仍然是相当繁荣的。此时上海、广州、扬州沿海城市已经日渐发展起来。盛唐时期热闹非凡的长安教坊、酒肆等基本上维持到晚唐时期，中晚唐时期的战争、饥荒、瘟疫等使得长安昔日荣光不再。黄巢之乱以后长安城已经开始土崩瓦解，自此以后，风云变幻，大唐国际商业贸易的街区消失在风烟之中，长安绝世无双的风华碾碎于历史的车轮之下。

通易坊是对那场曾经轰轰烈烈存在过的商业鼎盛时代的怀念，为的是世人不要忘却大唐四海通达的贸易带来了如何的繁华。当闭关锁国的愚昧外交为祖国蒙上了无数践踏和屈辱，更显得唐代君主的睿智与开化。

通易坊是正对着大雁塔而横向铺开的，不论是小酌、购物、品尝美味，一回头都能看见端庄古朴的大雁塔。松柏茂盛，牡丹馥郁，夜色下的通易坊光怪陆离，五湖四海的旅人让这大唐的集市如史书上记载一般似曾相识。千年前的酒肆仍然灯火通明，千年前的茶楼仍旧十里飘香。只是千年前的异域女子终于揭下了面纱，白皙皮肤上绽放的笑靥，眼眸之中仍是那抹幽幽的蓝。

乘坐19、21、30、500、601、619、K606、K609路到雁塔西路东口。

丝路餐厅

唐代的丝绸之路闻名于世，也将西域风情刮到了长安。重走丝绸之路对我们来说是有点难，可品尝丝路菜肴却是很容易的。通易坊的每家餐厅都有特别的装潢，特别的口感，优雅的风格。柔和的音乐萦绕大雁塔的街景，一次新奇的美食体验就在面前。

改良后的新疆菜，虽然不再那么正宗，但更加符合天南地北食客的口感，肥美的羊肉嫩而不膻。大快朵颐之前也不会担心囊中羞涩，合适的价格让追求美味的食客变得更加肆无忌惮。人均60元。

大唐通易坊24-28号

029-85263599

珍菇源

通易坊里的菌汤火锅，会给食客带来一次美味的就餐体验。乌骨鸡和菌菇熬制成的汤汁香气四溢，熬煮的菌类一个个在鲜美的汤水里舞蹈着，令人食指大动。如今饮食以养生为极佳，口感好为其次，兼顾养生和美味，这才是鱼与熊掌兼得了。各式各样的菌菇，清淡鲜美的汤品，浓郁特别的菌酒，独具风格的菌饺，优雅的餐厅环境，到位体贴的服务，这份山珍带来的味觉新享受，会让你流连忘返。人均60元。

大唐通易坊36号(近翠华路)

029-85237188

印度菜菜

初次到这家餐厅，只是为了它名声远播的酸奶，浓稠又酸甜可口，刚做好的清凉酸奶上撒着坚果粒，葡萄干，很有异域风味。餐厅环境也是印度风情和中国风的结合，壁画彩纱带给我们新鲜的感官享受。能歌善舞的印度人在美食方面也很有艺术造诣，浓郁的咖喱，谁又能说这不是一次舌尖上的旅行呢。人均60元。

雁塔区雁塔西路46号(翠华路纬二街什字东南角)

029-85252536

天龙宝严素食馆

雁塔下的慈恩寺香火正旺，素食斋里檀香悠长。

说是素食，怎么一翻菜谱全是肉菜的名字，上桌之后，也全无不见腥荤的素席。您先别纳闷了，这全是素菜做的，因为厨师们特别的手艺，使得素菜和肉类相似度达到百分之九十以上。让我突然想起了历史里那些吃斋念佛的老佛爷，纵然是素菜，也不能折损皇家财大气粗的面子，一桌素食，往往堪比天下各种山珍海味。环境很雅致的素食馆，闹中取静，静心怡神。人均50元。

雁塔区慈恩西路1号(近翠华路)

029-85266880

休闲娱乐

（以下地址均位于大唐通易坊街内）

云雅居茶楼

云雅居有十分风雅的名字，我时常看着这云雅两个字眼，想起《幽窗小记》的一句话，宠辱不惊，看庭前花开花落；去留无意，望天空云卷云舒。

爱烹茶，爱文墨，也爱悠悠古风。这是西安人的一种生活情调。清秀端庄的云雅居恰好给这种情调一个载体。雁塔之侧，葱郁掩映的古街，甘醇的茶香随着水雾弥散开来。这是一个闹中取静的庭院，一年四季花香鸟语。儒雅的茶馆，静谧的酒吧，中国古长安的隐士文化赋予西安人独有的文化气质。一杯茶，一个祥和的午后，颇有大隐隐于市的情境。

盛唐陶吧

我学的第一个英文单词是china，当时还小，不知道陶瓷跟中国有什么关系。后来渐渐明白了，陶艺是中国的古老文化，也只有中国人才有这化腐朽为神奇的本事。盛唐陶吧就在通易坊里面，如今在工作学习休闲之余，亲手做一个陶艺小玩意儿，也是很有情调的。给予一块泥巴生命，送给爱人朋友，它们都是世界上独一无二的礼物。

瓦库茶语咖啡

瓦库是一个很有意思的小地方。作为森女、小清新、文艺女的我注定与茶餐厅咖啡馆为伍。名字很简单，就是存瓦片的库房，不论是盛唐陶吧，还是瓦库，我认为都是很“西安”的。黄土高原的土地是垂直节理，这样才有了窑洞的特色景观，是别具魅力的关中风韵。而长安经历数多朝代，秦砖汉瓦早已经渗透到古都的灵魂里。中式田园风格点缀以西式咖啡浓香，是个聊天的好地方。

马六甲酒吧

这是一个南洋海滨风格的酒吧。会聚世界风情也是通易坊的特色之一。在一个个庭院式的酒吧中看到了独树一帜的南洋酒吧马六甲，是否能想起高中地理课本上那个背过很多次的海峡呢。露天的木桌木椅、霓虹闪烁的光影后，高脚杯里融化了一整个夏季的温柔。繁忙之余，举杯小酌，谈情说爱，放下凝重的表情，停靠在马六甲的海湾。虽然这里不是泊船追寻的终点，但也能遮挡一时风暴浪潮。

另外，马六甲也是一家风味南洋餐厅，夜生活开始之前，品尝几份独特菜肴也是不错的选择。

老船长酒吧

随性和率真总是年轻人的特权，纵然所有的青春都是用来辜负的，我们也要让短暂却美好的时光如烟花般绚烂过。

都市里的青春太压抑，田园间的青春是幻想，游走的青春却浪掷不安。我想，老船长也许能让你放松片刻，我们总是在寻找都市里的森林，忙碌中的安谧，之所以老船长得到了年轻人的拥戴，或许就是它漂泊之中淡淡的亲切感。因为当人们长大，才知道旅途的下一站，永远是家。

自留地酒吧

自留地也并非吵闹的酒吧。它有个简单的主题：音乐•旅行。

朱红色的木质雕花扇门，漂亮温馨的装潢，橘黄色温馨舒适的色调，顶棚琉璃炫彩的灯光甚至没有寻常酒吧的感觉。质朴温暖，像是一个咖啡馆。

喜欢自留地的落地窗，喜欢书吧里整整齐齐码放的文字，喜欢小方桌上的一盆水仙花，喜欢它放着两座长明灯的庭院。

“木地板的纹理很有质感，适合旅途中的人小憩一番。”

“淡淡的音乐，淡淡的文字，很有感觉。”

“既卖咖啡也卖酒，和旁边热闹的马六甲不一样，有书有酒有咖啡，在通易坊也不算贵，而且卖家很有诚信，口碑是不错的。”

诸如此类的好评不少，自留地酒吧咖啡厅，在雁塔一侧守着小小一片恬静天地。

左右酒吧

面对我的右却是你的左。

和所有的酒吧一样，在混沌之中有清晰的美

感，昏暗的灯光下，吉他的声音却远了。

“我还是像以前一样，在吧台点一杯龙舌兰，然后静静地聆听静静地思考，把玩我的杯角。当然凌晨一点我总会准时离开，把夜色留给欢乐的人。直到有一天，出现了不同的你，你坐在我对面，我静静地看你静静地听你。而我始终触摸不到你，因为我的右边，却是你的左边。”

喜欢这个酒吧，无他，只是喜欢“左右”这两个字眼。

天空酒吧

很喜欢天空吧里的灯光，是水滴的形状，有点像雨，也像泪珠。

通易坊有很多的酒吧，选择哪里纯粹凭你的第一印象，喜欢它的名字，喜欢它的装潢，喜欢它吵闹，喜欢它安静。天空吧是相对比较安静的，却并不冷清。我的朋友是个Party　Queen，对天空吧很偏爱，据说是在当下假酒横行的夜生活圈子中，天空吧还是比较值得信赖的。

兄弟连俱乐部酒吧

这是非常有人气的酒吧，是因为玩乐的项目比较多，比如各种桌游，K歌，真人CS等。

这个酒吧是防空洞改造的，当年备战第三次世界大战的时候，全国都在深挖洞广积粮高筑墙。西安也挖了很多类似的防空洞。据说很多防空洞都连成一片，兄弟连酒吧用的就是这种。

低调不起眼的报刊亭是这里的入口，空间也是比较充足的，相比纯粹意义上的酒吧，这里更适合不同爱好的人们集体开party。大厅里的“排排坐”格局更加方便玩游戏，无论是旧友还是陌生人，都能在游戏中享受单纯的欢乐。

慈恩镇
——繁华市井的百姓街

慈佑天下，恩泽沧桑。

贞观二十二年，大唐的太子李治怀着满腔的孝悌之情为母亲祈福，就落成了这慈恩寺。这正是一个孝子为感激慈母之恩泽而修葺的寺院，后来由玄奘任首位主持，从此雁塔和慈恩寺成为了唐长安的明珠。

光华熠熠，千年不衰。

慈恩镇就在大慈恩寺的边上，一片小小天地，俨然是座雁塔下的小城镇。青砖白墙，石板路的缝隙里长着些绿染的藻类植物，很是可人。俯瞰慈恩镇，貌似“回”字结构，也是“井”字结构。古韵的歇山顶上瓦片码得整整齐齐，偶尔有俏皮的野花在瓦间的泥土中星星点点开出些亮色。

慈恩镇初建成的时候，我一直懒着没去，认为里面无非是些景区里惯有的店铺。后来站在写着“长安福地”金字黑底的匾额下，红灯笼在飞翘的屋檐上挂着，风一吹，灯笼的长须瞬时翩跹舞起，美如幻境。我才发现，自己错过了多美的一场邂逅呢。

古色古香的红灯笼

慈恩镇是有中空二层回廊的格局，方才说这里像是

慈恩镇

一个“回”字，就是这个意思了。可这里也是一个“井”字，在最中间的区域，有个高高的戏台子，形成一个天井，这样两边二层回廊里的人们也能看戏。漂亮奢华的戏台子琉璃瓦歇山顶，朱漆的柱子写着两副对联，祥云图纹的檐下横梁挂一幅牌匾，这就是慈恩戏场。歇山顶是很漂亮的，兽面瓦当露出凶恶尖牙，戏场里精美的屏风看不清绘了什么，但颜色用得极好。戏台子下面高高的浮雕壁画也颇有艺术感，满场的座椅供游人赏戏喝茶。

长安三寿龟

整个慈恩镇就是木质与石质的拼接，雕栏画栋，飞阁流丹，路灯是大红的中国结，石雕小狮子在拴马桩上蹲坐着，入夜之后，满街红灯笼让你身在盛唐。

食街总是拥挤，每每有比肩接踵的人潮。五一前，我在慈恩镇的食街吃夜市，旁边坐着两个外地的大叔。大叔们见我娴熟地点了一份羊肉泡馍就看出我是西安妞了，他们问我，小姑娘，这儿的夜市和回民街的夜市哪儿的好吃？我想，这可能是很多外地游客的迷惘吧。一个在雁塔边，一个在钟楼旁，可是回民街的夜市比这里大太多了，回民街是整个陕西的美食聚合，特色的西安小吃品种更多更丰富，其美食的历史也更悠久。在慈恩镇吃夜市，只是寻一个梦回唐朝市井的情调罢了。

慈恩镇前有个有趣的雕塑，三只乌龟叠罗汉一般地落在一起。最下面那只乌龟，像是“千年寿龟”，很大，中间的乌龟只有“百年道行”。最上面那只特别小的，颇为可爱，它大概是个龟宝宝。摸摸“千年寿龟”的头，也许有长命百岁的好兆头吧。

慈恩镇里多茶社、茶馆、茶礼行。茗香飘扬的回廊却甚少有人，高高屋脊，流线挑檐下，行走在木质的中空楼阁，一抹茶香扑鼻，惬意得很，风雅得很。咖啡厅和酒吧也散落在古镇里，像是一颗一颗软润美好的珍珠，熠熠闪着光辉把古镇变得更加饱满润泽。

“盛世百业，市井古镇”的风情画卷，忽而铺开在你的面前，你怀着憧憬期待一场光怪陆离的穿越。怀旧的情愫在红灯笼下渲染开来，你松弛地游走在回廊之中，等你回过神，才发现，慈恩镇并不是一次穿越的旅途，而是一次唯美的邂逅。有了慈恩镇，对西安的想念就有了细节，而那些时间磨出棱角的回忆，终于有了一抹润色。

寻梦唐朝。

这里是坐拥曲江繁华、采撷盛唐灵气的小镇，寄情于别致

古色古香的红灯笼

的市井之中，时光逝去已久，可盛唐还在这里。一个雁塔，追溯一段往事，送你一个长安。

雨后的慈恩镇，石板路上的小水坑里像是镶嵌了一块一块璞玉，小小的洼地倒影天空色泽，很美很澄澈。屋檐上盘踞着石雕神兽，它在远远地看一片净透苍穹。

乘坐19、22、30、34、 41、500、501、K606、游6路在大雁塔下车。

福膳坊养生餐馆

从环境上看，就很有养生的氛围，入座后很快能让人放松下来，进入一种自然静养状态，虽然身在都市楼房中，却仿佛进入原始森林般古朴、安静。品茶、品菜、品酒，充分享受养生文化和大餐。福膳坊四季变化的食疗菜谱十分有特色，也更加专业。人均70元。

慈恩镇中心戏台东侧

029-68655155

慈恩镇小吃一条街

烧烤、麻辣烫、凉皮、肉夹馍，这里应有尽有，百味汇聚。红灯笼和木牌匾，浓浓的唐朝市井之韵味。来这里吃夜市的人们更多的只是想追求在唐朝生活的感觉，在木桌木椅上，体验繁华市井的百姓街。

西行漫记酒吧

西行漫记除了有一个唐韵十足的名，还有很多现代时尚元素。不得不说，复古与时尚的撞色，往往能拼凑成一种吸引人的特殊美感。这里经典、怀旧的音乐让你的情绪放松舒适。听着音乐，释放自己，打造着一个个绚丽梦幻般的夜晚。

慈恩镇院内戏台西侧E-150

13630226340

忆杯咖啡生活馆

Memory Coffee浓浓的欧式情调混搭古都风尚。蓝丝绒的沙发，白色的镂空花雕楼梯，欧式布洛克优雅缓缓袭来。一位奥地利诗人说，一个好的咖啡馆应该是明亮的，但不是华丽的；空间里应该有一定的气息，但又不仅是苦涩的烟味；主人应该是知己，但又不是过分殷勤的；每天来的客人应该互相认识，但又不必时时都说话；咖啡是有价格的，但坐在这里的时间无须付钱。在忆杯咖啡馆，耳边响起优雅的蓝调音乐，抿一口浓郁醇香的咖啡，甜点浓香，浪漫蔓延。在这里，时间和空间都是用来被享受的，忆杯咖啡是个能够发呆、聚会的好地方。

慈恩镇南排C101

029-68655123

大兴善寺

——闹市中的礼佛之心

城南是一片繁华地，毗邻着小寨这个喧哗热闹的商圈，兴善寺守候一方净土，禅房草木深。

安静的有些突兀。

如今城南的这座古刹，俨然已经是西安众刹之首，灰瓦红墙将这清静之地围起，却围不住鼎盛香火的袅袅青烟。

兴善寺久居在此，一千六百年的岁月斑驳，几经损毁的寺院今日依旧对着世人拈花一笑。历史的风烟，人为的摧毁，却撼动不了这长安的礼佛之心。

兴善寺始建于晋，初称遵善寺。隋文帝开皇年间，给了国都“大兴”这个名字。帝王有心为尊善寺更名，遂保留了“善”一字，就有了大兴善寺。大兴善寺一度被命为国寺，第一任住持是隋文帝的布衣之交。佛教盛行的隋唐，大兴城和

虔诚跪拜

长安都云集着善男信女，是虔诚礼佛的圣地。由印度而来授业留学的僧侣络绎不绝，大兴善寺在唐时期是翻译佛经的三大译场之一，有着尊贵崇高的地位。

开元四年，密教僧人开元三大士善无畏、金刚智、不空在此寺中译密籍五百余部，大兴善寺成为密宗祖庭。三大士之一的不空法师，是唐玄宗、唐肃宗、唐代宗的三朝帝师，这是非

客堂花先发，许是有朋来

常了不得的。

唐时对佛教的推崇，上至天子下至平民，几乎是一种狂热的浪潮。唐宪宗从法门寺迎奉佛骨，并用黄金打造舍利塔，二百余里的路，皆铺满红绸彩缎，树木都要黄绸裹身。一路上见者跪拜，进入长安城，皇帝还要亲自登台观看全城人跪佛的景象。其声势之浩大，将佛教一度推至顶峰。当年，宪宗任命将佛骨抬到皇宫里供奉，而后还要令全长安城的寺院轮番迎奉，国库花巨资修缮寺院，长安城的寺院无一不巧夺天工。那时候，有的百姓为了表示诚敬，剁断自己的手指或臂膀，以鲜血来奉献佛陀。而国君不可自断双臂，对佛祖的虔诚之心只好以黄金和白银见证了。安史之乱以后，长安国库空虚到甚至没有铸造钱币的铜。凡事物极必反，那时候，韩愈见此番景象，语重心长地写了《谏迎佛骨表》，一句“投诸水火，永绝根本，断天下之疑，绝后代之惑。”诚恳祈求皇帝将佛骨丢入水中使其流离，掷入火中使其湮灭。韩愈更是忧虑重重地说，若有一切灾祸，就降临在自己的身上吧！

因为这样一封字字诛心的谏表，韩愈差点被皇帝杀掉，后来经百官求情，

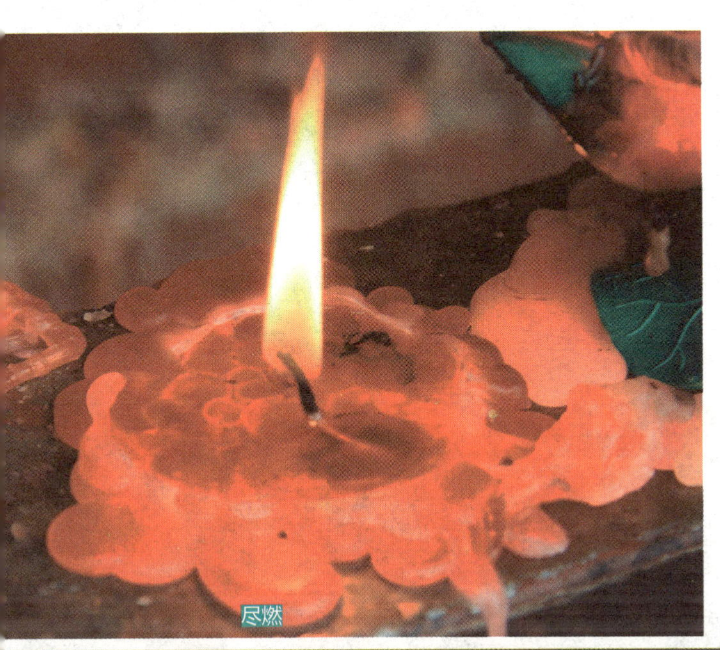

尽燃

对饮

华严灵悦

才被贬谪到潮州。但也是这《谏迎佛骨表》，为后来武宗的大举灭佛提供了理论依据。

历史上“三武灭佛”，指的是北魏太武帝灭佛、北周武帝灭佛、唐武宗灭佛。这些在位者的谥号或庙号都带有个武字，也只有当时的封建君主才能干预人民的信仰。在佛教史中称“三武”之厄。

唐武宗灭佛，在会昌年间，世称会昌法难。此次，帝王给予佛教以沉重打击。在北方，僧侣的禅房破落不堪，佛像露坐，寺院颓塌，圣迹凌迟。在江南地区，古刹也是荒芜的景象，砖瓦凌乱，佛殿里的墙面一片斑驳迹象，无人修治。

之后的大兴善寺，就是在这样跌宕的命运之中流离，几经毁坏。直到1983年，古刹才真正安定下来。

我想那大兴善寺的佛陀，一定是极善的，也定是灵验的。从至高的地位跌落，几乎无人问津，一次次修葺，一次次损毁，而大殿里的佛祖今日仍旧端坐着给前来上香祈福的世人微笑。

康有为曾经游览过大兴善寺，那时候，他亦写了一首诗感慨，“晋隋旧刹畅宗风，翻译经文殿阁雄。惆怅千房今尽毁，斜阳读偈证真空。”他见兴善寺断壁残垣，追忆起隋唐时的雄伟大殿。而我所见的今昔香火鼎盛，却不禁想起这如此清幽的寺院历经多少战火烽烟，多少次被遗忘，多少次被毁，兴善寺却清幽依旧，一如当年隋唐的古刹风貌。

就如同什么都没改变，依旧是它本来的样子，唯有时光流走。

寺院前门是一座低矮的楼，飞檐翘角却沧桑斑驳，还有寺院里的“天声”、“地音”钟鼓楼，这些都是遗留古迹，不能登的。

我从菩提门进入，一方开阔的小天地豁然出现。通过天王殿西侧如意门，才真正目睹到大兴善寺真颜。因为略知其历史，竟有些感慨万千。寺院浓浓的古韵，中国庭院的对称美感又一次渲染，曲径通幽处，有诵经的呢喃。天王殿在主轴上，是兴善寺的第一重殿宇。重楼歇山顶，金绿琉璃瓦，丹漆红柱耸立着，整个大殿气派典雅，庄严神圣。

寺院的大殿均沿正南正北方向排列在主轴上，天王殿内供奉明代托纱金装的弥勒菩萨造像。笑口常开的胖弥勒像为五代时之布袋和尚，他在岳林寺磐石坐化，口中念念有词：“弥勒真弥勒，分身千百亿，时时示世人，世人不自识”。

天王殿其后是大雄宝殿，供奉庄严殊胜的五方佛。此院东西两侧有地藏殿，地藏菩萨原是一位姓婆罗门的女子，因为她的母亲生前作恶杀生，死后堕入地狱，于是她一心念佛，恭敬供养，以诚孝心，拔救母亲离地狱之苦。她在如来佛像前立宏愿：“愿我尽未来劫，应有罪苦众生，广设方便，使令解脱”，后来还说出了“我不入地狱，谁入地狱”的佛语。

地藏殿的幽冥世界浮雕逼真精妙，宏大细致，着实令我震撼了许久。

观音殿，内供明雕檀香千手千眼菩萨一尊，在观音殿两侧的文殊殿和普贤殿外有整圈的转经轮。转经轮上写满了经文，善男信女们按顺时针方向走过并用手拨动，使它们随着念诵的六字真言一起旋转起来。转动一日经轮可以圆满一亿心咒的功德，这是诸佛善逝亲口宣说的教言。

庭院里的地藏菩萨青铜像是日本空海大师同志会赠予的，大兴善寺内也有空海法师雕像一尊，是其入唐1 200周年纪念。空海法师曾为了追寻密宗，不畏艰险，设法远涉重洋至中国求学，为遣唐使留唐两年。在青龙寺得到惠果法师倾囊相授。返回日本后，大力弘扬佛法，创真言宗，奠定了日本佛教坚固的基石。

殿宇，楼阁，庭院，很多都是后来大兴土木新修葺的，但是兴善寺的老树，依然古朴苍劲。还有那三百年的珍奇紫藤萝，虬曲盘绕，蜿蜒于栅架之间，将仙境般的紫色瀑布，肆意挥洒在人间。

兴善寺里的小动物很多，飞鸟也愿在烟雾缭绕的檐角休憩，在院中悠闲散步，并不怕行人。而放生池里的小乌龟悠然晒着太阳，伸展短小又笨拙的胳膊腿，引得游人驻足微笑。

金刚堂里，蒲团上盘坐着居士诵经，这位居士后来跟我说，兴善寺，还是雨天的时候最美。

尘世间刚被雨水洗涤，寺院里的植被翠绿欲滴，蔷薇和月季的花瓣上沾着雨水，青烟袅袅的香炉缠绕着世俗美好的祈愿。

我听罢，暗暗地想，等到雨天的时候，要再来这里上一炷香。

交通

乘坐地铁2号线到小寨站下，步行至兴善寺西街。

无

9：00—18：00

小寨
——城南金街

我曾经在小寨生活过多年，匆匆岁月长，童年的记忆几乎都在那里。

如今焕然如金街的小寨却也没完全覆盖曾经的样子，那梧桐依旧是粗犷繁盛的，四月里铺满地的淡紫色梧桐花如铃铛般铺了一路，春去秋来就在这开落之间过了十年。

也许游走在这个繁华的商圈，是怎么也想不到这曾有过一抹嫩绿的麦田，年年麦苗返青，现在想起却颇有沧海桑田的感觉。

后来，麦田也不复存在了，却又成了臭味熏天的垃圾站。而后来的后来，到了上世纪九十年代，小寨焕然一新，已然是

小寨十字路口

天桥夜景

金街商圈的雏形，慢慢的，有了玻璃高楼林立，有了天街一般阡陌交错的天桥，也有了大大小小鳞次栉比的商城。

八十年代中期，小寨唯一的商城叫小寨商场。那时能满足整个街区的这座小商城，是极其简陋的，老式的木架结构的房子，只有正面是砖墙，两边都是泥土砌成。木头结构的柜台上镶嵌薄薄一层玻璃，冬天的时候大厅里还放置着炉火取暖。

而如今我看到天桥对面的百盛购物广场，街下行人拥挤喧闹，车辆川流不息。看到百盛漂亮的大厅光华万千，镁光灯下摆着钻石，昂贵的表，精美的衣裙，唯一感慨的便是这时光，令人唏嘘。

我们现在的这座西安城，其实是明长安的大概样子。唐长安是要比明长安规模宏大许多，那个时候，朱雀路是最重要的中轴线，现在长安路是中轴线。向北直通永宁门的长安路，将西安城的正南和正北互相贯通，是一个枢纽的咽喉之地。而小寨，却是这长安路的心脏。

今天的小寨，完全褪去了昔年的样子。步行街衣袂飞扬的女子，她们步履轻盈，精美的高跟鞋踩出叮叮咚咚好听的足音，卷翘的睫毛缱绻着青春浓浓的情愫。

夜色垂落，海港城如同午夜深海里的巨轮，玻璃打造的璀璨船体闪耀彻夜，承载狂欢的乐音，炫耀着琳琅满目的精彩。日夜游弋的海港城，聚集了这个城市最多的新鲜事物，年轻姣好的身姿穿梭来回，最是颦颦笑语时，绛唇却似丹霞一点。

小寨是充满生命力的，也同样有着贴心的生活气息。

西安的魅力有千千万万，而我独爱这简单却深入人心的平凡。西安的慵懒，西安的慢倦，这不快不慢恰到好处的步调，走得人心惬意，走得流连忘返。法国梧桐的枝叶间盘踞着夏蝉，日光闪烁在绿意之间，广场一个个藤椅玻璃小桌立着遮阳伞，行人却都是一副度假模样。

入夜后，夏凉沁意，广场里散步的大叔大妈，遛狗的年轻小夫妻，携手漫步的恋人，让小寨成了跨越年代的爱情圣地。

也有满满一整街的小吃，逛街若是累了，还可以解解馋。

小寨和骡马市是西安著名的两个商圈，风格迥异但都有西安的味道。

什么是西安的味道，这是一种微妙的体会。在小寨这购

海港城

物金街，这大商圈，这形形色色的城市繁华中心，却有着长满了爬墙虎的一方矮墙。在鹅卵石和嵌地灯装点的步行街上，蹲坐着一只干净可爱的虎斑小花猫。在华灯初上的时候，孩子们欢乐的嬉闹，一副和乐温柔的画面。

小寨是这样，骡马市亦是这样，西安的每个角落都充斥着这样和乐的生活气息。城脚下的公园，城墙根的步行街，树影下的咖啡厅和藤条摇椅，仿佛大家永远都不怎么忙碌，总有闲适的人在这座城市游走。这西安的慢节奏难能可贵，颇有那么一点乐不思蜀的意味。

西安的味道，多也是些书卷气息。远方来的朋友总是说，若在西安坐一趟公交车，每站都是大学。这座古都自然是少不了文墨风韵，既然是全国高校最多的城市之一，那免不了在城市之中穿梭之时也总会路过不少学府。小寨毗邻长安大学，让小寨这潮流聚集的商业中心，也沾染了文化的魅力。

西安古朴纯净，但纯与白才是最容易为其他颜色所染。我不愿见她失了一砖一瓦的简单，不愿见她失了这贴心的浓浓生活情调，不愿见绿海一般的爬墙虎变成了瓷砖。我只愿她长久的和现在一样，在充满商业氛围的街区里仍有家门口的亲切，年轻时尚的少女在逛街，而摇着蒲扇的大爷大妈在黄昏后上街溜达。

尽管金街小寨早已不似曾经，它令人惊叹地变化着，一朝一夕间都会有新鲜的事物出现。但小寨既是在西安这座可爱的城市，就永远充斥着安逸的气氛，终不会为那冰冷的摩天大楼所尽占，终不会成为一个美轮美奂却全无感情的建筑群。小寨纵然繁华，却还是那个梧桐花铺满的街道，还是那个家门口的亲切模样。

交通

乘坐地铁2号线在小寨下车。

美食

姐弟俩土豆粉

多数西安人学生时代的记忆中，劲道爽滑透明的土豆粉，酸辣滋味令人难忘。从最初的六元一份到现在的十五元一份，从最初那拥挤喧闹脏乱谈不上有任何环境可言的小馆子，到现在装修后的窗明几净，然而，味道却是一成不变。黝黑的砂锅端上桌，嚯，好大一碗！轻轻用筷子挑动晶莹的粉条，还有西安人最爱的刀削面掺在其中，土豆粉的Q弹和刀削面的柔韧相得益彰，飘着辣子油的汤汁吸引着人们的胃。眼看那身边的食客睁大双眼，心无旁骛，似乎世上只剩下自己面前这一碗冒着热气的土豆粉了！一鼓作气势如虎，大快朵颐不含糊，这便是西安人对美食淋漓尽致的爽快。人均20元。

雁塔区小寨兴善寺东街(近沃尔玛)

大雁塔乘坐701路，到兴善寺东街下车

子午路张记肉夹馍

肉夹馍于古城，就像牛肉拉面于兰州，那是唇齿相依的关系，因而对肉夹馍口感的追求，西安人可谓是吹毛求疵至极了。这座城市里的肉夹馍店面星罗棋布，唯独仅有几家获得了良好的口碑，这张记就是其中之一。张记肉夹馍也是西安肉夹馍的元老，店面虽然不大，但墙上挂着各种荣誉，翻新过的装修显得简洁庄重。普通，优质，两种选择既不会令人挑花了眼，也不会迷惑了味蕾。张记肉夹馍的特色，或者说神韵，似乎就在那拿起肉夹馍时直流的清油里，面食与肉经过这般清油的润滑忽而在口中迸发出火花。白馍的个头很大，烤得焦香脆嫩，肉是软而不烂，香而不腻，绝对地道滋味，绝对的给力。丸子汤，都说那小小丸子中有熟悉的味道，像母亲的手艺，像外婆的手艺，总是令人无限回味。人均20元。

雁塔区子午路(近小寨西路)

029-85391737

大雁塔乘坐34路(或24路,K5路)到子午路下车

小六汤包

小六汤包在西安有很多的分店，而且不论繁华偏僻每家生意都不错。既然主打汤包，包子的种类必须很丰富了，除了传统的大肉包子，还有牛肉的、虾仁的、野菜的、羊肉的……素包子也十分有型，味道清爽可口。吃汤包，将包子轻放汤勺之上，用箸头戳破汤包半透明的外衣，等鲜美的汤汁流入汤匙，先品汤，再吃包子，那口感，简直太到位！然而这等滋味，也唯有餐桌之上才能领悟到。特别推荐一道甜点，小六黄桂粥，那清淡的花香袭来，刚好在餐后一解油腻。人均40元。

雁塔区长安中路71号(近纬二街)

029-85240640

大雁塔乘坐19、30、401、408路到纬二街下车

永丰岐山面

这里地理位置优越，生意自然不错。永丰的岐山面，实为臊子面，量适中，瘦小的女士也不会遇到过量的尴尬。肉末、胡萝卜、豆腐丁、葱花的搭配在色泽上就很令人舒服，虽然红油看似辛辣，实则适中，但有种绵绵的香味。人均20元。

雁塔区雁塔路86号(雁塔十字西北角)

029-85511366

小馋虫麻食

小馋虫是一家地道的陕西风味小吃店，而麻食，又是陕西人喜爱的一种美味面食。将面揉成条状，一点一点揪下来，再将每个揪下来的小面团娴熟地揉捻一番，就有了劲道柔韧的麻食。麻食有多种做法，可烩、炒、凉拌，味道十分独特。小馋虫麻食店名声远播，往往有人大老远来，点一份最爱的骨汤烩麻食，料足汤鲜，在冬天热乎乎地吃上一碗，寒天飞雪都融了。月牙烧饼也很有特色，可以夹不同的菜，味道令人难忘。生意好到爆，一到饭点总是排起了长长的人龙。人均10元。

雁塔区翠华路85中旁边

大雁塔乘坐527路、30、游6、34、19路到翠华路下车步行五分钟即可。

长安大排档

店内风格处处洋溢陕西味道，装修得很有特色，餐馆位于繁华新宠赛格国际，口味却有着陕菜一贯的质朴。不但菜品口味讨喜，也属于陕菜的“集大成”餐厅，如果去了西安饭庄还不尽兴，就到这里尝一尝，没有眼花缭乱的迷惑，只有货真价实的美味。

雁塔区小寨赛格国际购物中心6楼西北角

李老三腊牛肉夹馍

如果说腊汁肉夹馍和粉丝汤的搭配相得益彰，那腊牛肉夹馍与胡辣汤的搭配就是锦上添花了。名气响当当的李老三腊牛肉夹馍，肥瘦相间软烂可口，并无大肉的肥腻，却另有一种香气萦绕在舌尖，若是搭配一碗胡辣汤，那更是极其美味的享受了。牛肉夹在馍里，那份鲜嫩完完全全暴露出来，而韧劲十足的白馍，也令人赞不绝口。另有牛羊杂汤带来一份清淡的惊喜，又一次温柔地中和了浓郁滋味。人均15元。

雁塔区翠华南路(近老陕西财经学院)

大雁塔北广场向东步行至小寨东路与翠华路十字口，向南继续步行至翠华南路即可到达。

购物

赛格国际购物中心

2013年10月1日盛大开业的购物中心，开业前已经独占鳌头。走的是“高端大气奢华内涵”的混搭路线，最大室内瀑布，空中停车场，有特色的芯片会员卡，俨然成为小寨时尚的新宠。赛格国际特别明确地表达了“西安人逛街都跟开演唱会似的，出门收拾得跟明星似的”这句话，美女如云，方能彰显赛格国际的人气。更值得一提的是，六层各种美食，从陕菜到西餐，正如这里多样的文化碰撞，可谓一边坐拥古城，一边盘踞繁华。

雁塔区小寨十字东北角

海港城购物中心

海港城是小寨目前最为时尚的购物中心。每每有年轻的女孩子相约去逛街，总是首选小寨，在小寨，也总是首选海港城。奇特梦幻的建筑造型，十分吸引人们的眼睛。各种最为新鲜的时尚讯息，使得它如此深受年轻人的拥戴。如果想选择新颖可爱的家居小物件，送朋友古怪创意的礼物，甚至想带回家一只可爱的小动物，都能在海港城满足。而且海港城作为年轻人的购物中心，商品相较于各大商城都要便宜。

小寨百福乐超市上层

豪邦时尚购物中心

豪邦是一个地下商城，其实和海港城就像一双姊妹，但在内容上也是略有不同的。在豪邦，能买到不少韩妆和日妆。消费上也比海港城要高一些，但总体来说价格也趋向大众。若是说海港城走的是小清新路线，那豪邦无疑是复古调调和时下最为流行的名媛风了。就服装的风格而言，这座地下商城要更加显得成熟，某些著名的店铺价格也十分昂贵，堪比大型商城里的奢侈品。这有一家全小寨最贵的服装店，店名颇有西安特色，衣装精美且昂贵，据说这里是西安特色，小寨本土的高级成衣店。有兴趣的话，就去逛逛吧。

小寨百福乐超市地下一层

西安美术馆

——天造不出水色丹青

西安美术馆落成于曲江新区，在充满帝都雄风的大唐不夜城里，2009年9月那一鸣惊人的初展，从此为它奠定了一个极高的地位。徜徉在艺术中总是令人难以自拔，欣赏每一幅作品都是一次灵魂与灵魂的交流。眼前的天下佳作，无一不是璀璨耀眼的，展现了如此高雅的美学品位，一个精彩的墨色甩尾勾勒出灵动鸟兽，可不正令人赞语连珠么。

曲江是盛唐文化的轴心，在这里，西安美术馆也同是一个华美的仿唐宫殿式建筑。古色古香的飞檐琉璃瓦外表彰显高贵身份和品位，饱满充实的内在低调却奢华，坐拥四方之城的心脏，伫立曲江唐皇城的咽喉，内敛却也锋芒毕露。这是一个陶冶精神的空间，这是艺术的殿宇，在大唐不夜城毗邻西安音乐

美术馆外观是仿唐古建筑

极有艺术感的纯白空间

厅，彼此之间更是珠玉相辉。恢弘大气的流线造型，光影倾泻而下的盛景，让它犹如一朵在夜间绽放的华贵牡丹。

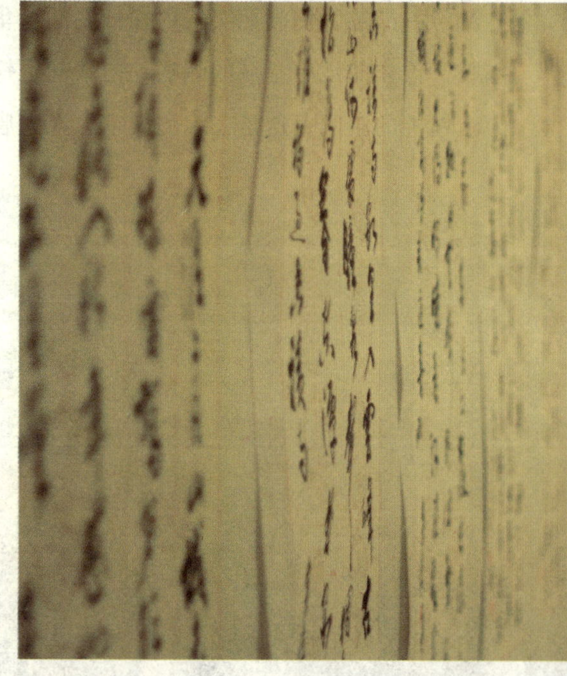

我很喜欢美术馆的展厅，它是与外观建筑风格迥然不同的。美轮美奂的殿宇下，一个纯白的空间铺展开来，去掉任何修饰的符号，这纯白却是最美的装潢。每一幅画作最大程度地彰显其魅力，每一件艺术品完全地释放其光色，在绝对纯粹的简单空间之中，这些艺术颇有不食人间烟火的意味。

国画是中国文化的荟萃，百年来一直不断在中西文化的碰撞中寻找更加绚烂的交合。丹青墨意晕开，许是一匹骏马飞驰，许是一只鸟儿的羽翅，许是一朵牡丹的花瓣，一笔下去，力度、转向、提落皆是南辕北辙的不同。而油画却脱离了国画的写意，浓重的写实色彩精确秋毫却也夸张万分。我喜欢的法国画家莫纳，就是一个将色彩运用到极至的画家。相比之下，国画那抹茜色，却让夕阳犹如梦幻一般模糊轻淡。雕塑是一个作者的心门，他是否直抒胸臆，是否婉转千回，是否悲伤，是否喜悦，我们都能从这姿态万千的艺术品中探得一二。也许喜欢某个艺术家，正是因为与他们的心灵达到了一个契合，就如同灵魂的伴侣。装置艺术是比较新颖的部分，理解和欣赏也需要发挥更多的想象，不是每一个作品都是“美”的，也许作者想要表达的正是一种特别，奇异，不被现代审美所认同，但是艺术之中没有美丑，有的只是值得赞美的创意。我更加喜欢闲来无事去看看摄影展，人间百态恣意盛放在镜头下，别有一番感慨。

而咖啡厅也是不可多得的好地方，红与黑的色调拼接出一个现代感十足的休憩场所。每一幅壁画都是精心所选，每一种颜色都是如此调和，酒架极简的线条，灯光新颖超逸，如此丰富的美学精华，怎么不能让人为之倾倒。

极有艺术感的纯白空间

西安的文化资源是相当丰富的，也正因为着其千年不曾间断的文化辐射，让这个西安有种诗意的美。书画大家的笔墨超然，雕塑奇趣横生，艺术瑰伟，格调高雅，这并不是集大成，而是互相辉映，相得益彰。色彩的情愫如此缱绻缠绵，同一幅画每个人却看到了不同的内涵。中华的艺术兴盛正浓，而西安美术馆，正是将中国书法和国画，这华夏艺术的灿烂之花，荼开在世人眼前。

交通

乘44、24、720、609、游4路等公共汽车到雁南路下车。

开放时间

周一至周日 9：00—21：00

[住宿]

西安雁影国际青年旅舍

这是一家大雁塔旁的青年旅舍，在西安青旅之中规模算很大的了。旅舍对面是唐大慈恩寺遗址公园，西边150米处就是大唐不夜城。雁影国际的客房简单大方，非常干净，能够令人感觉到家的舒适。公共区域里，墙壁绝对是最抢眼的艺术，造型夸张的大幅手绘，画着精美的脸谱，皮影尽显秦都风情。站在雁影国际的露台远远看去，古城的夜缓缓拉下序幕，大雁塔娓娓道来的故事是如此沧桑，华灯初上的不夜城霓虹灯犹如黄昏下的海棠含苞待放。四人间50元/床，六人间40元/床，单人间90元，大床房和三人间均为99元。

雁影青旅的前台

雁塔区曲江新区大雁塔南广场东侧太平堡12号

029-62273888

从大雁塔南向东沿慈恩路步行十分钟即可。

汉文武德青年旅舍

古典控的最佳选择。汉文武德也许不是青旅中最好的，但一定是青旅中古典建筑最唯美的。一扇木质的雕花大门，精美绝伦的镂空雕琢给游客无限遐想，忍不住推开了那门，犹如揭开了时空的帷幕。汉文武德可谓承袭了古都西安浓重的清幽韵味，与

汉文武德的温馨前台

整个城市风格浑然一体。客房里的墙花犹如姿态婀娜的古典美女，淡淡素净的颜色能给人温馨的感觉，整洁干净，美好得像一部诗集，香气若有似无在鼻尖萦绕，仿佛倾诉一个关于梦与过往的故事。盥洗室里的青花瓷水盆很有味道，躺在柔软舒适的大床抬头却见到斑斓可爱的一朵朵祥云，那又是汉文武德的古典情愫。公共区域里的墙面画着一整幅的油画作品，那是凡高的向日葵，还有他的星夜，深蓝色与橙色的碰撞让这里缤纷斑斓，美如梦幻。旅舍北对唐大慈恩寺遗址公园及大雁塔北广场，西临曲江大唐不夜城，与西安大雁塔遥街相望，东与大唐芙蓉园遥相辉映。混住四人间与混住六人间40元/床，带有浴室的四人间50元/床，大床房140元，标准间137元。

汉文武德青旅的风情

雁塔区大雁塔南广场太平堡村新一排六号

029-85516916

从大雁塔向东沿慈恩路步行十分钟即可。

慈恩客栈

慈恩客栈就在大雁塔北广场旁，整体很有盛唐文化风格，外观上古色古香，韵味悠然，就如同千年前唐朝接待外宾的客栈一般，住在这里，颇有时空穿越的感觉。从内饰来说，也非常有大唐盛世的感觉。唐风唐韵唐诗唐律，渲染整个酒店的唐文化氛围。大气、温馨、舒适、整洁，追求现代风格与古典风格的碰撞。

客栈里除了标间以外，还有许多特色房，大唐丽人间、大唐景观房、大唐宗亲间和大唐帝王间，有兴趣的朋友可以体验一番。慈恩客栈的门口就是美食街慈恩镇，住在这里吃喝玩乐都极为方便。标准双床间299元起。

雁塔区雁塔路2号大雁塔北广场西南角

029-85561111

乘坐5、21、23、27、30等公交车可至大雁塔站（或雁塔路/大雁塔十字北）。

西安天宝酒店

漂亮的唐风建筑，气派美观，在大雁塔身侧也显得颇有端庄气质。虽然距离景点很近，但难得有一个清幽

慈恩客栈

天宝酒店

的环境。设施一应俱全，装潢也令人惊艳，是一种低调内敛的感觉，有着古城的温柔，有着城墙的厚重。每个房间都各有特色，干净整洁，宽敞明亮。单人房152元起，大床房180元起。

雁塔区太平堡新1排1号

029-85523897

位于大雁塔南的慈恩路，距离大雁塔较近，可步行到达。

西安胶囊公寓酒店（小寨店）

这座胶囊公寓位于西安最繁华的商圈之一小寨商圈，交通方便，周边餐饮娱乐也非常多。每个舱位49元。

小寨十字东100米（省历史博物馆对面）

15399456618

自大雁塔南广场乘坐公交920路焦岱(焦岱—城南客运站)，在纬二街下车，向北步行至红小巷即可。

西安逸居连锁酒店小寨店

逸居酒店时尚漂亮的外观首先就很吸引人，白色和橙红色的温暖气氛最能够感染疲惫的游客。客房更是色彩斑斓，时尚又明亮。不大的房间里，充分体现了麻雀虽小五脏俱全的特点，利用了所有能利用的空间，空调浴室网线设施一应俱全。房间的风格迎合了年轻人的理念，时尚感很强，客房的墙壁将很多暖暖的颜色拼在一起。除了双标间和大床房，酒店还拥有时尚温暖的mini单人房，一个人住，是一份在外的安全感。这样的逸居，关怀、有爱、贴心、舒适。mini单人房112元起，大床房138元起，双人标准间141元起。

雁塔区兴陕寺西街10号

029-62273888

在大雁塔乘坐公交521路(孟村—秦阿房宫)在小寨下车，步行至大兴善寺对面即可到达。

快乐驿站酒店公寓

位于南郊长安南路的人文中心，周边大学林立。快乐驿站是独栋精装酒店式公寓。这里是电视塔CBD的商业中心，楼下就是商业街，也是地铁2号线的入口处。房间不大但是五脏俱全，厨房、洗衣机、冰箱什么都有，就像一个小家庭一样，感觉十分的温馨。酒店公寓的收费不是很贵，比快捷酒店便宜一些，然而功能却是很齐全。套间200元左右，普通大床房116元，普通双人标准间120元。

雁塔区长安南路375号恒大国际公寓5楼508室(陕师大斜对面)

029-82082022

自大雁塔步行至雁塔西路东口，乘坐公交408路(十里铺公交枢纽站—红星奥特莱斯)在吴家坟下车，沿长安南路步行即可到达。

西安朗乐酒店

座落于南二环长安路立交东南角，毗邻西安音乐学院和长安大学，非常有人文气氛。酒店紧挨地铁出入口，交通非常便利，也兼得西安文化区、小寨商圈双重核心位置。酒店外观很气派，房间风格简单大方，很干净，设施也不错。虽然位于交通咽喉地带，南北连接钟楼与小寨商圈，但这里仍然有着难得的清净。酒店管理团队系锦江之星原班人马，因此也颇有锦江之星的风格，清洁舒适是不必再说的。酒店内房间宽敞明亮、简约精致、南北通透。商务标准间179元起，大床房190元起。

长安中路239号

029-85248000

在大雁塔乘坐公交521路(孟村—秦阿房宫)在长安立交下车即可到达。

西安人在旅途快捷酒店

位于西安长安路中信大厦南邻，是一家性价比很高的经济型酒店。酒店位置好，虽然房间有点小，但价格非常合适，服务也很贴心，性价比超高，特别适合年轻“驴友”。安静的环境，周到的服务，而且十分经济，住着很舒服。标准间170元起，大床房180元起。

雁塔区长安北路87号（近长安路立交桥）

029-87983366

在大雁塔步行至雁引路乘坐公交224路(曲江池调度站—汉城北路)，在草场坡下车，向北步行五分钟即可到达。

[美食]

老碗

古城一家高调美味的人气陕菜馆，店面很有特点，古香古色，韵味十足，来到这里才发现，陕西不是只有牛羊肉的，也不是只有面食，简简单单，却又声势浩大。

雁塔区雁南五路40号曲江水厂街坊集市4楼

029-85338833

竹间葫芦鸡

驰名关中的飘香葫芦鸡，出自城南一处远离尘嚣的院子，院子很霸气，大而空旷，停满了各种昂贵的名车，可见店家影响力。除了酥脆香嫩的葫芦鸡，还有招牌拔丝红薯，大多是一些陕系凉热菜，做法有满满农家陕西风，粗犷，便宜，除了招牌菜外大多就十几二十元，吃的食客各种尽兴。

长安区郭杜杜回村凤林南路(近西安外国语大学南门向西400米)

029-85841383

大厨小馆

怀旧的风格，正宗的特色菜，小小的馆子性价比超高，大厨师的技艺赢得大众好评。酿皮子浇上浓浓的芝麻酱，香味能传千里。浓郁西北特色，桌子、凳子、装菜的碗盘，都有种饱经岁月的感觉，令人感染到西北的朴实。

雁塔区后村西路百家店商区1楼(乐游路口)

029-68782299

竹园村火锅

土生土长的西安品牌火锅，多年来水准一直保持。带点怀旧的情愫，带点小时候的记忆，酸菜鱼锅底、蹄花锅底都是深受喜爱的招牌，肉质细嫩，酸菜入味。蔬菜新鲜量大，许多年过去，这西安的麻辣滋味还没有变。

雁塔区长安中路103号路东(省军区对面)

029-85256586

5 二环内 城西区域

——印象西安的前世今生

古城的初夏，梧桐的枝叶伸展开来，呼吸着朝阳下的空气，露珠沾湿了城市的心脏。城西安静，并无喧嚣浮华。这里埋藏着长安的前世，也上演着西安的今生。

似乎最为恬淡的城西，却正呈现西安如今的平凡之美。城墙下最热闹，夏日的水果摊滋味诱人，冬日的小吃热气腾腾。来来往往都是些悠闲的人，似乎大家都相熟一般，不过几步便停下与人闲话，这是西安最安逸的一片乐土。没有喧嚣的都市感，没有快节奏的车水马龙，没有觥筹交错霓虹烁烁，有的只是开阔的公园，绿意浓郁，植物葱茏。

而前世长安，有了浓墨重彩的雁塔，有了城南那场声势浩大的皇城复兴，这里就显得黯淡许多。世人都晓芙蓉园里金玉奢华，却少有人知大唐西市昔日怎样辉煌过。世人都晓大雁塔之名，却少有人知“雁塔晨钟”其实是这小雁塔每日于清晨叫醒长安。新落成的大唐西市缅怀昔日繁华，今朝重现的过往却有一番神似。然而西市的博物馆里阡陌交错的路被玻璃罩了起来，看不真切过了千年的浅浅足印。世界唯此一处大唐西市，它是丝绸之路的起点与中心，这里曾坐拥了天下繁华，见证过绝无仅有的盛世商魂。小雁塔的晨钟沉寂已久，斑驳的金属剥落了一层层过往岁月的荣华，后人只借它来凭吊那钟鸣鼎食的长安人家。广仁寺里的经幡飞舞着，禅房里缭绕着香，大殿下呢喃般的梵呗，经年安谧，燕子在檐角下筑巢。

城西，是西安邀请客人来此小憩的一番美境。在这里，西安和长安重合在一起，用共同的步调，闲散而慵懒地向着时光尽头走着。一砖一瓦中，长安的印象有了轮廓，不正是此番千年后的景象。

旅游指南

城西以朱雀大街为中心，贯通南北的这一片地区，交通十分便利。而安定门作为西安四大城门之一，在此乘车亦是四通八达，节假日虽然车辆较多，但不至于拥挤。这一片区域景区虽然较少，可是有一定分量，而且安静，游客不会蜂拥而至。

在就餐方面这一区域也是较为方便的，环境较好的如真爱中国餐馆、乾州食府，而更多的还是小馆子、家常菜。

太白北路的怡丰城是一个新兴的购物中心，休闲餐饮娱乐一应俱全，非常受年轻人的追捧，是时下继小寨、钟楼之后最有潜力的一个时尚购物中心。

住宿方面，若是不喜热闹偏爱清静，把旅途在此处停歇下来是最好不过。广仁寺附近的西安盛唐阁商务酒店整洁舒适，简单优雅。而西安行者国际青年旅舍则彰显个性与特色。

小雁塔
——关中八景之雁塔晨钟

小雁塔建于唐代景龙年间，问起名由自然地想到大雁塔，原是它虽与大雁塔相像，却修建的要比大雁塔晚一些，形制也小一些。

若说大雁塔是国色天香的一代芳娇，那小雁塔便是蕙质兰心的邻家淑女，若说大雁塔是绝色牡丹，小雁塔一定是温婉芍药。她们犹如一对姊妹，在长安城东西各自盛开。

荐福寺

这是一处清雅绝伦之地，走过车马喧嚣的街道，静谧却来得突然。歇山式的雍雅山门后，是唐代的皇家寺院荐福寺，小雁塔就如同谪仙一般地落在此处。

公元684年，唐高宗李治死后一百天，武则天为奠念丈夫而兴建一座寺庙，这亦是李显的夙愿，最初名叫献福寺，供皇族亲眷为高宗祈福。后来在武则天登基后，才改为荐福寺。武则天亲写“敕赐荐福寺”匾额，木质的匾额腐朽后都要后代皇帝亲写。

神龙二年，扩充寺庙为译经院，成为继慈恩寺之后的一个佛教学术机构。武则天时期的佛教还处于盛行阶段，长安还活跃着许多名僧。众所周知玄奘法师西行取经，而那时也有一位轰动全国上下的名僧义净，从洛阳出发经广州到达印度，历时二十五年取回梵文经书四百部。义净归国时，武则天亲自带着仪仗队迎接，提供给他荐福寺的译经院。

唐代的荐福寺早已被历史剥离，樯橹间灰飞烟灭，如今所见，实则修建于明清。

荐福寺的院落犹如庭院一般娟秀端丽，几株松柏自由随性地生长，也不见得旁逸斜出，却端的是婀娜姿态。池水幽深，白桥雅致，绿染的小径空无一人，极是静谧悠然。就在这松柏葱翠之间露出一处檐角，走近看才见二层重檐歇山顶建筑，它有个极好听的名字，唤作白衣阁。

屹立的小雁塔

白衣阁修于明代，是供奉观世音菩萨的道场，附近出土了数尊佛像以及菩萨造像，填补了小雁塔没有佛像的空白。寺院的门廊墙壁上留下了诸多唐代一流名家的绘画艺术，却可惜已然伤痕累累。碑石上也有些模糊不清了，感叹岁月蹉跎啊，不知多少春秋才磨平了石碑的印记。

走过白衣阁即可见小雁塔了。小雁塔是残缺的，它因为顶尖的残缺而丑陋，却也因为这残缺而美。犹如维纳斯一般，不完美地完美着。小雁塔的清秀无与伦比，荐福寺内唯一的唐代遗址小雁塔比起其他建筑沧桑许多，可是它玲珑小巧，既像长衫儒士，又似清心闺阁。流畅的塔身划出好看的弧度，小雁塔是优美淡然的，仿佛经年如此淡看庭前花开花落。

雁塔原有十五层，在漫长岁月中，它曾经历过一次不小的地震。地震将小雁塔中间由上到下震出了一个裂缝，那时的它几经毁灭。1521年，小雁塔又一次经历地震，触目惊心的裂缝竟然犹如被缝合一般。只是，小雁塔终是成了残缺之身，成为现在的十三层。

小雁塔是早期的密檐式方形砖构建筑，密檐式是指从外观来说，好似层层叠叠，檐屋密集。这是不同于阁楼式大雁塔的。它下有地宫，上有塔刹，通体青砖砌，每层叠涩出檐，南北面各辟半圆券窗，底层南北各辟石门。外轮廓线绵延温柔，苗条而舒展，有着内敛羞涩一般的美感。

小雁塔门框用青石砌成，门楣上雕刻出极其精美繁琐的图案，有供养天人、蔓草吉祥长久的寓意。小雁塔当时修建是由皇族出资，因此质量极高，也成为早期密檐式塔的典范。云南大理崇圣寺的千寻塔就是仿照小雁塔而建成。

塔的内部为空筒式结构，设有木构式的楼层，有木梯盘旋而上可达塔顶。北门的石门楣上清晰地记载了当时地震的情景，君主将此意为祥瑞之兆，百姓称其“神合”。后考古学家经过勘探，才得知小雁塔地基是一个半球状的，类似于不倒翁，这对于在地震时保护建筑物是有一定作用的。而如今的小雁塔虽缺失塔顶，但仍然巍峨耸立在长安城内，更加神秘，更加有魅力。

从塔身走出，必须要经过“不二法门”，上面刻着的“万汇沾恩”是极其美好的祝愿，寓意所有经过它的人都会萌上恩泽。

向南走，可见大雄宝殿了，这个由两个大殿东西厢房组成的四合院是寺院的主体，荐福寺在古代多次成为国立译经院，尤以唐代义净译经院最为有名。义净法师不畏艰险远渡重洋，西行二十五年归国后在荐福寺主持译经工作，共译经五十六部、二百三十卷，唐中宗为他写的序中称颂他是“法门之龙象，凡宇之栋梁”。也正是荐福寺因为有像义净法师一样的这些高僧大德，它才得以千古流芳。

今天，寺内还保存有一口重达一万多千克的金代铁钟，钟声宏亮，即是关中八景之一的“雁塔晨钟”。古人诗情画意，每日黎明时分敲钟礼佛，珑璁之音悠扬数里，庇佑天下百姓苍生。这钟本属武功崇教禅院，后来因为渭河洪水，冲毁了崇教寺，巨钟下落不明。清康熙年间，一位常在河边洗衣服的村妇发现掩藏于泥沙里的巨钟。钟被挖掘出来以后随即移到荐福寺。此钟铸千字，首款为“皇帝万岁，臣佐千秋，国泰民安，法轮常转”。这座钟现在可以说是陕西梵钟之最了。

数年前正式向游人开放的西安市博物院落成于小雁塔，白色简约的造型与小雁塔十分契合，集文物鉴赏、历史名胜观光、城市休闲于一身，独树一帜。

今日的小雁塔，亭台楼阁，回廊缠绕，庭院亦是极美的，却还是有这晨钟暮鼓里发人深省的沧桑感。松柏葱翠的小径，仍旧空无一人，小雁塔的雅与静，却让这座日新月异的城市得以在此深深呼吸。历史忽而不自然地铺开，显得突兀却令人惊喜。没有喧嚣，没有许多的游客，甚至没有僧侣，只是静静地坐在木质长椅上，远远看去，曲径通幽处，禅房草木深。

小雁塔

交通

乘坐五龙专线、18、21、29、32、40、46、203、204、游7、游8（610）等公交在小雁塔站下车即到。

开放时间

9：00—17：00（16：00停止售票）

补充说明

去小雁塔的游客不多，所以很清静，那份美感只等懂的人来细细体会。几乎没有游客的历史景点，但收获却会意外得多。更能看到普通的西安市民在晨练，下棋，打拳，对于景区来说这是多么难得的生活场景。

大唐西市

——落花踏尽游何处，笑入胡姬酒肆中

千年前的唐城，早在历史的波澜下消逝，而西市，也只是个尘封于八百里秦川的名词。

长安西市，始建于隋，兴盛于唐。它彰显着盛唐时代的繁华商业盛景，它曾是世界最大的贸易中心。时光荏苒，烽火狼烟，终被掩埋于黄土，世几不闻其名。千年后的今天，在原长安西市的原址上，西市又得以重现瑰伟雄风，展现盛世商魂。

唐朝的长安有东西两市。东市主要供给达官贵胄商货，贩卖绫罗绸缎、胭脂水粉给富家小姐，贩卖金石玉器给大户公子哥。而西市则为普通百姓所钟爱。同时，西市聚集大量西域、日本、韩国、波斯等国客商在此交易。轮辙如织，车水马龙，这是一个壮观的国际性大市场。盛唐时，西市的平面呈长方形，俯瞰为九

长安古乐

博物馆内的古水渠遗址

宫格呈“井”字，南北一千余米，东西为九百余米，如此规模可谓盛大至极。在当时，丝绸之路西端商贸最盛的阿拉伯帝国首都巴格达市场不过只占据几条百米街道，拜占庭都城君士坦丁堡内的大市场也不过上千平方米，而大唐西市足足一百万平方米。西市有数百个行业云集，四万多的固定商铺，是名副其实的百工商贸中心。西域客商把拉来的货物在此处交易，中国

迎财神表演

的丝绸、瓷器、茶叶又由此处运到西域，运送到世界，这就是西市。这毋庸置疑的影响力，让它拥有唯一金街之名。西市，是当时世界，亦是迄今为止世界上最大的商贸中心。

如此盛况，空前绝后。

时过境迁，沧海却没有变成桑田。我站在这里，脚下就是曾经繁荣富庶的大唐西市，如今它面容依旧，只是少了青衫裙袂，多了霓虹华灯。

今日的大唐西市完全依照旧事形制，在俯瞰时，它仍然是一个规整且尤为壮观的九宫格。中国建筑严丝合缝、精准对称的美也颇有中国人的性子，这种极端的一丝不苟，

繁华依旧

冕服华章

不失毫厘，也是为人处世的正之道。

西市九宫格的中心、坐落在大唐西市的主建筑是金市国际商务会所。重檐的八角攒尖顶，朱阁流丹尽显富贵，灰色琉璃瓦不失大气庄严。塔前一座雍容大殿，东西分别有两座高耸古建筑，塔身与其东西高楼由四个空中回廊连接，这一组巨大雄伟的建筑当真是有盛唐瑰伟壮丽之风。这儿有唐宫宴、陆羽茶社、红酒坊、商务吧等高档国际会所云集，也是最能表现西市当年万商会聚的一个中心区域。在塔楼前，就是九宫格入口金市广场，又称丝路广场。夏夜的啤酒烧烤节，冬日的年货庙会，这里总是有比肩接踵的行人，商铺鳞次栉比，人声鼎沸。

在九宫格第三、六、九格，即大唐西市西侧南北，是一个绵延一公里的商业步行街——丝路风情街。张骞出使西域开辟的丝路绵延万里，延续千年，它是古代亚欧互通有无的商贸大道，也使得东西方文明在此碰撞出火花。出使西域的张骞，投笔从戎的班超，西天取经的玄奘，历史上许多脍炙人口的故事都与这条商路有关。而丝绸之路的起点，正是大唐西市。

丝绸之路风情街，胡姬酒肆和唐市百态接踵而来。东洋扶桑的和歌婉转唱着，新罗的琴瑟转轴和鸣，欧洲罗马文明在这个时代的东方西安重新展现。这极有特色的商业步行街中，浓缩了丝路各国的特色建筑、雕塑景观、商品餐饮和演艺。“五陵年少金市东，银鞍白马度春风。落花踏尽游何处，笑入胡姬酒肆中。” 当年斗酒赋诗的李白最喜这西市里的胡姬酒肆。那时候西域商人为了争夺客源，就让年轻貌美的异域女子跳舞献歌。如今我也看到了胡旋舞，旋转的足尖和翩跹纱衣，让我仿佛回到了千年前，与李白一同赞叹欣赏。

大唐西市博物馆，馆藏以西市遗址出土文物为主，在这九宫格中是新颖且颇有时代感的一座建筑，但其实它是真正的历史，它之所藏才是真正千年西市。弹指千年，谈笑间昔日的辉煌早已湮灭，唯有在这砖瓦陶土之中，能寻得它的痕迹。陶瓷残片、砖瓦、木料和骨制品依稀透露了当年的商业局面，可以看出“前店后场”的经营形式已经形成，即前面是负责售卖的店铺，后院则是加工制作的工场。

我离开时天色渐晚，回望霓虹装点的大唐西市，它依旧浓墨重彩地迷人眼。我曾试着想像那一年盛唐，华光初上的黄昏正浓，西市的灯火一盏一盏点燃，整个九宫格看起来是否如同天宫。红烛映天，烧着一般的夜景撼动了秦川大地，让世界从此记住大唐。

交通

乘坐106、107、24、322、43、502、503、518、916路在大唐西市站下车。

门票

单票60元（常设展览），套票120元（常设展览，特别展览）。

开放时间

冬季（11月1日到次年3月31日）：9：00—17：00（16：00停止售票）

夏季（4月1日到10月31日）：9：00—17：30（16：30停止售票）

广仁寺

——大音希声，大爱无形

远居城墙西北一隅，不闻城市浮华，长明的酥油灯默默燃着，烛泪低落成了梵呗的呢喃。长安的夜，犹如蟠龙一般的灯火缠绕古城墙，却无人看见，那广仁寺经年不熄的烛光。

广仁寺是一朵盛开在城西北的雪域莲花，圣洁无瑕，淡雅清香。三百年历史，在西安并不算长久，而这座幽远的寺院多年来香火不曾间断，许是因为它是“陕西唯一藏传佛教皇家寺院”的缘故。

沿着西城墙行走，一路从繁华到静谧，城墙砖石缝隙间的绿苔一点点蔓延。直到望见斑斓的经幡飘扬，在阳光下被风吹起如同一片绚烂的海洋。行走至广仁寺简约气派的山门，浓郁的藏地风情忽而袭来，唐卡艳丽，五色哈达垂挂于白塔上，四处弥漫着雪域高原的气息。

广仁寺观音菩萨

经堂

康熙年间，那正是奠基清朝基业的时候，清圣祖玄烨巡视陕西。这位明君远远地西望八百里秦川，眉头深蹙。为保卫边疆安定，他有意将陕西建设成为西北、西南和蒙藏的军事大本营。那一年，玄烨赈灾扶民，祭祀皇陵山川，奖励军功，下旨由朝廷斥资修建庙宇，为弘扬大清对宗教信仰的尊重，也为表示保护藏传佛教的决心，就有了广仁寺，寓意广布仁慈。

这是帝王笼络人心的手段，虽然仅仅是敕建一座佛寺，却也真真切切为大清做出了些许巩固边陲的贡献。建成广仁寺后，西藏、蒙古、青海、甘肃等地区的活佛、喇嘛、上层人士路过陕西时，均住寺瞻礼，亦成为当时达赖、班禅赴京朝觐时的行宫。康熙着实花了许多心思在广仁寺上，除却赐名“广仁寺”，他又亲书“慈云西荫”，还撰写《御制广仁寺碑》名。这些后来都成了他给予广仁寺的“三大御赐”。也因为皇帝因俗制宜，保留着蒙藏民族风俗的用心，广仁寺柔远镇迩的效果显著，便钦定为弘扬藏传佛教格鲁派“缘起性空”学说的道场。

进入广仁寺，首先映入眼帘的一座影壁，与寺院的年龄是一般大了，这是宫殿庙宇的第一道屏障，灰白砖石整齐砌成，用来屏蔽门户。影壁中央浮雕五爪的龙，壁檐雕饰着繁琐的佛教图案。在明清时期，五爪龙只有天子可用，意为九五

广仁寺是陕西唯一藏传佛教皇家寺院

至尊，因此影壁也彰显了广仁寺皇家寺院的尊贵地位。

而历史上，康熙、乾隆、慈禧、梁启超、杨虎城都在此参拜过。寺院里的六大匾额是著名的文物，前文所提康熙赐《慈云西荫》为其一，另有康熙题写《广仁寺》，赵朴初题写《广仁寺》，康有为写《庄严佛土》，慈禧太后题写《法相庄严》，乾隆题写《佛教圣地》。广仁寺珍藏国宝，除却匾额、碑铭外，还有清代珍贵檀香木供座、清代乾隆皇帝御赐汉白玉莲花缸、慈禧太后西行时赏赐的楠木龙灯一对、佛祖12岁等身像承坐的唐代莲花宝座，这些精美绝伦的文物也为广仁寺增添了更多历史价值。

山门两侧，矗立着整齐的八座汉白玉宝塔。雕刻精细的汉白玉在日光下盈盈生辉，如雪莲一般纯洁。我走上前去，细看涅槃塔，它是八座宝塔中最精妙一座，汉白玉光滑细腻，触有凉意，如凝脂一般。

由山门而入，见寺院内雕梁画栋，雍雅富丽，格局错落紧致。青烟缭绕在繁茂的枝叶间，松柏虬盘，花香馥郁。不知是哪座殿宇檐角挂着铃铛，忽而响起一阵绵长的珑璁之声，格外动听。

天王殿所供的千手观音，是极为难能可贵的珍品。立于莲花之上的观音像，由椴木雕刻，全身贴金，菩萨远望着苍生，深情慈悲。这尊千手千眼观音像，左右各有二十只手，每只手的掌心各有一只眼睛。四十只手和佛教中所说二十五种因果关系相乘，便整好是一千了。

广仁寺既是全国唯一绿度母主道场，那必定有一尊主供的绿度母菩萨像了。绿度母是藏传佛教的一尊菩萨，为二十一尊度母之首，与白度母同系观世音菩萨的两滴泪化成。在藏地，人们把文成公主视为绿度母的化身。

广仁寺的绿度母菩萨像，已经有一千三百余年历史。何以这尊菩萨像竟比广仁寺的历史长久许多，因她是松赞干布来唐朝求亲时，送给大唐皇帝的见面礼。唐太宗就把她供奉于开元寺。后文成公主出嫁，请走了开元寺的释迦牟尼十二岁等身佛，太宗皇帝一日去上香祈福，眼见汉白玉莲花宝座空置着，暗自思索要在此处供奉一个什么菩萨好呢？这时候绿度母菩萨便开口说，皇帝你不必思虑了，我愿代替释迦牟尼佛普度长安众生，保佑人间长治久安。后来康熙皇帝敕建广仁寺便把绿度母菩萨从开元寺请来，于是就有了广仁寺唯一的绿度母主道场之说。绿度母菩萨微微侧头，眉眼温和从容，似是看这岁月静好，嘴角流露一丝笑意。

在绿度母殿前有两颗百年紫荆花树，花期虽未至，但枝繁叶茂十分葱茏。广仁寺有五大百年树，此外还有百年含羞树、百年霜叶柏、百年丁香树和钗孔柏树。钗孔柏树是当年慈禧太后逃难住在西安广仁寺，用珠钗扎在书上挂衣服而得名。

几只鸽子信步庭院，时而低头啄食，香火缭绕，铜铃作响。我走走停停，终

密藏殊胜

于看到了那盏长明灯，寓意为智慧的神物。这一次可以添加一百零八斤油的长明灯，使我在感慨间驻足静观。西安的夜繁华万千，却是否有人记得这一盏火光跃跃、为着太平盛世不眠不休的祈福，是谓大音希声，大爱无形。

交通

乘坐10、102、103、301、303路公交车在玉祥门下。顺着玉祥门里的顺城巷往北到习武园巷，顺着习武园巷往东可到广仁寺。

门票

20元

开放时间

9：00—18：00

主要景点 M

五星街天主教堂

——静穆的十字架

五星街是一条不长不短的窄街，拥挤且热闹。杂乱无章的杂货铺和小吃摊零散摆置，虬曲茂盛的树干也逸兴而生。

天主堂在西安是不多见的，相对古城星罗棋布的寺院和道观来说，天主教堂更是偏居一隅，难寻其身影。然而对于有心的人来说，路却也总是顺畅。我动身前往五星街教堂那日正遇上不小的雨，可五星街不大平坦的路，泥泞的坑洼也没令我心生不快，倒是这天主教堂增添了一种雨的诗意。

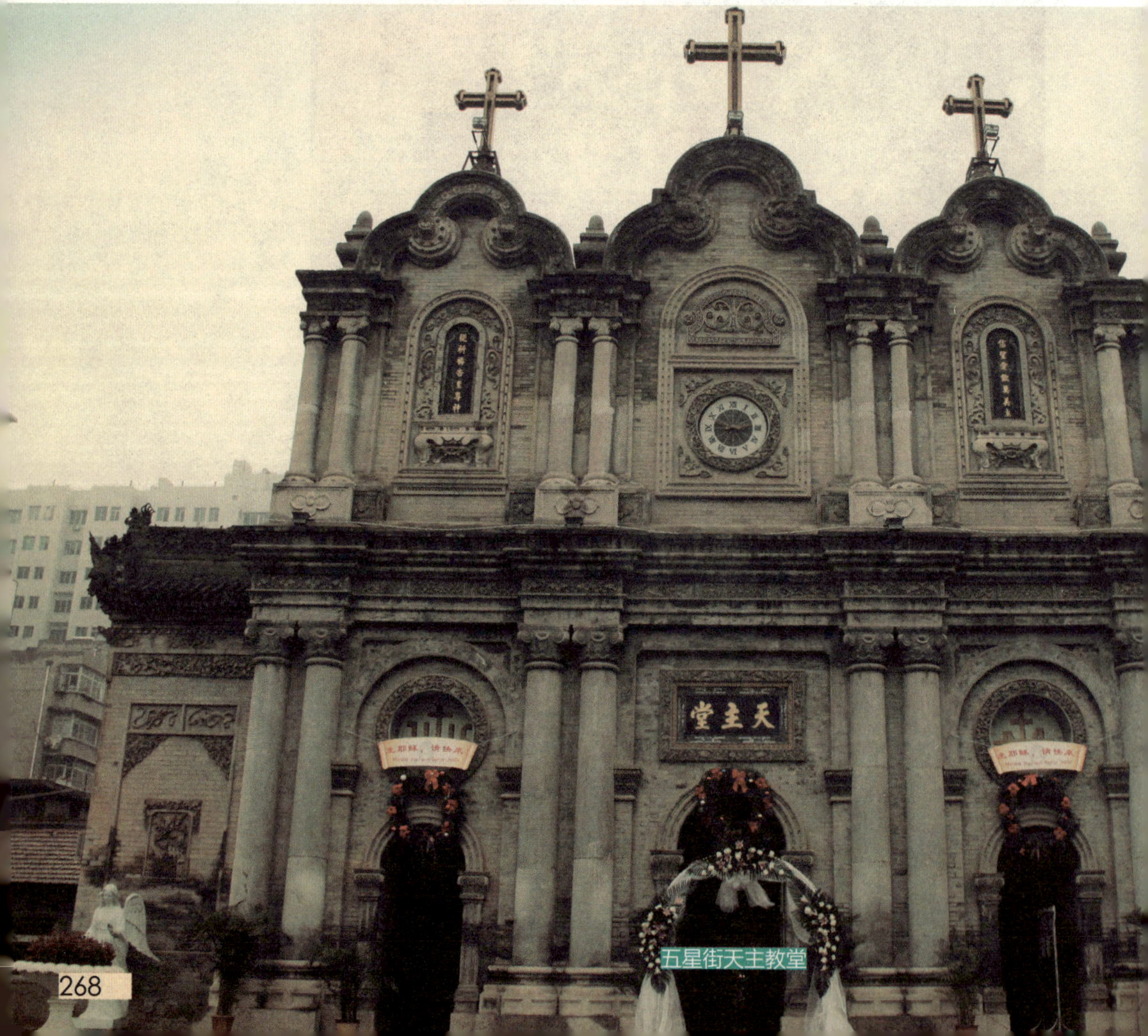

五星街天主教堂

天主堂

拥挤的五星街，豁然出现一片空地，这是教堂前一个小广场。灰白石的地面显得简洁庄严，抬头蓦地就看见了那座罗马风格的漂亮建筑。教堂有浓郁的西方韵味，浮雕白灰柱子，砖石之间繁冗的雕刻协调庄重。既没有哥特式教堂高高在上的尖顶，又没有巴洛克精美粉饰过多的浮华，这简单的罗马石刻艺术却恰如其分地表达了中国含蓄内敛的情怀。教堂的最高处是三个十字架，中间的略微大一些，教堂侧面以中式的歇山顶层递向上，也颇有中西结合的意思。我在德国游览过科隆大教堂，那是非常典型的哥特教堂，用巨大来形容也不为过。站在教堂下，只能远远地蹲下才能拍摄全那些尖顶，而复杂至极、精美绝伦的大块浮雕更是令人缭乱。那是一个非常令人敬畏的教堂，至高至大，仿佛时刻在小心自己是否亵渎了什么。

礼拜天

可古城这规模最为宏大的五星街天主教堂，也不过三层楼高，端的是温和从容，平易亲切。抛开宗教本身的严肃色彩，这座教堂并没有那种至高威严，反而温柔质朴，仿佛只要踏入这里就能够被洗礼一般。其实基督教对“异端”也是十分决断不容的，“异端”就如同佛教的“魑魅魍魉”。也许基督教的这种决断的肃穆只有国外的教堂才能显现，而古城本身的淳朴气质在五星街教堂被映射，这正是一种中式特色。

在西式的教堂下，其实大厅里更多的是中国特色。朱漆的柱子与纯白的墙，拱券结构，也有罗马风格。细部装饰为中西纹样的结合，拱形穹顶纹饰红蓝色图案，古典的中国韵味凸显。在朱漆刷着的木质长椅上，几个信徒低头翻阅着圣经，诵读经文，或是虔诚祷告。

大厅的最前端，一个内嵌的拱形墙壁里，耶稣在十字架上受难，他的表情悲悯却超然。在每个红漆柱旁的白墙上，都有基督教的戒律。摩西十诫，不仅仅是基督教的戒条，更早是耶和华和以色列人订下的戒条，也是犹太教戒条。在摩西十诫中，我也看到了中国自古至今都弘扬的美德，比如孝悌、谦逊、真诚、善良。

我走出大厅，雨未停，赞美诗空灵动听声音袅袅而来。我虽并非基督信徒，但也单纯地祈愿圣灵的果子，那仁爱、喜乐、和平、忍耐、恩慈……能结满人间。

乘坐251、407、501、604、713路在甜水井站下，步行可至五星街。

无

全天

6 二环内城东区域

——兴庆御花园，青龙樱荼开

古城有那么一个去处，风流韵味十足。若是不经意间踏入，许是会失神，仿若有青衣长衫的人擦肩而过。

这便是城东了，既没有城南极尽繁华之事，又无钟鼓楼那车水马龙之态，静却不似城西清幽寡淡。城东天地是极诗意的，如同那魏晋风流的名士，只是章台绿柳，花间小酌，我却独独偏爱这书卷气息。

兴庆宫的春景再好不过，整个长安的芬芳都尽数歇在这里。光如钻石撒在湖面，细长柳芽拨弄水花。桃花依旧笑春风，人面也正相映红。亭台楼阁的砖瓦上长出的嫩绿，绒绒一片煞是讨人欢喜。

牡丹亭下还是年年有牡丹的，很久以前有个国色天香的女子在花丛中蹁跹而舞，长袖携香，她就是杨玉环。

兴庆花园才踏出就见西安交通大学。悠久的历史记载曾经的光辉岁月，斑驳的老式教学楼窗台覆盖着爬墙虎，而蔷薇开得正好，盈盈一笑，烂漫华年。

青龙寺却也是这春之歌的华彩，人间四月时候这枝头的粉香醒了，梳妆打扮一番就要盛装出席。樱花，妩媚却清丽，在整个青龙寺开得如火如荼，犹如盛大的轻红浪潮瞬间扑来。

上晚课的种磬响起，千年未曾间断的钟声摇曳而来，唯有空山玉碎、琼瑶珑璁之声方可比拟。

罔极寺见证了唐代两个女人的一生，武则天与太平公主那不可捉摸的母女之情却在这里有了暗暗的了悟。

城东有史书般的过去，却更多的是那文人墨客的诗书气自华。李白当年畅饮的黄桂稠酒现在还在幽幽深巷之中，白居易小园新种的红樱树仍旧一年一度开着，李隆基的牡丹千年后在兴庆宫染透五月的霞云，附和着他与杨玉环的爱恨绵绵。

这里千年就是如此的风流了，诗人、仕子、文者、画匠、乐师，甚至折枝买醉的浪子，他们都沉溺纵意于诗词歌赋，在花丛中筑起小亭并绕以红绸，浅斟低唱，写诗作画，弹琴谱曲。

旅游指南

虽不似城南与钟楼一样四通八达，但城东在交通上也是极为顺畅的。几个景区之间距离较短，并不用长途奔波。如果在节假日前来，像青龙寺、交大、兴庆公园这样的景点完全可以步行为主。城东最适宜的季节是春天，刚好樱花开放。

城东寺院比较多，大部分景区都没有门票。这里饮食很好解决，因为交通大学、理工大学都在附近，基本上是一些川菜或者家常菜餐馆，价格不高，环境良好。在八仙宫古玩市场可以尽情地购买一些“古董”，如果家居用品没有一些古花瓶、古桌椅、斑驳的壁画那就有些不般配了。普通百姓当然无力承受十几万天价的真正古董，但在八仙宫古玩市场还是可以淘宝一番。

青龙寺
——山寺樱花始盛开

乐游原上樱红染粉雾，人间四月燕穿杨柳幕。

长安城南八里许铁炉庙北的乐游原上，便是真言宗祖庭青龙寺。青龙寺的前身为灵感寺，建于隋文帝杨坚开皇二年。隋文帝出生于佛寺，并由尼姑抚养至十三岁，因此受佛教的影响很深。在他修建大兴城的时候，将城中坟冢迁葬郊野，为了超度这些亡灵，便在乐游原上修了寺院，取名灵感寺。早在一千多年前，乐游原就是著名的风景胜地，吸引着达官贵族、市井百姓来此踏青游玩，登高赏景。那时灵感寺许也是桃花开遍的，居城南一方高地，暮春时恰似红霞悬于天际，煞是好看。后来隋朝覆灭，灵感寺命运几经跌宕，在唐朝两度易名，在后世几度被废弃，直至湮灭。

樱花盛开在青龙寺

祈祝

唐高祖武德四年的时候，灵感寺荒废了。高宗龙朔二年，城阳公主患病，和尚法朗诵“观音经”祈佛保佑。病愈后，公主奏请，灵感寺又立为观音寺。直至睿宗景云二年才改名为青龙寺，这个名字沿用至今。北宋哲宗元年以后，寺院废毁，地面建筑荡然无存。

青龙寺正门

青龙寺兴建于隋，极盛于唐。

密宗，八世纪时印度的密教，由善无畏、金刚智、不空等祖师传入中国。不空最著名的弟子便是长安青龙寺惠果，他也曾任代宗、德宗、顺宗三代“国师”。他在青龙寺东塔院设灌顶道场，时称密宗大师。这位德行极高的法师后来将毕生所悟倾囊相授于日本遣唐的法师空海。归国后空海法师所传的密法受到朝野的欢迎，得到嵯峨天皇的支持，空海在日本创立真言宗。

寺内年年盛开的数十万株八重樱，恰若粉色的海洋，这是日本的真言宗众僧饮水思源所赠。时过千年，逢春色娉婷之时，闲来漫游青龙寺。寺中樱花开得放肆，落英漂浮在水面之上，荡起阵阵涟漪。

如今的青龙寺修葺成了遗址公园。入门却还不见古寺之所踪，眼前开阔地段廊腰缦回，雕梁画栋，长桥卧龙。樱花渐次漫过视线，中轴线上一座颇为盛大的古建幽幽高耸，古原楼。古原楼取义李商隐名诗“向晚意不适，驱车登古原。夕阳无限好，只是近黄昏”，当年古原亦是长安城南的乐游园了。

只见古原楼如天宫一般，朱红的漆欲融化在日光下，煌煌如滴。东边的牡丹园里群芳正吐蕊，不久又是一片国色天香。

青龙寺遗址公园原是南北两部分，北边是一方园林，却修得衔山抱水之精妙，亭台楼阁各居一方，古原楼殿势巍巍，樱花开遍，俨然是盛世无饥馁的大唐气象。园林之南，才是古刹所在。

一入山门，就闻到淡淡檀香的味道。空海法师纪念碑高高立着，只见樱花开得正好，一如那平安时代的八重樱落成三月飞雪的岁月。惠果、空海纪念堂前有一株矮松，松枝上挂满了祈福的红绳，衬得这树仿佛要燃烧起来一般。堂下檐角的铜铃轻轻响动，香炉焚出青烟一缕一缕缠绕着思绪，在堂外的惠果、空海纪念碑上，读到了千年前的故事。那远赴大唐的法师，当年走遍长安的佛寺，深山里他的木屐踩踏秋香色的落叶。他终寻得宗法，在青龙寺的殿前，他和惠果两人坐着，沏一壶浓香的茶汤。

樱花

古原楼

樱花要数云峰阁旁开得最妙，云峰阁建在一方高地，生长着寺里最盛的樱花。花枝摇摇欲坠，花瓣恣意展开来，幽香满袖，正是花开如火如荼的时候。而不论是盛唐的长安，还是平安时代的东京都，都无从探得千年后乐游原上依然花开似海，花香依旧。

交通

位于雁塔区雁翔路青龙路（近乐游原），乘坐33、252、612等公交在青龙路东口下。

门票

无

开放时间

8：00—18：00

补充说明

初春时节青龙寺总是人山人海，前来游览古寺的游客却不多，几乎所有都是来看樱花的。然而青龙寺之景也并不全在樱花之中，悠远的历史，还有清静幽雅的环境，还有那大殿的宏伟气势，也不由的让人佩服那些工匠的伟大智慧。

兴庆公园
——君王旧梦，百姓游园

古城刚下过一场雨，初夏的氤氲如同一层薄纱，笼着西安影影绰绰看不真切。城墙外东南角，一片泥土和植物被淋湿的味道弥漫开来，不知不觉竟走向那清新味道的来处。琉璃瓦一闪一闪，丹漆柱子和繁复花纹的雕梁俨然是古色古香的样子。抬头，看见那写着兴庆宫的匾额。

它曾经是帝王旧居，也一度成为大唐朝殿，文武百官在此觐见天颜。这里也是唐玄宗和杨贵妃长期居住的宫殿，双双金鹧鸪。但兴庆宫最后也成了伤心之处。安史之乱以后，失去了爱人的唐明皇，被肃宗软禁在金碧辉煌的宫殿中，渡过他绝望的晚年。

如今的兴庆宫，一年一度乱花渐欲迷人眼的季节，这里的牡丹国色倾倒众生。湖水盈盈，与家人好友游船于潋滟波光之中，最是惬意。兴庆宫里亭台楼阁，水榭花台端的是雍容雅致，贵气天成。

唯有牡丹真国色

傍晚的兴庆宫

占地两千余亩的这座园林，唐长安三大宫殿之一。开元十六年唐玄宗将朝殿由大明宫移至兴庆宫，在此居住和执政三十余年。那时的兴庆宫少了这百姓游园的平易，却是极其焕如金屋。古树参天，绿树成荫，红墙黄瓦，唐宫仕女衣袂飘扬，贵妃玉手摘一枝牡丹插于发髻，国色天香却不知说的是那娇艳的牡丹，还是那体态雍容的美人。鸣钟击磬，乐声悠扬，碧玉觞盛着琥珀一般的酒浆，翡翠碧盘如画珍馐，古琴涔涔，歌舞升平。

唐玄宗颇有才华，琵琶、二胡、笛子、羯鼓无一不通，无一不晓。皇宫里的教坊梨园是培养戏子之地，唐玄宗也常常坐镇指挥。那一首《霓裳羽衣曲》也是玄宗留下的传世之作。他给了人间一个盛世，也给了心爱的女人万千宠爱。这样一个感性的皇帝，应是有关风月的。那一日，他见兴庆宫飞来一只鹡鸰，就为这逡巡于桂殿兰宫的鸟儿写了颂诗曰“伊我轩宫，奇树青葱，蔼周庐兮。冒霜停雪，以茂以悦，恣卷舒兮。连枝同荣，吐绿含英，曜春初兮。蓐收御节，寒露微结，气清虚兮。”《鹡鸰颂》之书法萧散洒落，丰厚腴美，给人温柔淳厚之感。

杨玉环与唐明皇最爱的牡丹苑

花开时节动古城

轻入重敛，神气完足，遒劲而舒展。辞藻之中可见兴庆宫园林之美，也可见唐明皇流露着不羁才情。

唐玄宗此人，可谓英明神武与才情洋溢并存，早年的他在兴庆宫韬光养晦，练就了不显山露水的性格，皇室血脉也令他拥有与生俱来的天家贵气。武则天死后，政权几乎落到韦皇后手里，他联营姑姑太平公主粉碎了韦后的女皇之梦。而后，又凭借果敢睿智和杀伐决断的手段击毁了太平公主的势力。他是一个至情至性之人，但他也会毫无犹豫的冷酷，他是一个天生的帝王。

然而，唐朝极盛转衰，自安史之乱以后，玄宗仓皇逃离至马嵬坡，心爱的女人被逼自缢，一代贵妃香消玉殒，而他只能匆匆立了一个衣冠冢。儿子肃宗继承皇位，虽许唐玄宗太上皇之位，却将他软禁在昔日自己的宫殿里。这兴庆宫的美，最终成了落寞。

就这样，兴庆宫慢慢地远离了尘世浮华。宋代时候，它已经成了百姓游园之处。到了明清，世人都不晓得曾经有过这样一个华美绝伦的宫殿。

直到今日，兴庆宫才被重新记起，再看它却不是当年模样，那恢弘与富丽堂皇依然不留印记，却是四季皆景的静好园林。唐玄宗的勤政务本楼遗址还在，位于兴庆宫西南角，如今看却是一片芳草萋萋的空地。

沉香亭，白玉回廊之上这么一个四角攒顶的重檐华亭，当时的沉香亭是用沉香木建成，周围栽植着各色牡丹、芍药。时逢花期，唐玄宗就与杨贵妃在此设乐置宴，赏花游乐。李白那首脍炙人口的《清平调》便是写这兴庆宫的沉香亭。“云想衣裳花想容，春风拂槛露华浓。若非群玉山头见，会向瑶台月下逢。名花倾国两相欢，常得君王带笑看。解释春风无限恨，沉香亭北倚栏杆。”

花萼相辉楼如今是孩童嬉闹的地方，而当年唐玄宗在这里宴请各国来使，举行盛大庆典。每年“秋千节”每每要宴请群臣，大臣们要向皇帝赠送铜镜，上刻“千秋”意喻千秋万岁。

每年人间四月天，兴庆宫的郁金香就馥郁绽放，赏这数十万只郁金香，成了西安人春天的盛会。郁金香的花期才过，牡丹就满园艳压群芳，许是为了缅怀杨贵妃的一抹清魂，年年岁岁牡丹开尽了艳丽。

日落璧山，雨后的兴庆宫亦是美而诗意的，坑洼的石板路积了浅浅的水，倒映古城的天色。在这一片浓郁的绿染之中，我依稀看到那千年前兴庆宫里的黄花绽时还休，似有往昔琵琶箜篌。不论岁月如何跌宕，这兴庆宫仍是当年那不曾识干戈的模样，我驻足回首，却顾那所来之径，只见苍苍横翠微。

交通

乘坐8、27、37、43、102、203、300、602、604、K630、游10（903）路到兴庆公园北门站。

门票

无

开放时间

9：00—19：00

美食

脆鲩鱼粥火锅(柿园路店)

香喷喷的白粥锅底底，再放入鱼滑、脆鲩鱼、牛滑等，清淡鲜美。环境简约舒适，虽然不奢华，但却有一份随性自在。服务员寸步不离地帮忙盛粥、加汤、下菜、调蘸料、捞菜，全程带着微笑很是贴心。自制的香菇贡丸，有浓浓的香菇味道，可以看到香菇碎粒。鱼是最大的特色，酥脆可口。人均40元左右。

碑林区柿园路181号朗福大厦东侧1楼

029-84010111

在兴庆公园东门乘坐903路到鸡市拐下车向西步行五分钟即可。

长安千僖

这里的面食很有特色，值得品尝。剁椒油泼面够辣够爽，面条劲道有嚼，味道很好。鱼香茄扇和土豆烧牛肉值得推荐，茄子炸后用勾芡的酸甜味的汁浇，味道爽口；土豆烧化在腊牛肉里，味道别具一格，算是老陕西人做的菜式，都是很具有地方特色的烹制方法。喜欢吃小吃的也能满足，各种面点和小吃都很棒，很正宗。人均35元左右。

碑林区环城东路1号(太乙路口东北角)

029-82480490

在兴庆公园南门乘坐45路,到东南城角下车步行即可。

国食天香

环境很好，雅致宽敞，极具现代感，很适合朋友聚餐、情侣约会。包间名字都是词牌名，十分有品位。每道菜都有独特造型，赏心悦目，但价格略高，人均80元左右。

新城区兴庆北路219号海景酒店2楼(近西京医院)

029-88139999

在兴庆公园东门乘坐410、517、237、512、408路到西京医院下车向南步行五分钟即可。

西安交通大学
——西安最美学府

唐王朝的国都，古韵浓厚的文化长安，自古就是诗人才子辈出的宝地。

千年长安城东西向四条大街，南北向十一条大街，相互交错，彼此平行，笔直宽敞，极为整齐。以此形成的坊布局，像极了围棋盘上的方格，这正如白居易诗中描述的那样："百千家似曰棋局，十二街如种菜畦"。而当年的才子"诗魔"白居易，第一故居东亭就在唐兴庆宫的南面，亦是今日西安交通大学之所在。

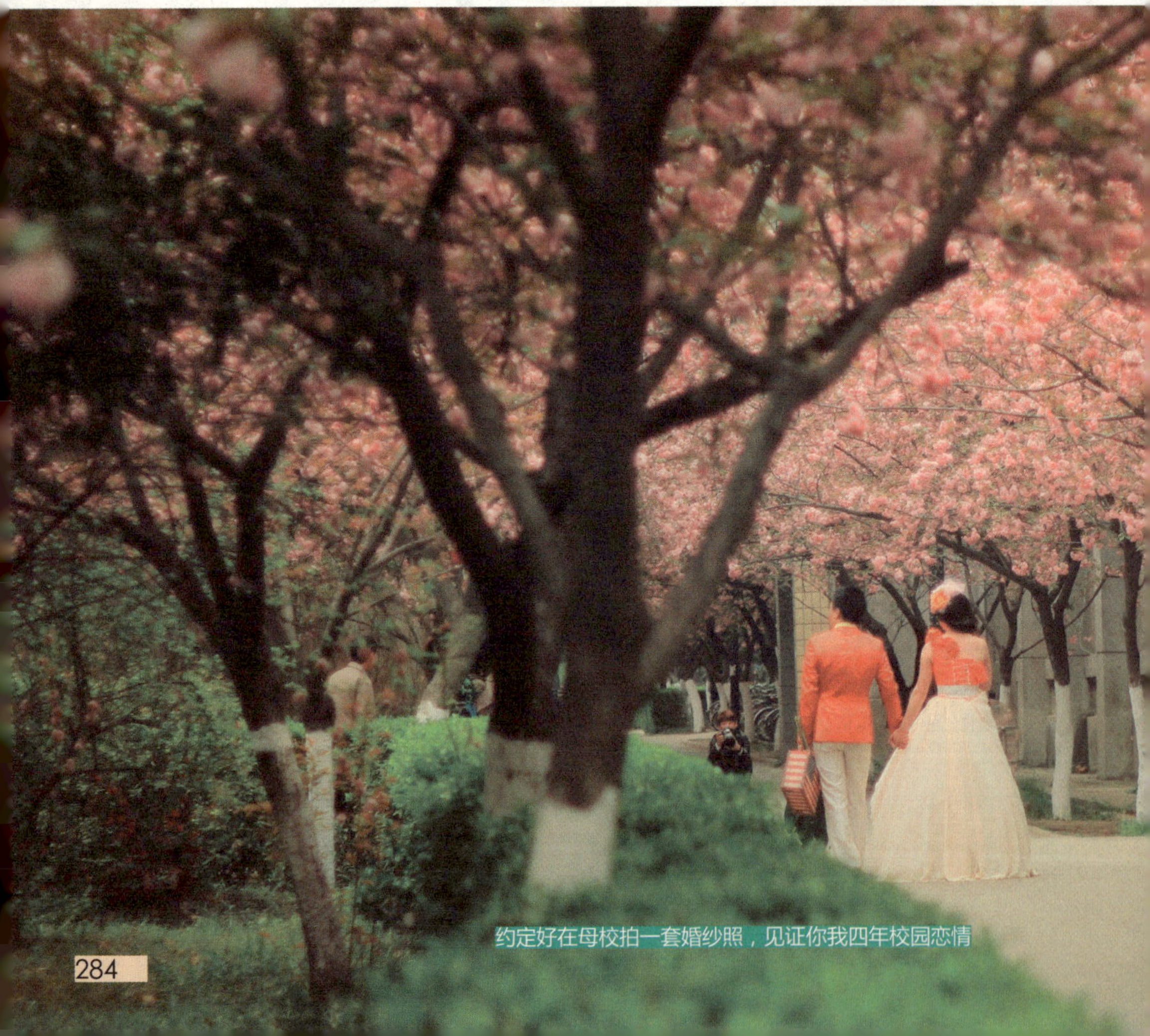

约定好在母校拍一套婚纱照，见证你我四年校园恋情

参天之木，必有其根，怀山之水，必有其源。西安交大的前身原是1896年创建于上海的南洋公学。其后的几十年间，南洋公学数次更名，它诞生于封建社会土崩瓦解的最后时刻，却萌芽于中华民国的初始。这几十年，中国历经跌宕与耻辱，战争与崛起，这座学府的名字亦随着史书不断变迁。辛亥革命爆发，学校易名南洋大学堂，“大学堂”正反映了资产阶级民主革命推翻清朝政府的迫切改变。中华民国成立后它成为上海工业专门学校，那时候恰逢民族工业的发展非常迅速并且迎来短暂的春天。几经艰难险阻，新中国成立，1956年交通大学一部分迁往西安。三年后，定名为西安交通大学。

如今，西安交大俨然成为了西安的一部分，它代表学术，代表大西安的文化精神。

交大像参天古树一般枝繁叶茂，虬曲的根吸吮着秦川深厚的文化底蕴。它已经成为千万莘莘学子的梦想。2011年英国亚洲大学排名中交大位居大陆高校第十位，中西部高校第一。在2011年和2012年高等教育观察发布的中国大学排行榜中交大位居第八位，中西部高校第一。

闲来无事，游走于这颇为优美的学府，校区几乎比兴庆宫还要大上许多。饮水思源碑讲诉一段校史的风雨百年，不知学生每每从南门进入是否默默地想起过南洋公学当初的模样。康桥苑的温柔正如在剑桥一身寂寞、穿着黑色学袍的徐志摩，那荇草与潋滟的水光还怀念着他撑过的长篙。四大发明广场告诫学子不忘古人智慧的结晶。梧桐路的梧桐枝繁叶茂，九月却也锁不住清秋。这些充满了浓浓书卷气息的名字，令人莫名地感动。

老式的教学楼成了被保护的文物，每每夏

梧桐路

风都会在那砖瓦间生长的爬墙虎中掀起一层绿色波浪。郁金香渲染着一整个春日的斑斓，仿佛平地而生的彩虹。蔷薇依附着教室边的窗，暖阳把花香和光影一同送到读书少年的书页边。

多优美的学府。

时逢四月，晓风和煦，交通大学熙熙攘攘，俨然一副游人如织的模样。四月初的交大总是别具魅力，除却春风肆意惹的学府里早春蓓蕾欲放，更加吸引人的原是媲美青龙寺的樱花。

交大的樱花，丝毫不逊色东京都的粉色海洋。一入北门，震撼的盛景扑面而来。时而有风，引得枝头乱颤，落樱蹁跹，学子们捧着书本慢悠悠路过。忽而想起白居易的诗“小园新种红樱树，闲绕花枝便当游”。才子妙趣，在自家新种的樱树下

十年树木，百年树人

樱花路

走一圈，便当作春日出游了。

料峭的春寒才褪去，一夜微雨却点开了这一路繁花。香薰满街，醉人寰。误入樱花深处的游人不小心或许会以为这里是哪处享誉盛景的游园，殊不知脚下却是西安知名学府。

交通

乘坐33、34、252、313、401、508、517、612、700路可至交大南门。或乘坐7、45、351、410、512、607、800、910路至兴庆公园到达交大北门。

美食

西安饭庄(立丰店)

西安饭庄是外地游客要尝试正宗的陕西菜肴公认首选，这里绝对是能够大饱口福的地方，各种陕西小吃也应有尽有。著名的葫芦鸡经过清煮、笼蒸、油炸三道工序，成品皮酥肉嫩，香烂味醇，稠酒与当年李白所喝的虽不同，但也极其香醇绵甜。相比东大街的老店，立丰国际的新店要更加舒适一些，环境富丽堂皇，很有气派。人均50元左右。

新城区金花南路59号立丰国际购物广场8楼(近东二环百盛)

029-87816888

自交通大学步行至沙坡村乘坐508路，到金花南路下车步行至立丰国际购物广场即可。

行香子(金花北路店)

这是一家陕西风味餐馆，外地的朋友来西安，到这里是很不错的选择。环境布置比较特殊，有极浓郁的唐风古韵。服务员穿着唐朝的衣服，梳唐朝的发型，餐厅里立着仿制的兵马俑。价格合适，名字也很好听，甚至菜品都有深深寓意典故。瓦罐是特色，煨得鲜美。其他热炒、凉菜也不错。人均50元左右。

新城区金花北路6号(近老动物园)

029-83225388

自交通大学步行至沙坡村乘坐525路(或401路)，到互助路立交沿金花北路步行五分钟即可到达。

长安真味(公园南路店)

很有感觉的大门，有点那么“潮”的意味。作为陕菜，自然是古典风格为主题，但是这家餐馆却打起了混搭的注意。店内以包间为主，每个包间都用竹帘屏风之类隔开的，幽暗的感觉适合约会。葫芦鸡仍然是不错的，适合朋友聚餐家庭小聚，东郊平价陕菜推荐。人均45元左右。

新城区公园南路26号(近咸宁中路)

029-83288866

交大南门乘坐K700路(或702路)，到东新城市花园下车沿公园南路步行五分钟即可到达。

补充说明

中西部最高学府交大并不是枯燥刻板的。交大每年在樱花盛开的时候会举办动漫cosply展出，广受年轻人们追捧与热爱。如果游客也喜欢动漫，并对cosply感兴趣的话，每年四月，不要错过交大樱花祭。

万寿八仙宫
——长安问道

盛唐。那一年，李白在长安，常常大醉在京城酒肆，曾有诗：“昔在长安醉花柳，五侯七贵同杯酒。气岸遥凌豪士前，风流肯落他人后！”

当年长安城东的长乐坊有一家稠酒颇有盛名。这糯米制成的甜酒，黏稠如浆，色泽如上好的羊脂玉，若是加以清新芬芳的黄桂，十里酒香就惹得人魂牵梦绕了。这便是长安城的佳酿——黄桂稠酒。

一日天色向晚，黄桂稠酒的香气随着晚风徐徐飘散，恰逢李白、贺知章、张旭等八人在长安城东喝酒吟诗。八人闻着香气寻到此处，却没想这绵甜醇香的稠酒竟有这样的劲，李白与

庄严的守护者

在花间寻道问道

七位诗友便一道醉了。此后，李白常常在长乐坊饮酒赋诗，并写下了许多脍炙人口的千古名句。时光荏苒，到了宋代，人们为纪念往昔的诗仙李白，遂此地立一石碑，并修建八仙庵，来

八仙庵随缘赠送的道家文化书籍

喻酒中八仙。

后世，当道教日益受到皇家重视，这座原为酒中八仙所修

长廊一角

建的庙宇，便扩建成为道教八仙过海之八位仙人的道观了。

而关于这八位神仙的传说，亦是有很多的。当年八仙之首的吕洞宾应考落第后在长安酒肆借酒浇愁，醉得不省人事。汉钟离敦厚体贴，拿了自己装小米的口袋为吕洞宾做枕头。这下，吕洞宾完全沉醉梦乡了，遂就有了后来的“黄粱一梦”。吕洞宾梦见自己终于考中进士，而后升官，仕途十分顺畅。后来竟然做了驸马，娶到那国色天香的公主，最终又当了宰相，但好景不长，他被奸人诬告获罪处斩。吕洞宾在梦里还未感受那刀落受戮的切肤之痛，便蓦地惊起。忽然一份清明，在他脑海中化开，而当时煮的小米饭还未熟。只听汉钟离在旁微吟曰“黄粱犹未熟，一梦到华胥”。

道可道，非常道，原来人生在世所悟便是难以言喻。原来一切不过黄粱一梦，不悲不喜，贵贱又有何分别，贫富又有何

殊异。他在汉钟离的点化下醒悟，抛弃了红尘之中的诸多纷扰，在终南山下潜心修道，飞升成仙人。

于是，这里也被视为道教仙迹胜地，修葺八仙庵以祭祀。

初兴建于宋朝的八仙庵，在元明清时期多有扩建和翻新，然而它鼎盛的时候却是在清末。

那时，慈禧太后畏惧八国联军的铁蹄，一路“西狩”掩人耳目仓皇西逃。“西狩”原是要落脚山西的，但慈禧一听说德法联军欲进军山西，就以迅雷不及掩耳之势转到长安了。慈禧抵达长安的第一站便是八仙庵，她当晚就驻跸于此。其实西安留存的众多古迹，多数都有慈禧太后的足迹，不论是巡抚之心，还是怀古之情，这位太后都为西安亦留下了众多故事和墨宝。那时，经过慈禧太后的敕建，八仙庵才更名成为万寿八仙宫。她后来又拨白银千两，增修了山门和牌楼。

初入山门，才觉紫气氤氲，殿宇道舍鳞次栉比，皆是雄浑壮观。一进院略显小巧，东西两侧是惯有的钟鼓楼，牌坊和雕花精美的影壁。中有一石桥，传说道教全真派创始人王重阳初求道时，在甘河桥遇吕洞宾祖师授“五篇灵文”而得道，故全真十方丛林皆修遇仙桥以示纪念。

八仙宫里繁盛的花草

八仙殿是八仙宫的主要殿堂，殿内供奉着我们颇为熟识八位仙人神像。每个人物都有许多传奇，吕洞宾的正义凛然，何仙姑的优雅素淡，张果老的诙谐妙趣，都为百姓所喜闻乐道。而韩湘子庙恰好在永宁门附近，那位吹笛的青衣男子如烟似雾，在湘子庙也留下了许多红尘间的故事。

初入八仙宫觉得此处颇为精妙小巧，全然不知过了二三进院之后仿佛愈加宽敞。三进院的斗姆殿，正中供奉新塑的斗姆像。斗姆是道教信奉的女神，传说为北斗众星之母。斗姆共生九子，分别是玉皇大帝和紫薇大帝，后有贪狼、巨门、禄存、文曲、廉贞、武曲、破军七星。常常说的文曲星，便是斗姆的孩子，传说仪表端正，有文艺细胞，口齿伶俐，眉目分明，相貌俊秀，西安文昌门以“文昌”为名便是隐喻魁星文曲。

八仙宫之所以有鼎盛的香火，甚至吸引了远方的善男信女前来，都是因为口口相传的“灵验”。求姻缘、去灾祸、祈平安的人们蜂拥而至，比肩接踵，香烛扑鼻，而这些衣袂飘飘的仙人只微笑地看着世人，看着人间演绎百态的纷扰。

交通

乘坐 709 路公交车到八仙庵站下车即到，或乘坐 8、27、37、43、102、203、300、602 路公交车到鸡市拐站下车，向北过更新街即到。

门票

无

开放时间

8：00—18：00

购物

八仙庵古玩市场

八仙庵仙气十足，可八仙庵古玩市场却是条不寂寞的街，百米的窄街却被大大小小的古玩、挂件儿、香火和红烛挤满了，尤其每月的初一和十五，男男女女将这条窄街道围得水泄不通。两旁是仿古的二层阁楼，这样的小阁楼其实是商铺，每一间房子店铺里都摆满了各种各样的古玩物件，甚至还沾着旧朝的泥土芳香，简陋的玻璃橱窗里挤满了古旧物品。没有豪华的装潢和镁光灯，没有丝绒的衬托，甚至没有一把锁子保证玻璃柜子的安全。书籍、拓片、字画、屏风、瓷器、铜器、陶器等，就这么琳琅满目地堆积着。像海盗刚打开了一箱宝藏，却因为太过耀眼而分不出哪个才是真正的价值连城。

罔极寺
——繁华落尽的长安名寺

长安帝都，唯古刹如苍穹繁星之多，其中不乏光耀史册之名寺，然而创建于唐的独有两家，其一为小雁塔荐福寺，其二为罔极寺。

我独自踏上旅途，在这彻冷的季节，岁末皑皑的积雪沉寂而肃穆，整夜零落着，堆积成覆盖了足尖的琉璃之白。城东不甚繁华，却颇有一份清静。鳞次栉比的楼房错落摆置，街道两旁的植被还在沉睡。就在这极难寻的角落，一座不起眼的山门，几乎在寒风中被吹散的香火味道，我知道这里就是了，罔极寺。

隆冬腊月，无人的古寺，显得庄严而萧索。

然而罔极寺曾经却有一段辉煌的过去，一度以至尊至贵的身份立于长安城众刹之首。它的历史始终与两个女子有关，太平公主与其母武则天。起初我并不明白罔极为何意，后来知其缘由，《诗经·小雅·谷风·蓼我》其中“父兮生我，母

幽静安逸

兮鞠我。抚我畜我，长我育我，顾我复我，出入腹我。欲报以德，昊天罔极！”因是大唐最尊贵的太平公主为她的母亲，也是大唐最尊贵的女人武则天所兴建的寺院，故以罔极二字，表达赤子之心。

唐代的罔极寺，规模极其宏大，建筑奢华，史书记载是“穷极华丽，为京都之名寺”。

神龙元年，太平公主在罔极寺为母亲祈福，刚刚点燃一枝香，青烟缭绕在富丽堂皇的大殿。公主一袭华丽的金缕衣盘坐蒲团之上，她白皙的脸庞高贵典雅，鼻间像覆盖了樱花的落英，呼出的气体氤氲成雾。她整个人优美得如同一座冰雕，此时合目专心对菩萨许愿。那是她最为权倾朝野的时候，镇国太平公主这个封号，将她推上了一个权势顶峰。那一年正月，武则天退位，唐中宗复辟，而这位太平公主则是站在了与母亲对立的位置上。可她却在罔极寺全神贯注地为武则天祈福，这大概是身在皇室的女子，爱情与亲情总也不能遂了自己的意愿。

太平公主还是个少女的时候，已看尽这权势血雨腥风的斗争。但她是集万千宠爱于一身的女子，自幼聪颖，最得母亲宠爱。用武则天自己的话说，太平是最像她的。其实，太平公主并不像她美好的名字一般，她一生虽享尽荣华却几经跌宕，正如武则天所说，太平公主与女皇的相似，并不只是容貌。在她的血管里，在她的灵魂里，都有一个角落叫嚣着渴望权势。儿时的她骄傲放纵，几经婚姻的变故，她成熟之后却变得凶狠毒辣，觊觎皇位，并为那个高高在上的御座不惜与母亲为敌。她也曾纵横捭阖得意于一时，但结局却是悲凉的，赐死宫中对太平公主来说，也算是给骄傲一生的她以最后尊严。

武则天对太平公主的疼爱是不加掩饰的，高宗在位时，吐蕃王遣使长安，求聘太平公主下嫁吐蕃。武则天那时还是皇后，她极力不允爱女远嫁，遂在长安建一道观，名为太平道观，公主即观主，借口公主已经出家来回绝吐蕃王。太平公主

小巧而精美

十六岁那一年，经历了她的首次婚姻，下嫁唐高宗的嫡亲外甥、城阳公主的二儿子薛绍。婚礼在长安附近的万年县馆举行，场面穷极豪华，照明的火把甚至烤焦了沿途的树木，长安城的夜几乎如明昼一般。为了让宽敞奢侈的婚车通过，甚至不得不拆除了县馆的围墙。

太平公主的第一次婚姻结束之后，她最小的儿子才刚满月，经历了丧夫的伤痛，这个女人迅速成长。而武则天的极度宠爱还没有停止，为了安慰女儿，打破唐公主食封不过三百五十户的惯例，将她的封户破例加到一千二百户。

不久，又一次的包办婚姻让太平公主再一次走向了跌宕起伏的朝堂前，她不但是武则天的女儿，也成了武家的儿媳。公元690年太平公主改嫁武攸暨，这次婚姻被认为是武则天为了保护太平公主而采取的手段，武则天在太平公主嫁出的两个月后正式登基，太平公主因为成为了武家的儿媳而避免了危险。

武攸暨性格谨慎谦退。公主在第二次婚姻期间，骄奢淫逸，大肆包养男宠，与朝臣通奸，并曾将自己中意的男宠莲花六郎张昌宗进献给母亲武则天。

唐中宗复位之后，太平公主逐渐走到幕前，她也得到了中宗的尊敬。韦后与安乐公主乱权，渴望像武则天一样君临天下。然韦后唯惧太平公主多谋善断。景龙四年六月，唐中宗被韦皇后与安乐公主毒死。七月，太平公主参与了李隆基等诛杀韦后的行动，清除了韦氏党羽，李旦复位，是为唐睿宗。在她权势倾天的这个时期，公主将目光在此放在了九五之尊上，她积极培植党羽，七位宰相有五位是经由太平公主任命，文武百官不依附于太平公主的只有寥寥数人。

延和元年八月，睿宗传位太子李隆基，自己退为太上皇。此时，太平公主的路俨然已经走到尽头，盛极必衰，历史总会出现惊人的重复，韦后欲效仿武则天自立皇天，最终被太平公主诛杀。太平公主亦欲登临九五，却被李隆基赐死。曲调华美，也总有终章；宴聚欢乐，也总有散场；红绸密，却也挡不住乱世尘扬。

机关算尽，不过一缎白绸悬梁。

开元二十年，唐玄宗对罔极寺进行了扩建后，将其改名为“兴唐寺”。一百年后，唐王朝与吐蕃王国举行了第八次也即最后一次结盟，即“长庆会盟”，其结盟仪式在罔极寺举行。唐朝与吐蕃共同建造了著名的“长庆会盟碑”。这块会盟碑至今完好保存在拉萨大昭寺内。从唐太宗贞观八年到唐武宗会昌六年的二百余年间，唐朝和吐蕃互派使者一百九十一次，几乎年年都有往来。

罔极寺宗门林立，百家争鸣，是不同于唐朝其他寺院的。

漂亮的僧舍

道岸律师是律祖道宣的第二代弟子，在奉诏营建好荐福寺后，唐中宗诏令他驻锡罔极寺。佛教净土宗的慭慈流派也发源于此，创始人惠日留学印度十八年返回长安后，即被玄宗赐号“慭慈三藏”，并诏令驻锡罔极寺。唐著名数学家、天文家一行和尚曾多次驻锡罔极寺，开元十五年，一行在华严寺病逝，玄宗下诏将和尚灵柩停在罔极寺，并赐谥号“大慧禅师”。

历史既然给它了最为辉煌和灿烂的过去，许是要给它一个静谧悠远的未来。现今的罔极寺身处闹市之中，小小山门里只见孤零零几座古朴无华的大殿，韦驮殿、大雄宝殿。斋堂僧寮略显得孤独，寒冬里的罔极寺，游客几乎是没有的。山门外一座石碑上刻着寺名，灰白的罔极寺三个字眼，却道尽了沧桑。

罔极寺内还留有清代所建金刚殿及明朝碑碣，睡佛殿侧面角落的那尊遍布沧桑的刻于道光年间的石碑字迹早已辩认不清，而山门外的那对独角兽系唐朝所造，被视为镇寺之宝。

老柏树虬曲着枝丫，雪水未消融却结成了薄薄一层冰，我忽然乱了思绪。千年前的太平公主是怎样怀抱着紫砂暖炉为母亲祈愿求福，她的爱真真假假，自己也分不清楚。待到香消玉殒时，这骄傲的公主仍然女子盛装而立，一袭红衣在冰冷的宫殿里仍有震慑人心的美。秋风灌满她的衣衫，凤钗绾起的发已经松散开，垂落的青丝及肩，就那样轻轻摆了衣袖，触目惊心地，纵身跃入万劫不复的灭亡。

纵观极罔寺的命运，与大唐的命运冥冥相连，自开元盛极之后，一路衰败。那盛唐繁华落尽后，珠帘碎作漫空雪霰，一地流玉珠光，却怅然如泪。而今罔极寺仅由几个小尼姑日夜守着，我请了一炷香，慢慢地看它升腾而后消散。其实，读这历史就像品一盏茶而已，端起时翠润如雾，饮时苦尽甘来，我们都不在其中。

而是单纯的旁观罢了。

乘坐102、27、300/K300、37、602、604、704、714路至鸡市拐下，步行至更新街向北路西进炮房街约100米即到。

无

8：00—18：00

主要景点 M

西安事变遗址博物馆

——纪念一次果敢的兵谏

1936年的深冬，窗外寒风凛凛作响，漆黑的树影在夜色下仿佛一只困兽。

这一年的四月，年轻的将军张学良与周恩来在延安会谈，那时提出的联蒋抗日为中共中央所采纳，与红军达成“停止内战、共同抗日”的协议。

随后，叶剑英携带双方停战计划及毛泽东的约书来西安，张学良拿出巨额私款，赠送红军做冬季衣食补给费用。共产党也在西安设立办事处。

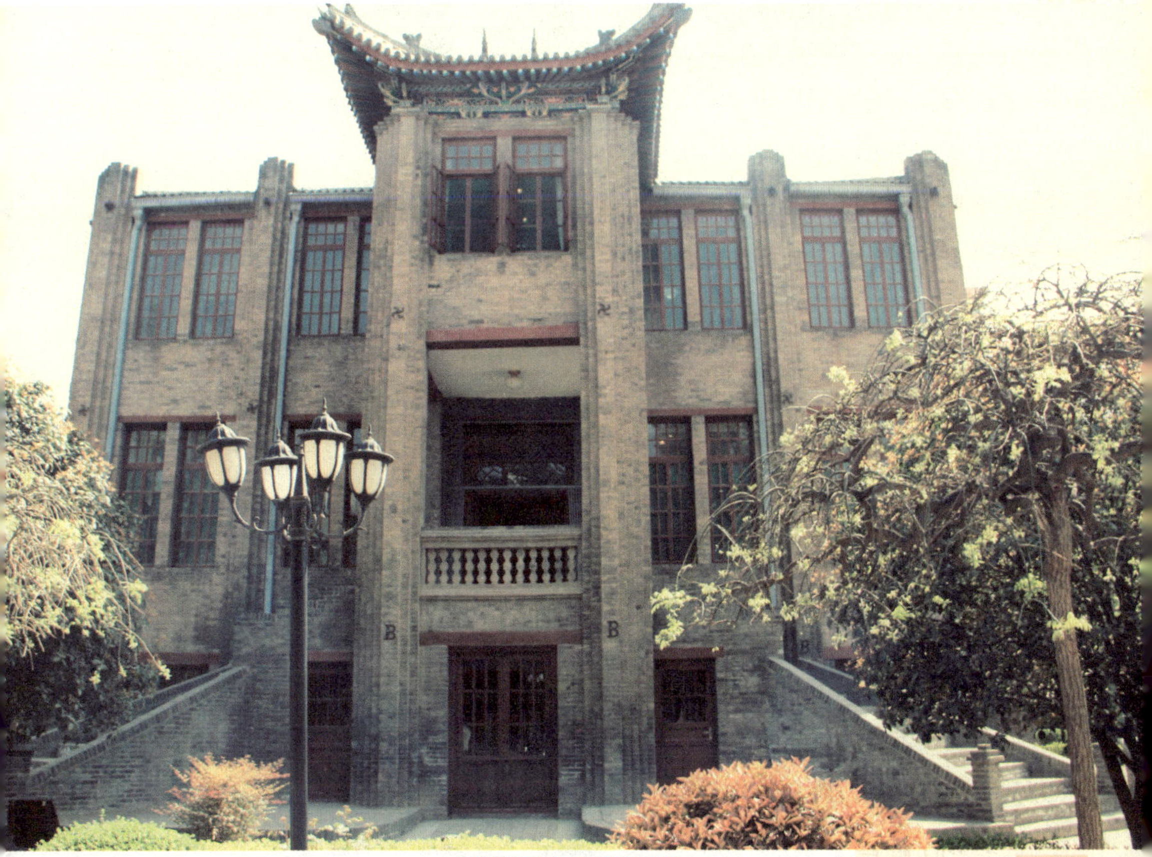

老楼似乎还停留在历史里

公馆里的汽车

于是，在十二月十一日的夜晚，张学良和杨虎城分别召见东北军和十七路军高级将领，宣布第二天清晨即将进行的兵谏。

这位年轻的将军是果敢刚毅的，那个时期暗红的中国正孕育着一股力量，蓄势待发。在经历了血泪的耻辱与践踏之后，中国人心拧到一起，这是坚不可摧的力量，无法阻挡的力量。

全国人心所向，都在统一战线抗日之上。

十二月十二日凌晨五时，蒋介石在临潼华清池仓皇出逃，从窗户跳出后，摔伤的蒋介石被活捉。当天，张学良与杨虎城向全国发出了关于救国八项主张的通电，改组南京政府，容纳各党各派，停止一切内战。

两位将军之英勇实受后世敬仰，那时候国军的炮轰已经到了耳边，他们仍不畏惧丝毫。宋美龄见到蒋介石，只递上了一盒梅干菜，对蒋介石说“宁抗日，勿死敌手！”此后，蒋介石的态度终于转变了。

张学良公馆

直到十二月二十四日，彻冷的深冬初见一丝暖阳。蒋介石接受了六项协议，并于二十五日乘飞机离开西安，张学良亲自陪同。临走时，蒋介石意味深长地看了他一眼。

西安事变和平解决了，而这位将军却被扣留。1938年开始，张学良被长期监禁，自此失去自由。后来，杨虎城亦被杀害。

西安事变纪念馆原是以张学良公馆与杨虎城止园别墅为

基础建立的遗址性博物馆。张学良公馆的洋楼固然是陈旧了，砖缝中生长着细小植物，墙角下湿绿的青苔染开。在公馆北排平房东展室常设“西安事变史实陈列”、“千古功臣——张学良将军生平陈列”和“张学良旧居复原陈列”。

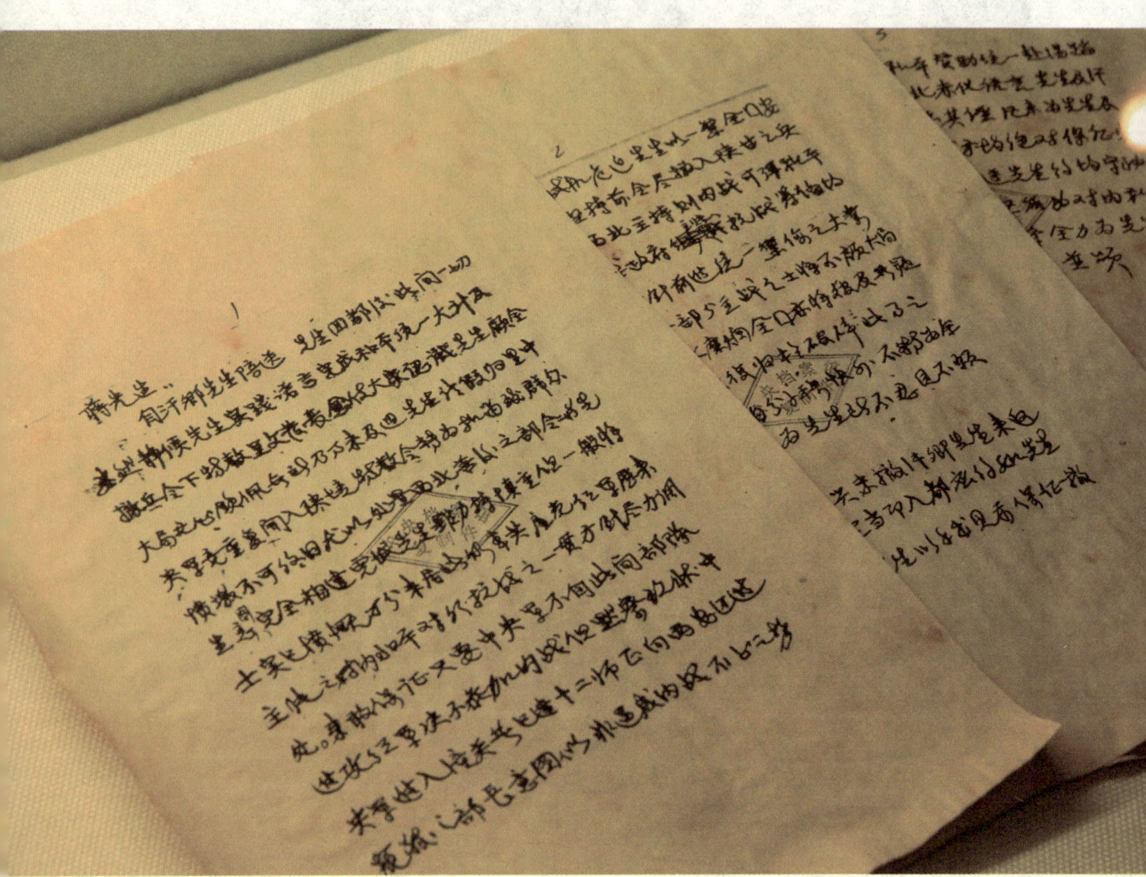

张学良亲笔信

这座公馆是张学良将军在西安的住所，西安事变的酝酿、发生与最终的和平解决都在这里进行。公馆内还是当年的原貌，近二百幅历史照片、数十件实物以及函电、图表等详细介绍了西安事变的全过程。看到这些照片泛黄的边角，内心还是沉重了，这位将军用余生几十年桎梏来换得一次转折，冒着生命危险。两位将军亲书的《张、杨告东北军、十七路军将士书》，称呼语是“亲爱的将士们”，感动我的那句“我们的希望，只是集合全国的力量去抗日救国，是绝对纯洁的，是绝对发自内心的，无一毫私心，无一点背景。”让我深深地震撼了。

杨虎城止园别墅位于青年路，建于1933年，是一栋很漂亮的传统宫殿式建筑。西安事变前夕，二人在这里密商发动兵谏，周恩来也曾亲临止园商谈，促成西安事变和平解决。目前在旧址内常设“杨虎城将军生平陈列”和“杨虎城旧居复原陈列”。现今在杨虎城的家乡陕西蒲城，有他的烈士陵园。这位将军被蒋介石凶残地杀害之后，全家也受到牵连，甚至十岁的小女孩都命丧蒋介石沾满杀戮的双手。

又是一年夏天，张公馆的树木又繁茂了一回，杨虎城的陵墓又盛开了夏花。这两位将军，亦会永远会被后人铭记。

交通

乘坐五龙专线、5、7、8、14、20、25、27、29、30路等公交在“大差市”站下车，往东第一个十字路口向南100米路东即到张学良公馆。乘703路公交在止园饭店站下车可到止园别墅。

门票

无

开放时间

8：30—17：30

美食

崔记BiangBiang面

地处三秦，各种各样的面馆子满大街都是，唯有一样是陕西最特色的，那就是BiangBiang面，Biang这个字，中国笔画最多的一个字，极其难写。但我以为，这个字是拟声的，应该是吃面时发出的那种酣畅淋漓的声音。陕西的爷们喜欢来碗荤素两搅，热干面加几瓣蒜那叫一个美。面很有嚼劲，而且份量很足。比较大众的口味是三合一口，上面是粗宽的面，下面是热腾腾的肉块，红彤彤的油泼辣子淋上去，再来一瓶西安最特色的饮料——冰峰，实在是再爽快没有了。人均15元。

碑林区建国路71号作协大院内

7 东线

——秦唐旧地，山水怀情

千年前的落雪无声，长安不眠。骊山下贵妃温泉新浴，海棠御池水暖着爱情的温度，唐明皇与杨玉环彼此执手祈愿。这是他们深情相爱的地方，华清池。唐朝距离我们太久，以至可缅怀那一朝富庶荣华之处太少，然而总有些东西时光抹不掉，比如爱情。唯有华清池，才得以似真似幻地感受曾经缠绵悱恻的爱情，水仍是暖的，而那情意，或许也不曾凉薄。

出了长安城，向东走。看见贵妃的华美香车缓缓驾去华清池，看见汤峪的桃花温泉却也氤氲如仙境，骊山大雪不疾不徐地落着，秦岭犹如银色蟠龙。

千年过去了，长安城变成了西安城，一路向东，有些却还未时过境迁。骊山依旧是曾经的秀丽姿态，华清宫的爱情全然没有被忘记，汤峪温泉犹如婀娜娇贵的少女，水陆庵的千年壁画仍华美无双。唐时旧事，如烟如雾缭绕在这里，令人感慨。

既是秦唐故地，秦的印记自然亦是抹不掉的。不多说那兵马俑了，若是踏入陕西这片土地，必去的便是临潼兵马俑。而始皇之陪葬，兵马俑是可见的奇迹，还有不可见的奇迹深埋地下，秦始皇陵地宫。陵墓封土堆生长几株石榴，这人间的尤物开得正艳丽，封土下的帝王却无缘一丝雨露阳光的恩泽。秦陵太多秘密，露在外的只有那看似乏善可陈的四棱锥土堆而已，竟是有许多人默默地错过。

日沉月升转瞬千年，星河缱绻人间。

旅游指南

东线有世界第八大奇迹兵马俑，有全世界最大的地下皇陵秦始皇陵，还有见过无数历史风烟的华清池。由此可见，东线景点是来西安绝不可错过的旅游胜地。

在交通方面，火车站有可以直达东线多个景区的旅游五路公交车。

如果打算用两三天时间来体验东线之旅，那居住在临潼是一个不错的选择。临潼美食多多，骊山脚下的大晚成是一家主打陕西家常菜的餐厅，文化东路 30 号的铁蛋面食馆是临潼经典小吃城，195 号的回味斋羊肉泡馍馆深受当地人喜爱，秦陵北路的三顾香又是一家好吃的泡馍店。

兵马俑遗址
——沉默的殉葬

1974年3月，那是一个早春。黄土高原的寒气久居不下，来自西伯利亚的冷风在这片千沟万壑的土地上掀起一层飞沙。西杨村，位于秦始皇陵墓以东，这一天朴实的西北村民在薄雾初上的黄昏三两结伴打井。干旱的北方，尤其冬季，脱水的土地斑驳龟裂，水是最为珍贵的资源。村民的铁铲一点点将厚厚的土层翻开，这时候，却忽然一阵躁动。在铁铲下，分明是一个残缺的陶土人面，这煞气肃穆的五官，像极了来自修罗炼狱的神。迷信的村民纷纷张皇失措，却不知，他们所发现的，是一个举世震惊的奇迹。

公元前三世纪，世界是属于中国人的。在亚历山大帝国之后，罗马帝国之前，秦始皇缔造了一个空前统一的大秦。公元

壮观的一号坑

230年，来自北方的秦人横扫千军如卷席，锋利的铁骑刀枪一路逐鹿中原。五百年战乱终结在他们的戎装之下，六国一一覆灭，天下共主，帝国诞生。

两千多年前，这样一支强大坚韧的军队帮助秦始皇实现一统江山的夙愿，他们刚毅果敢，威武不屈。他们的面容仍然凝固在两千多年前的战场，那杀伐决断的眉眼之间，不知记载多少风烟，这是真正的王者之师。曾经，战场的将士挥刀杀敌流血不流泪，矫健灵敏的身躯迅猛如雷。一度被损毁的陶土身躯，支离破碎的肩臂好像再也不能拿起刀剑了，曾经青铜的武器车马好像在火海中湮灭了。而现在，他们被小心地一点点重新拼起，这群神兵静静地守在王的陵寝前，沉默地殉葬了两千年。

西杨村民最初惊动世界的那一点点发现，其实只是沧海一粟，冰山一角。逐渐出土的陶俑，让这片陪葬坑变成了世界最大的地下军事博物馆。从最早发现的一号俑坑到现在，已经出土三座俑坑，它们坐西向东，呈品字形排列。现在，

兵马俑

秦俑已成为世界了解西安的一个渠道，成为了陕西最为重要的Logo。美国《国家地理》将秦俑放到了封面，若是有心地去看陕西在中国版图上的形状，不恰似跪立的陶俑么。

在兵马俑三座俑坑，可以了然看出每个部队井然有序并有严格的规制。东西向矩形的一号坑以车兵为主体，车兵与步兵形成矩阵联合编队。军阵主体是面向东的，东面的前三排武士为先锋，他们都是轻装武士俑，战场上的先锋总是最为英勇。在南北西边廊中各有一排武士面向外，他们担任护翼和后卫。在部队中心部分整齐划一的铠甲武士俑是

兵马俑前的秦始皇雕塑

主要作战兵力。在每一纵队几乎都有一辆庞大战车，战车前的陶马亦彪悍无比。

如果说一号坑的发现是一个偶然，二号坑的发现就没有那么多传奇色彩，它呈曲尺形，布阵更为复杂，兵种更为齐全，是三个坑中最为壮观的军阵。这是一支骑兵、战车和步兵（包括弩兵）组成的多兵种特殊部队。一千三百余件陶俑陶

车马俑

马，八十余辆战车，青铜兵器数万件，可见其精锐。分割成四单元的二号坑，正方形的一部分最为庞大，均为步兵，驭手俑与战车陶马，战车因为木质，都已经腐朽了。二号坑中部，这一方阵为车、步、骑兵混合编列的方阵，战车十九乘，排成三路纵队。在后角的一乘为指挥车，指挥车上有将军俑与驭手俑。驭手俑在作战时是至关重要的存在，古代战争中战车的杀伤力极强，他们的控制与协调甚至关乎整个军队的胜败。驭手俑身穿长襦，外披铠甲，双手向前弯曲，一身戎装

将军俑

蓄势待战。骑兵俑兵阵位于二号坑的左侧，此方阵计有骑兵一百零八骑，排成十一列横队。骑兵，马蹄飞快扬起一阵沙土，犹如惊天霹雳疾驰而出。弩兵阵位于二号坑东北角，阵心是由面朝东的八路纵队组成，每路纵队有身穿铠甲的跪射俑。立射俑机警注视着四方，若有丝毫风吹草动，箭在弦上，顷刻间便可直射颈喉。方阵后有一件身穿彩色鱼鳞甲的将军俑，头

跪射俑

戴鹖冠，双手拄剑。将军俑身旁有一件中级军吏俑，这两件俑似为此方阵的统帅。

狼烟四起，剑拔弩张，这无声的战场。没有血腥的杀戮与残酷，没有牺牲与光荣，泥土制成的身体，远远望着东方。每一座陶俑的神情无一重复，若有似无地笑着，深深蹙起眉间忧愁着，果敢刚毅决绝着，高大威猛的战士将这些表情定格在泥土之上，两千年未曾改变。

秦时明月，那一年车辚辚马萧萧。高高在上的玄衣天子缓缓举起手臂，遂即整个沙场鼓声震天，战士仰望着他们的王，高声呼喊中原震颤。不畏白骨无人收，不畏再不见灞柳，战士回头看一看咸阳桥，坚毅地远走。剑击长空，扬鞭策马，虎踞龙盘之处燃起了狼烟，一路拔营留下的灰烬为始皇勾勒了一个江山。直到胸腔中贯穿以利剑，你可知他们并不是引颈受戮，而是了却君王天下事，赢得生前身后名。

坐俑

三号坑内遗迹

交 通

火车站东广场乘游5（306）路、914、915路至终点站兵马俑，车程1–1.5小时。

门 票

旺季150元，淡季120元

开 放 时 间

3月16日—11月4日8：30—17：30；11月15日—3月15日8：30—17：00

补 充 说 明

1.在火车站东广场有很多黑车冒充游5路，不要贸然上车。

2.对于不常接触历史军事的我们，或许很难理解那博大精深的文化，建议在游览之前可以稍微做一些功课。这样，当看到世界第八大奇迹的兵马俑就不止是视觉震撼了。

3.虽然景区内有兵马俑纪念品，但这些东西在西安市区都买得到，不如在逛市区的时候购买，价格会更合理一些。

华清池

——温泉水滑洗凝脂

骊山犹如一匹骏马跪卧在临潼，绿色绿得很浓重，像是荼蓓糅粹的叶。夏季潮湿的季风，雨水交汇涌入渭河，恰若银色绸缎。这山与水，影影绰绰仿佛泼墨诗意的一幅画，宁静悠远，缱绻万千。

骊山北麓，有一处宝地，常年温泉流淌，不盈不虚。因是这得天独厚的美景，周秦汉唐四朝帝王都在此修建过皇家园林与宫殿。三千多年前，周幽王就在此修有“骊宫”，而烽火戏诸侯为褒姒一笑的烽火台至今还在骊山孤独守候着。唐玄宗时期，这一方灵地大兴土木，凭借着多朝宫殿的基奠，依骊山的山势而筑，环山列宫殿，宫周筑罗城，竟有长驱直入通往长安的路径，将此处与大明宫

骊山脚下的仿唐建筑

石榴树随处可见

和兴庆宫联结。公元747年，新宫初落成，富丽宏大的建筑群从山顶绵延至山下，宫殿林立朱楼紫殿竟有三四层，楼阁相依恍然如骊山天宫一般。白玉长桥卧波，琉璃廊腰缦回，极尽奢华精致。李隆基赐名此地华清宫，在他执政的时期，几乎每年到了秋末，都会携宫眷亲臣在温泉避寒。在骊山层林尽染的深秋时节，帝王与佳人亦如同候鸟迁徙在温暖的地方度过寒冷的冬季。那个时候的华清宫，亦一度成为第二政治中心，皇帝在此幽静美景之中与大臣商议国事，却也不忘享受温泉水暖之中的恣意人生。山水和鸣，飞鸟啼歌，温泉氤氲露华浓，此番人间仙境，也唯有帝王能享有了。

除却美景与奢华，在华清宫也渲染过撼动天地的爱情。长安旧都，昔日的繁华万千褪去，娓娓道来的凄美故事，上穷碧落下黄泉，长恨歌也写不尽的婉转哀思。

公元735年，杨玉环被册封为唐玄宗第十八子寿王李瑁妃。相传她有天人之姿，华美无匹，一代倾城。公元737年，唐玄宗的宠妃武惠妃去世，玄宗悼念不已，后宫粉黛竟无人能解语抒怀。三年后，还是寿王妃的杨玉环与玄宗相见，只觉她一笑倾国。杨玉环的宠爱并不是偶然，纵有千般美貌，若无灵犀，不能懂得这位君王的心，那便是辜负了绝色佳人。可杨玉环能歌善舞，与通晓乐律的唐玄宗契合无间，在志趣之上情投意合，既如锦瑟和鸣，又如诗曲相彰。他们两人是伯牙子期一般的知己，是艺术造诣颇高的挚友，最后才是双宿双飞的亲密爱人。

公元745年八月初六，盛暑才晓，杨玉环一身华衣薄汗轻透，她被唐玄宗正式册封为贵妃。始是新承恩泽时，唐明皇在宫中竟称呼杨玉环为娘子，礼仪皆如皇后一般。弱水三千只取一瓢，帝王此时此刻竟然也有了真情义。身边的女子手如柔荑，肤如凝脂，尝矜绝代色，复恃倾城姿。他一度深陷爱河，难以自拔。

华清宫里记载太多两人浪漫的故事，“春寒赐浴华清池　温泉水滑洗凝脂”所指便是那海棠汤，唐明皇赐给贵妃的浴池。他们在骊山半山腰的长生殿前相依而立，仰望苍穹星河灿烂，却羡慕牛郎织女的真挚。情不知所起，一往而深，双目相视时，双双跪地对天盟誓，愿生生世世为夫妻。长恨歌中，七月七日长生殿，夜半无人私语时。在天愿作比翼鸟，在地愿为连理枝，就是那伉俪情深的写照。

每年十月，玄宗与贵妃从京都长安来华清宫淋浴温泉，直到第二年暮春三月才返回京都。“十月一日天子来，青绳御路无尘埃”，他们在这里度过七夕，避却夏暑，欢歌跃舞。骊宫高处，仙乐飘飘，他们在这里享受奢华的温泉御院，隆冬时节温暖的华清宫竟然莺歌燕舞如春一般。他们打马球、观斗鸡、看舞马。而皇帝索性连长安也不回，在此处理朝政并接受万国使臣的朝拜，是故，华清宫又为“第二都城”、“第二长安”。或许是情到深处，竟然日日夜夜时时刻刻也不想分离，于是就有“春宵苦短日高起，从此君王不早朝”之说。芙蓉帐暖，不曾识得干戈，然而历史的车轮继续滚动着，终于，公元755年，大唐由盛转衰的临界点安史之乱爆发。“六军不发无奈何，宛转蛾眉马前死。”玄宗被逼赐死杨贵妃于马嵬坡，一尺白绫了却此生。后来，华清宫失去了往日的辉煌，温泉水暖仍在，只是人心却凉薄。

今日的华清池有一座杨玉环的雕像，一入门便可看到了，白皙的皮肤轻披着薄纱，正是温泉新浴的样子。也许这样的绝色佳人香消玉殒，任谁都会觉得怜惜。马嵬坡，花钿委地无人收，零落成泥碾作尘，却连香也无一丝。只有帝王默默回首，

太子汤

犹记得初见时的惊艳，六宫粉黛了无颜色，她却是回眸一笑百媚生。

华清池在骊山下并不仅是温泉御汤，它亦是千年皇家园林的一脉相承。九龙湖边，一栋宏伟的仿唐建筑便是飞霜殿。唐时的飞霜殿，是唐玄宗与杨贵妃游骊山使用的寝殿。那年此殿落成之时，正逢严寒的冬季，雪花翩跹漫天飞舞，却还没落及地面就被大殿四周温泉的热气蒸腾到空中，落雪为霜。因此就有了这样诗画般的名字。

御汤遗址博物馆，顾名思义是因温泉修建的博物馆，馆藏着当年唐玄宗华清宫的温泉遗址，有“海棠汤”、“莲花汤”、“星辰汤”、“尚食汤”、“太子汤”五组汤池遗址和众多的文物遗迹。“海棠汤”因汤池平面仿佛一朵海棠花而得名。海棠，姿态妩媚而不妖，清新而不涩，艳丽无匹，嫣然无方，衬托贵妃的娇美，又像是杨玉环丰润的形体。汤池的池壁由四块墨玉拼砌而成，釉黑华丽，贵气天成。海棠的花蕊是一个莲花喷头，温泉因自然压力从花蕊中自动喷洒而出，仿佛芙蓉泣露，天降灵水恩泽。杨贵妃在海棠汤中淋浴了近八个春秋，那宛如海棠初睡的娇媚姿态不仅令她常怀恩宠，也成为文人墨客写诗作画的素材。杨玉环喜爱在池中撒满鲜花花瓣及昂贵的香料，紫檀、沉香、丁香、麝香，每每贵妃沐浴，整个华清宫都是馥郁浓烈的香气。她亦喜欢将一些中药加入汤池，美容润肤效果是极好的，故有温泉水滑、凝脂如玉的形容。“骊山飞泉泛暖香，九龙呵护玉莲房”，贵妃在这里荡涤尘垢，总是犹如一朵青莲出水，惊似天人，也难怪三十岁的杨玉环仍有少女之姿。帝王御赐的汤池，同时也是给她一份独享的宠爱与尊贵，温暖与舒适。

九龙湖畔的贵妃雕像，有些现代感的艺术手法

而莲花汤是专供唐玄宗李隆基沐浴的，华清宫御汤遗址中最有气势最具代表性的汤池也是它了。既称“御汤九龙殿”，便有九五王者之尊，这样宏大磅礴的气势确实令人震撼了。宫殿建筑面积达四百多平方米，御汤可储水近一百立方米，俨然是一座庞大的御用泳池。唐玄宗是狂热的道教信徒，他相信这濯淤泥而不染的莲花至纯至净。道教圣物莲花，在李隆基这里成为了皇权的象征，清泉、莲花的护佑下，他得以求得一种解脱，一种升华，从而实现他心中的“道”。

星辰汤其实是唐太宗李世民的“汤泉宫”，是目前国内发现的最大的御用汤池。这里亦是华清宫遗址中历史最为悠久的汤池，原是在此处御汤遗址竟然也留存着周秦汉唐的文化遗存。公元644年，专供唐太宗李世民所用的御汤池落成，酷似北斗七星，犹如宇宙苍穹一般浩大渺远。古人相信，星的明暗、陨落、移位皆是皇权的变化之映，因此，这座汤池就是帝王祈求皇天赐福之地。

华清宫的盛衰都和一个女人有关，亦和唐的繁荣与落寞有关。过了几百年，它默默黯淡，过了几千年，它遗忘于世人。在时光面前，一切荣华都是沧海一粟，湮灭便再也杳无踪迹。而不变的唯有华清池的水温，六千年前至今，恒定的四十七度，仿佛能永远温暖人心。

交通

火车站（东广场）乘坐914、915、游5（306）路公交在“华清池”站下车即到。或乘坐西安到秦始皇陵兵马俑的专线汽车，乘车时间约为45分钟。

门票

旺季（3月1日—11月31日）110元，淡季（12月1日—次年2月底）80元。学生凭学生证为60元；身高在1.2米以下的儿童免收门票，1.2米以上35元；65岁以上老年人持老年证65元，70岁以上老年人持寿星证、军官、残疾人免费。

开放时间

旺季开放时间 7：00—18：00，淡季开放时间 7：30—18：30

秦始皇陵

——极尽奢华之陵

浮云出岫，钟灵毓秀的骊山下，银龙盘踞的渭水之滨。这里是秦始皇嬴政的陵寝，也是一个迄今未能面世的地下宫殿。

震惊世界亦不足以形容它，因为它未知的真颜，豪华奢侈的那些宝藏还不曾泄露半点，而它的存在已经足够震惊世界了。俯瞰秦始皇陵墓，切割分明的四棱锥却被一层绿意掩埋。这平地而起的四棱锥便是始皇陵封土。而整座陵园却远比封土要大许多，陵园以秦国都城咸阳的形制而建，亦有内城与外城，是由南北两个狭长的长方形城垣构成。这东方金字塔般的封土却只占据内城之南的部分，是整个陵园的核心。

陵园总面积为五十六多平方公里。

这个惊人的数字实在令人震撼，莫不是嬴政在地下又造了一座城。七十八个故宫一般大小的陵园，翠郁横疏，犹如一块碧玉嵌入大地，而这碧玉之下又不知

高大的封土堆可以一直登顶，然而始终无法一窥地宫的宝藏

秦始皇陵的表演

掩埋多少黄金琉璃。

自陵墓问世以来，它的深度就是一个谜，这样巨大的规模在历代帝王陵墓中已无人能及，却不知其深度是否亦前无古人，后无来者。公元前210年，丞相李斯向秦始皇报告，称其带了七十二万人修筑骊山陵墓，已经挖得很深了，好似已经挖到地心一样，击凿四壁的时候，只能听见空洞的声音。秦始皇听后，下令“再旁行三百丈乃至”。“旁行三百丈”若是真实的，那秦陵地宫将大到不可思议，虽无考证却也让它扑朔迷离。司马迁撰

秦俑打扮的士兵手持长矛列队表演

写史记，对秦始皇陵墓不过一百六十字，却提供了珍贵的资料。“九月，葬始皇骊山。始皇初即位，穿治骊山，及并天下，天下徒送诣七十馀万人，穿三泉，下铜而致椁，宫观百官奇器珍怪徙臧满之。”这当中，“穿三泉，下铜而制椁”，对地宫深度给予了一个模糊的定义，是穿过地下的三条暗河之意么？还是古人以“泉”为至深，这“穿三泉”意为穿过“九泉之下”的第三泉。而“下铜而制椁”，原是地宫以铜液体浇灌，使其坚不可摧。

如今可见的这四棱锥覆斗形的封土堆，其实已经是被项羽破坏之后的模样，最初的陵墓封土是按照阶梯形修建，并极为恢弘，且雍容华贵。那一年楚霸王项羽入关，令三十万人搬运秦陵墓的奇珍异宝、金银玉器，却整整搬运了三十日都没有运尽。《三辅故事》亦记载三十万人盗掘秦陵之时，突然一只金雁从墓中飞出，一直朝南飞去。后又传说，一牧羊人丢失了羊在此寻找，却误入陵墓深处，随身的火把点燃了整座地宫，大火烧了三个月。这些记载仅仅被当作了作者的想象，后世可知，秦始皇地宫并未遭到湮灭之罹。司马迁在《史迹》中对阿房宫之毁灭尚有描写，却对秦陵被毁只字未提，可见这秦陵地宫不复存在之事只是以讹传讹罢了。

这座穷极富丽的宫殿，至今仍然完好地埋藏于地下。是什么，让两千年的它不受雨水之侵蚀，不为地震之倾倒，不被暗河之冲击，不遭盗墓之觊觎。据悉，地宫在封土堆正下方，中心处即是棺椁之所在。地宫之外，有一层四米厚的坚固宫墙，宫墙还用砖包砌起来，并且找到了若干个通往地宫的甬道，发现甬道中的五花土并没有人为扰动破坏的迹象。西安曾经发生八级地震，地宫依然完好，这多要归功于宫墙。当时，在制造宫墙之时要以箭射之，如有裂缝立即推到重制。而地宫也发现了巨大的阻排水渠，长约千米的阻排水渠其实是堵墙，底部由厚达十七米的防水性强的清膏泥夯成，上部由八十四米宽的黄土夯成，规模之大让人难以想象。

始皇初即王位才十三岁，十三岁的孩童就要开始修建陵墓么？这并不是他所想，而是祖制如此。后来，天下统一，嬴政的内心极度膨胀，好大喜功的他将陵墓修治得穷尽纷奢。这奢侈到何等地步，司马迁仍有记载“以水银为百川江河大海，机相灌输，上具天文，下具地理。以人鱼膏为烛，度不灭者久之。”秦始皇的地宫，并不只是他生前所拥有的宫殿而已，这位帝王亦将自己生前所拥有的江山放在身边，伴他长眠。

这座奢侈太过的陵墓，可谓机关算尽，那水银可保秦王身体永不腐坏，可毒杀一切入墓行窃之人。因而，迄今我们都无法打开这座地宫，两千年前带有封建的智慧，却阻碍了科学继续深入。而始皇的真颜永远也无法见到了，他七月暴毙而薨，在炎炎夏日里两个月的路程才回到咸阳，可想那肉身已经残破不堪。

不论他是否坐拥江山，不论他是否金缕为衣，一瞬而亡的嬴政，甚至连肉身都留不住。

陵墓的修建亦让许多人丢掉性命，秦时水银在蜀地，将一百吨水银从四川运到咸阳，累死的人成千上万。在修陵园时期，服刑的劳工经常病亡，因为人太多，就随意挖个大坑埋掉。时至今日，还能看到土层中残缺的森森白骨。修建地宫的能工巧匠、工程师、风水师，所有参与的人都被杀死，只为陵园的秘密永远不会揭开。

嬴政沉睡在这片土地下已经两千年，秦二世而亡，可是陵墓却真的遂他所愿深深埋藏。他的血海天涯，他的乱世称霸，落在一张泛黄的古旧书页，化成墨罢了。他最终也没有把岁月留下，斗转星移白驹过隙，功过只是这世间千年的风沙。

交通

从火车站东侧乘306路旅游专线大巴士可达。

门票

秦陵与兵马俑实行一票制，旺季150元，淡季120元

开放时间

8：30—18：00

补充说明

1.从兵马俑到秦陵有空调公交车免费接送旅客来回，可以在参观兵马俑后直接乘坐大巴至秦陵。秦陵进门有票价15元的观光车，5分钟可到封土广场。

2.有些游客不太了解这座陵墓的价值，经常选择忽略这里，或是囫囵吞枣随意走一番。其实秦始皇陵墓值得用心感受，知道脚下有一座宫殿，一座城，甚至一片江山，那仍旧是很震撼的。建议找资料去了解一下这位千古一帝，一定会有收获。

水陆庵
——精致古刹，第二敦煌

距西安二十多公里，坐落在蓝田境内的水陆庵，远离尘土，安然、恬静。或许是因为庵，并不张扬。或许是因为小巧，精美的壁彩如同天穹一般，两千多年的色彩还未褪尽，奢华的藏品不为世人所知。水陆庵从不招摇，许多到西安旅游的人并不都会趋之若鹜前往。去的话，应该是讲缘分，缘分到了，你自然就想去。慧心，佛心，智心，仁心，聚集齐备，才能前往水陆庵。因为水陆庵犹如出落在深山里兼备才情的美貌女子，又如同闲散在民间的一部深奥的书籍，心之神往，方能觐见。

水陆庵山环水抱，有一条常年顺山而下的潺潺溪流，流水声总也不大，若轻歌曼舞，急缓有致，和谐温馨。虽是小小的寺院，但常年香火旺盛，前来烧香拜佛的信徒不计其数，院里人头攒动，香烟袅袅，好不热闹。

水陆庵

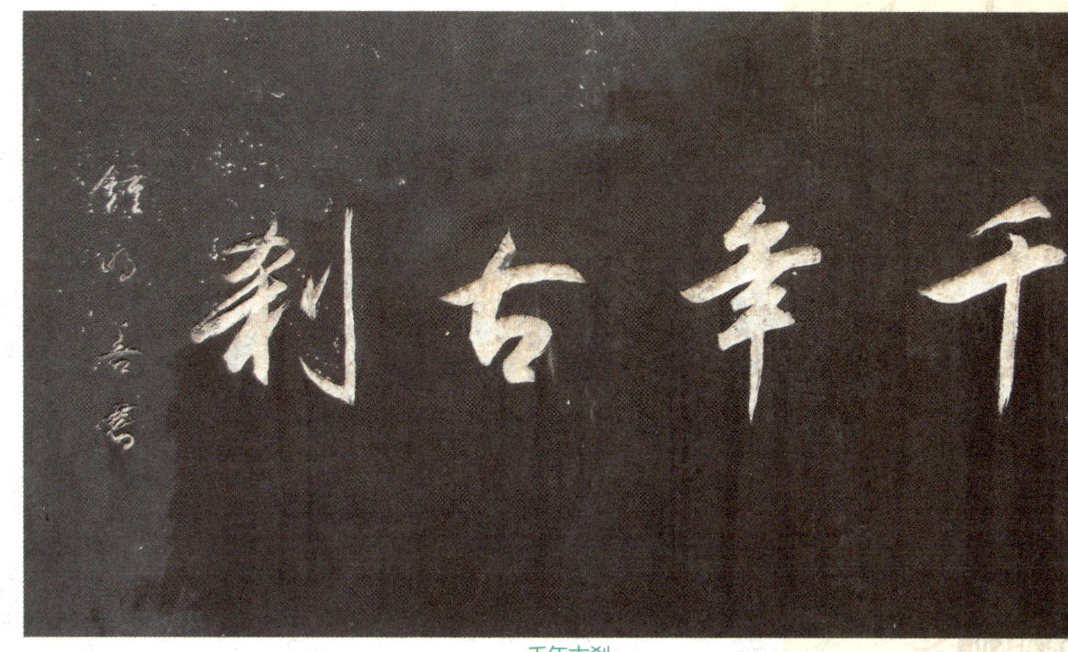

千年古刹

这么一个藏在深山的六朝古刹，奇怪的是无论是书籍还是在网络，居然只是轻描淡写地叙述一些，没有更多的历史资料，也没有人花时间力气宣传。水陆庵有其独特，一个佛、道、儒三教合一的寺院，也应该是少有的，本来应该是各显神通的教派，却在这里三教合一，而且和谐统一实属不易。儒教可以治世，佛教乃治心之本，道教修身且养性，正是古代帝王所推崇的法宝，同时也是民间大众的追求。释迦牟尼和孔夫子对世界的影响近乎相仿，两者生活的时代近乎相同，两者的信徒在数目上亦没有太大的差别。

水，乃至纯至净至柔至刚之物；陆，有包容厚德衍变生息之意。水陆庵，则是融汇天地之钟灵毓秀的地方。它的前身是悟真峪北普陀蓝渚庵内的水陆殿。魏晋南北朝时期，悟真峪内外开始遍建佛寺，其盛于隋唐，败落于唐末的流离战乱。

这座规模不大的四合院，前有五间山门，南北两边各有厢房十三间，院中轴线依次坐落有三间中殿，西有五间大殿。

大雄宝殿

虽然小巧，但它仍然是一座完整的佛家寺院，整个院落再无辉煌，却显得清幽古朴，恰到好处。

到水陆庵看什么？驱车二十公里，去看时过境迁的古刹，或许你便驻足了，但是如果你知道这个寺院里的壁塑是世界上罕见的，艺术功底是举世无双的，色彩的运用也是独一无二的，你必去！

水陆庵壁塑全部在庵内的大殿里，共有大小不等的佛像三千七百多尊。古朴的木质殿门轻轻掩着，窗外的光流进大殿，依稀可见千年的尘土飘飞。亲眼见到这些精美绝伦的壁塑，我震惊了许久，在这小小的古刹之中，一方有些简陋的殿里，居然藏着这样的稀世珍宝。在墙、梁、柱上镶满了塑像，再看莲座上的佛，如同他把世间万物展现在你面前一般。无他，唯有震撼。

绘画，浮雕，镂刻，事无巨细地雕琢出人物的喜怒哀乐，甚至思想性格。栩栩如生、活灵活现只是粗略描绘它们的字眼，在我看来，唯有霞云之斑斓、瀚海之博大方可比拟。在方寸之壁上映出气象万千，穹庐山海、苍茫宇宙尽显其中。水陆庵大殿内的彩色泥塑，相传出自于唐代著名雕塑家杨惠之手。那雕塑的人日日夜夜辛劳，最终凝结出了一壁永远斑斓的灵魂。南北墙上的泥塑是这一壁珍宝的高潮与华彩，它演绎佛祖释迦牟尼的一生，从诞生到涅槃，其中有山河百川、日月星辰、园林瀑布、亭台楼阁和殿宇宝塔，佛祖菩萨、二十四诸天、五百罗汉过海、千人听经、释迦牟尼涅槃塑像，还有神鸟、灵兽、麒麟等。细看壁塑的每一个细节，由衷地折服于艺术，这虔心塑造的一壁天地如此绝伦。

诚心而起，虔诚跪拜，请一炷香，青烟缭绕之间似有黄花之芳香。水陆庵，冷傲冷静却不冷清，无世俗之繁冗，无案牍之劳形，只娓娓道来佛祖拈花的那份随性与淡然，纵然身有千金却只愿藏在避世的山谷之中。凡人路过也好，跪拜也罢，不变的是那一份清心静气，往来之人皆诚心礼佛，不扰这一方净土。

交通

从西安省汽车站或西安体育场乘蓝田县王顺山方向的长途车可以到达。

门票

30元

开放时间

9：00—17：00

补充说明

王顺山脚下的水陆庵虽然藏着无价国宝，但是由于略显小巧，不如搭配其他景色一同游览，在行程中将水陆庵、汤峪、王顺山放在一起最好。登山领略凌峰秀水之后，在水陆庵探访古刹，傍晚在汤峪可以泡温泉洗去一天的疲惫，更加能体会秦岭的风韵。

汤峪
——温泉桃花水，沉醉不知归

汤峪，只看这两个字，便知此处最著名的即是温泉了。古代，人们把温泉唤作“汤”，不知是否因为暖暖的温泉水恰似飘香的汤汁。许是因为温泉的缘故，这汤峪的草木长得极好，青山新雨，空气如同钻石一般至纯至净。

一千五百年前，唐朝就有这么一句话形容汤峪：“桃花三月汤泉水，春风醉人不知归。”春来桃花渐次漫上山坡，风衔着花瓣落入氤氲生雾气的温泉，肤如凝脂的长安仕女，发髻轻轻绾起，竟如瑶池仙人一般。唐时，人们乐于在阳春三月，雪水初融的一日晴天，驾着马车出城，在汤峪洗去一整个冬天的寒意。有些唐人总是风流，一面肆意享受着春风水暖，一面总要流觞作诗。在一个个汤池曲折连环的水面，盛着桃花瓣的杯子若是漂流在谁的面前，谁便要作诗的，古人那雅致而欢愉的时光，亦使今人闻之向往。

汤峪雪景

晶莹剔透的魅力汤峪

唐玄宗曾经在汤峪有一座御用温泉行宫——大兴汤院，分设玉女、融雪、莲珠、漱玉、濯缨五池，闻名京师长安。想来这位帝王亦是对桃花水由衷心爱。杨玉环喜爱华清池的温泉，玄宗喜爱汤峪的桃花水，这一对神仙眷侣曾是多么畅意无忧地游过天地间美景。

汤峪得到帝王钟爱也并不全是因为那桃花蹁跹落水的仙境。水具灵性，且群山环抱，藏风聚气，这里有着百年不衰的上风上水地貌。它盛极千年，自然也不仅仅只凭借舒适怡人的山涧溪流，古人自然不知水中含有矿物，但他们代代传递着桃花仙水可以治愈百病之说。其实这可治百病是夸张的说辞，但汤峪温泉对几类疾病确实有很好的疗效，如神经性骨痛、消化道、风湿等多种疾病。同时还能起到舒筋活络、强身健体、润肤养颜等保健作用。

城市的幻影有千百种，若是的确很久不曾好好抬起头看那星河灿烂的夜空，何不在终南山下也仿效古人采菊东篱，望着向晚的山色湖光，霞光万丈，一身的疲惫尽数洗去。

交通

在城南客运站坐920路到汤峪下车，下车顺着指示牌就可以找到汤峪碧水湾温泉。

补充说明

1.泡温泉请注意自身的健康情况，例如心脏病和高血压都是不能泡温泉的。勿长时间浸泡。可以自带泳衣、泳裤。

2.汤峪周围有许多农家乐，可在欣赏山中美景的同时饱尝山中美味。

世园会遗址公园

——灞柳风雪，天人长安

世园会是长安八景之一，也就是灞柳风雪。

千年前，长安城东有灞水。灞水之上有一座木桥，名曰灞桥。每年暮春，东风才姗姗拥着暖阳而来，灞桥两岸栽植的万株柳树，柳絮蹁跹竟然如飞雪一般好看。如烟似雾白茫茫的一片，就这么氤氲在灞河之上，好似瑞蔼又似苍云。游人比肩接踵，毂轮相击在此观柳，成为长安的盛景。

而美景如灞柳却也并不全然是美意，古人含蓄婉转却深知离别相思之苦，那如何表达这不舍之情呢。诗意风流的长安文人，看到这盎然春色却可比那寒冬飞雪，悲伤之情就油然而生。而“柳”念起来则好像“留”一样，古人在柳树下攀折柳枝送与友人、亲人、恋人，便是希望对方留下了。

世园会遗址公园

唐代仕女沙雕

这灞桥，曾是依依话别、相怜相惜的伤心之地，纵使春光无限好，只是忧从中来。离别之情太过浓重，那些本性豪迈的文人雅士，被柔软的柳枝绾住了青丝，绊住了心绪，十里河堤旖旎缱绻，笔下墨意也变得哀怨委婉起来。一生洒脱的李白在《灞陵行送别》中悲怆地写道："古道连绵走西京，紫阙落日浮云生，正当今夕断肠处，黄鹂愁绝不忍听！"

过了千百年，那沧海也变成了桑田，于是灞桥一度被人们遗忘了。二十世纪八十年代，曾经的盛景已然消失殆尽，人为的污染让几株残柳完全枯死，荒草凄凄蓬蒿满地，再没有诗人才子挥洒墨意。直到这些年，灞桥才一点一点地改变，成为西安城东一片极好的诗意绿地。浐灞生态区的形成让这里变成未来最有前景的商贸新区，湿地公园亦成为西安城的绿色新肺，

植物馆

而世园会遗址公园坐落在此处更有天人长安的魅力。怀古看今，却是古柳残存，新柳继发，虽然再无青衣的古人依依惜别，却也有另一番热闹景象。高楼鳞次栉比却与廊亭水榭相连接，车行如流灞桥两岸却馥郁葱茏，街市南北古韵点睛，立交阡陌长安新景。

2011年，对西安来说是永远值得铭记的一年。长安，一城文化，半城神仙，在这样人杰地灵的古城，举行了新中国成立以来，西北地区举办的规格最高、规模最大、会期最长、参观人数最多的一次世界盛会，那便是世界园艺博览会了。三十二个国家与他们美轮美奂的园林建筑来到 灞，三个国际组织也带来了世界性的认可。二十四个省、市、自治区及香港、澳门、台湾等踊跃参展，一百零九个室外展园使游客徜徉全球风光，八千六百场活动渲染热情，三十五万志愿者无私奉献。

欧洲小镇，灞上人家，东瀛落樱，椰风水岸，那些异国建筑与风格依旧保留着。那些幽远意境、简朴纯真的庭院亦供人们环廊游走。磨盘铺就的道路无不显示着关中风情，盆景的山水之意境仍然可以慢慢领会。世园会的花卉与绿雕也依

长安塔

然盛情绽放，铺成了一路繁华。滨水建筑的奇花异草依然馥郁动人。在世园会过后的第二年，这一切美景将为西安留下一个永久性的美好公园。

灞桥，暮春杨柳千丝绕水柔情无限，夏时晓荷初露高洁，一尘不染，深秋蒹葭苍苍枫叶锁清寒，隆冬近水梅花先发暗香绵绵。这便是世园会遗址公园四季皆景了，若是登上长安塔远望一番，是否也如同古人一般可挥洒笔墨，畅意天地间。

而最美却是夜色初上了。华灯霓虹犹如织就彩锦缎，丝丝缕缕勾勒出别样华年。如今灞桥与城区也不过数十分钟的路程，夏日黄昏在此深深呼吸，便能够洗去一整日的疲倦，在彩灯琉璃的光与乐中流连，好不惬意自在，好个天人长安。

交通

位于灞桥区浐灞生态区浐灞大道1号，乘坐 47、 262、 530、233路可到。

门票

无

开放时间

9：00—22：00

补充说明

1.虽然世博园免票，但是个别区域是需要门票的，如长安塔与创意馆、自然馆、科技馆，通票60元。

2.园区每年都将组织许多场文艺活动，更有精彩十足的多媒体歌舞秀与游乐设施等。

8 西线

——圣地藏舍利，帝陵映群山

西出长安，一路苍茫。

咸阳故地，曾经雄起的东方帝国，那威震八方的嘶吼至今还在回荡，大秦那所向披靡的军团，车辚辚，马萧萧，尘埃之中不见咸阳桥。过了千年风风雨雨，今日的咸阳却成为毗邻西安的一个温柔新都，渭水缠绕着的氤氲城市。若西安是大唐奢华万千留下的只言片语，咸阳便是秦都厚重史书中的一页压花，颜色退去，香气仍存。

西出长安，帝冢王陵。

帝陵似乎娓娓道来那繁华落尽后的古今遐思，无他，唯有历史的风烟。九座汉陵，绵延咸阳原。那西汉的少年天子玄衣广袖，乌发不簪，安静地跪坐着，指尖轻触大汉疆域图的西边。他默默想着，盖犯汉者，虽远必诛。此时此刻，刘彻躺在棺椁之中，是否有怀恋那大汉江山，却徒有金缕衣，没了魂魄。

女帝凰栖在昭陵参天古树的枝头，月落乌啼，武则天殿内红绡映着银丝帷帐，一个女人，站在最高处，可高处不胜寒。每个大明宫的夜晚都是那样的孤独，冷清，帝王身侧，唯有一夜辗转。昭陵的双乳峰是古今唯一女帝的最后安息之处，可这里没有那茂陵的贵气逼人，亦没有乾陵的宏伟之肃穆，有的只是一个安详妇人的雍容、雅致，值得深深去品。大唐之于世界，就像钻石之于珠宝，一个无可比拟的灿烂存在。给予大唐活力与灵魂的，可以说是大唐至关重要的两位帝王，贞观之帝李世民，开元天子李隆基。李世民的灵冢，就在这九嵕山下，是他与长孙皇后长相厮守之地。

西出长安，法相庄严。

周时的京畿重地，法门寺的祥云瑞霭翩跹而至。那万世不朽的佛骨真身舍利默默掩埋已久，却无人勘破这黄土地的玄机。直到法门寺的地宫轰然洞开，人们才惊呼不已，关中啊关中，你的黄土究竟掩埋了多少辉煌岁月，究竟覆盖了多少璀璨琛宝。铜铃清脆声声悦耳，梵呗默诵犹如呢喃。法门寺，在长安的西边，它是久负盛名的中国佛教圣地，关中塔庙之祖。地宫几千件盛唐异宝光芒四射，辉煌灿烂的大唐盛世文明再一次震惊了世界，法门寺与唐的不解之缘早已结下，是帝王小心恭谨的供养，才有了地宫之中灿烂的金玉珠光。法门寺，我这样一个无心宗教之人尚在此结下因缘，它必定是天下善男信女心中的圣地。

西出长安，山高问道。

郭外青山，眺望秦岭太白，远观终南楼观，这依山带水，茂林修竹，绿荫蔽天的清幽山川，是长安的世外桃源。楼观台号称“天下第一福地”，是尤为著名的道教胜迹，终南山北麓的楼观台，不禁令人记忆起清隽诗人陶渊明“采菊东篱下，悠然见南山”。清新天色，终南山的野雏菊开得这样明媚爽朗，而陶渊明诗句中的惬意时刻，唯有此处方能领略。“关中河山百二，以终南为最胜；终南千峰耸翠，以楼观为最名。”

西出长安，所感冢陵，所受佛光，所见山色，皆是令人洞彻世间的，皆是令人有所领悟的。

西出长安，一路追寻历史，曾依稀听过那秦军拔营的响动，听过阿房宫夜里那荧荧烛火烛泪滴落凝结的细小声音，这便是用心感受的历史。

旅行的意义，不在那所谓的“XX景点排行榜”，而在内心深处，若是心之向往，自然到达。时光中每一处风景，都是在与人的灵魂相契合，天下每一段历史，都是为了引发内在深省与感悟。旅行，便是思想的一次畅游，心有多远，路有多长。

旅游指南

西线景点是西安文化金石之旅的重心，不论是帝王陵墓，还是佛法问道，都值得你细细去品味其中大意奥妙。

在火车站或是客运站乘坐直达景点的客车即可直接前往景区，亦可以先到达咸阳或宝鸡，做一番休憩，品尝陕西特色美食之后再游览。

咸阳市的餐饮街区主要集中在北门口十字周边，那里食肆林立，可以满足各地食客的味蕾。住宿在咸阳市内也是非常方便的，有着不同档次的酒店。

在西安城西客运站有直达法门寺的汽车，在西安火车站广场可乘旅游 2 路到达法门寺，大唐芙蓉园门口也有到达法门寺的直通车。

在法门寺周边，小吃是非常贵的，可以选择的地方又少之又少，旅客最好自备干粮，或者在旧塔的出口去吃一点当地特色，比如擀面皮就值得尝试。

终南山楼观台的美，需得游人西出长安来到周至东南十五公里方能领略。客运站有去周至县城的大巴，在大雁塔北广场乘坐环山旅游一号线在秦岭植物园下车，转乘当地出租或步行前往亦可。

在户县，有许多的陕西美食可供品尝，如户县街心公园的户县饭店小吃城，不仅有当地美味，还有陕西各方特色，是品尝户县地道小吃的绝佳去处。

法门寺
——心安之处，即是佛国

扶风县城东距西安一百公里，它没有翠微横疏的山光，亦没有潋滟粼粼的水色，也全无秦岭的危峰兀立。它只有黄土大地的沟壑和星罗棋布一般的村舍，黄昏时分，鸡鸣之时，炊烟如青丝一般缭绕在这片苍穹之下，说不出的平和宁静。

这里塔铃清脆，梵歌缭绕。坐落在此的法门寺，到底是因为什么，让它成为长安的惊世佛国。

始建于东汉末年恒灵年间，距今1700多年，有“关中塔庙始祖”之称的法门寺，因舍利而置塔，因塔而建寺，原名阿育王寺。阿育王是印度孔雀王朝的第三任国王，凭借杀伐决

法门寺的香火

断和桀骜不驯的性格、睿智果敢的谋略使他成为印度史上最伟大的君王。阿育王的前半生，基本是杀戮和嗜血的。可是帝王的后半生，终于被佛所救赎。那一度被权欲所遮盖的佛性，被恻隐之心所唤醒。他同佛教高僧优波毱多长谈之后，终于被感召，决心皈依佛门，最终成为转轮法王。是阿育王的推崇，让佛教传播开来，一个暴君忽然的转变，亦促成了佛教从恒河地方教扩散至世界，并且繁荣壮大成为亚洲最主要的信仰地之一。也是阿育王将佛祖真身舍利分成八万四千份，分送世界各国建塔藏之。中国有十九处，法门寺为第五处。到了今天，多少佛祖舍利与历史一同湮灭了，法门寺，或许是中国唯一一处藏有佛祖真身舍利的古刹。

唐以前，法门寺先后两次由北魏皇室后裔拓跋育、隋文帝扩建并开塔瞻礼舍利。直到唐高祖李渊武德七年，法门寺才敕建并真正成为“法门寺”。唐贞观年间，帝王三次开塔就地瞻礼舍利。在唐代二百多年间，先后有八位皇帝六迎二送供养佛指舍利。唐代诸帝笃信佛法，对舍利虔诚供养，使法门寺成为皇家寺院及举世仰望的佛教圣地。每次帝王迎送舍利皆声势浩大，举国轰动，皇帝顶礼膜拜，等级之高，绝无仅有。那高宗显庆年间修成的瑰琳宫二十四院，建筑可谓奢华壮观至极。

咸通十五年正月四日，还是寒冬时节，长安一片银装素裹。唐僖宗李儇最后一次送还佛骨时，按照佛教仪轨，将佛指舍利及数千件稀世珍宝一同封入塔下地宫，用唐密曼荼罗结坛供养。从此，法门寺深藏一个惊世的秘密。

1981年8月24日，宝塔半边倒塌，可另一半却完好矗立，这诡谲的景象是否暗示着什么。六年过后的一个春天，恰逢无忧树下佛祖诞辰，法门寺佛塔重修的施工现场，人们意外地发现了一个洞口。谁也不会想到，因为此番重修，因为发现了这一个小小的洞口，一个埋藏了一千多年的绝世秘密终于重见天日。

法门寺地宫如一座巨大的宝库密室，青蛇盘踞其中，当一丝微弱的灯光划过，那些惊世之宝的光泽依然丝毫不减。金石玉器流光溢彩，虽然年代久远但雍容华贵如新制一般，可见价值之连城。那令人困扰又让人兴致勃勃的秘密，如同黑云翻墨，白雨跳珠般地从地下涌出。沉寂了一千一百多年的璀璨华宝，韶光复现，两千五百件大唐国宝重器，簇拥着佛祖真身指骨舍利重回人间，普度天下。

两个多小时，我由西安到法门寺，正是一个暖洋洋的晴天，而阳光下的法门

法门寺宝塔

寺唯有金碧镶珠、瑞霭成云方可比拟。震撼，不仅仅是这大气华贵的建筑，而是来自千年的礼佛之心。远看佛塔犹如佛祖合手时候那掌心的一粒珍珠，金色肆无忌惮地晕染，重现大唐皇家寺院的雍容天家气派。檀香早已在空气中撒开，鼻息温热就把一种安静醇厚送入心肺。历时三年才建成的法门寺合十舍利塔，如同合十的双手，中间镂空部分是一座传统形式的唐塔，华美雍雅的塔前铺设了一条长达一千二百米、宽一百余米的佛光大道，两边分别是经幢与菩萨，若将山门比喻为“此岸”，佛光大道接引众生通过漫长的感悟之路，到达“彼岸”合十舍利塔，即佛国，这样一轮回便是为一大度了。

珍宝馆的物华天宝，金银如织，却始终有着天家威严与相

合十塔如同佛主的手掌

法庄严。法门寺千年地宫，此时被悉心呵护在珍宝馆之中，李唐繁华万千，地王供奉金玉，终于在眼前一一陈列。佛光大道的终点，便是佛国了，三座莲池静默守护，天色摇摇欲坠，恍惚间竟觉得霞云万千。佛塔简单的白色与金色，象征至尊与纯洁，而低矮的白色之上忽然耸立出如浮云出岫一般的金色合十塔，却给人一种雄伟壮丽的冲击。殿内那座巨大的金色佛祖雕像，低垂着眼，看着渺小的人祈求渺小的愿望，是啊，在宇宙天地之间，还有什么能比芸芸众生更加渺小的事物。

离开大殿，天地一线的远方犹如被霞光染透的锦，盈盈耀眼，光芒万千。再看佛国，心却是比来时要沉静了。近两千年的法门寺，似乎是一幅长长的画卷，漫长的道路，东来西去的伟大法师孜孜不倦地在那条道路上前仆后继，有人埋尸荒野，有人客死他乡，终有一天取经归来，佛法得以弘扬这广袤的东方。佛，就是那普度的善，就是每个人内心的纯洁与平静，回首望去，一路摇曳被霞光晕染开的佛光大道依稀模糊了。于法门寺，忽而懂得，心安之处，即是佛国。

交通

西安火车站乘坐游2路可直达，每天8：00发车，下午15：00返回，一天一班。8：00—11：00每逢整点在大唐芙蓉园西门有发往法门寺的免费班车。

门票

旺季（3月—11月）120元；淡季（12月—2月）90元

开放时间

旺季8：00—17：30；淡季8：30—17：00

补充说明

1.法门寺门前比较热闹，出售旅游纪念品和食品的店铺很多。

2.在博物馆内参观最好跟着团队导游听听讲解。

3.法门寺内主要游览已经挖掘的地宫，里面供奉着三枚舍利。

茂陵
——大汉遗踪

咸阳原，西起武功漆水河畔，东至泾渭交汇处，那一片黄土台塬。

咸阳原并不是秀美葱郁之处，既无崔嵬之山，亦无荡潋之水。唯一拥有的，就是那黄土之下，沉睡千年的帝王。西汉有十一个皇帝，其中九个，就葬于此。陵墓自西向东依次排开，长近百里，天子独有的威严与肃穆经久不减，恢弘万分。

金人有诗云：“渭水桥边不见人，摩挲高冢卧麒麟。千秋万古功名骨，化作咸阳原上尘。”这首诗里的咸阳原再真切不过，历史犹如一本老书，其泛黄的书页里记载着那大汉的荣辱兴衰，苍凉陵冢，却恍惚听得见那戎装的将士大声嘶吼，那铁骑突出刀枪鸣。

这便是咸阳古陵文化。

西汉王朝，二百一十四年。这一段烽烟岁月，秦之后、唐之前的一段强国时

规模浩大的茂陵

代，历经十一位皇帝，建陵十一座，其中最为显贵的五陵被称为“五陵原”，即高祖长陵、惠帝安陵、景帝阳陵、武帝茂陵和昭帝平陵。诗中“五陵年少争缠头”，“五陵裘马自轻肥”这样的句子，便是说当年居住在此的纨绔子弟为非作歹之事。

在西汉的十一位帝王之中，最为显赫出众的明君便是汉武帝刘彻，而在西汉的十一座帝陵中，最大的亦当数汉武帝茂陵。茂陵，其陪葬墓中尚有李夫人、卫青、霍去病这样的人物，而它无疑也是汉代帝王陵墓中规模最为宏大、修造时间最为长久、陪葬品最丰富的一座。中国历史上，如此规模浩大的皇帝陵，只有骊山下的秦始陵墓方能相比。

汉武帝刘彻,汉朝的第七位皇帝。刘彻登基时还是年仅十六岁的少年，然而他的老成，他的智慧，与生俱来的贵气逼人却是早早长成。刘彻的性格与祖父刘恒、父亲刘启相比是截然不同的。刘恒和刘启推崇文治，以黄老之术治国，是以一种柔和、缓慢的方式包容天下。而刘彻则崇尚武功，并且深受时代的影响，骨子里有着汹涌澎湃的激情。

祁连山以西的土地，风沙莽莽，沙漠广袤，戈壁遍布。可汉武帝一道旨意：征集天下勇士，出使西域！刘彻这道旨意是因何而出呢？他其实是无心插柳使然，这位帝王为了联合大月氏共击匈奴，才向那片未知之地发出讯号。然而这个契机，却拉开了中国的大探险时代的序幕！帝王的决定，如此高瞻远瞩意味深长，然而这一年汉武帝才十八岁。

后来，汉朝军队大破匈奴，那戎装森森、血染战袍、马革裹尸的壮烈战场，带来了大汉的安定与太平。开拓汉朝最大版图，将大汉推至一个顶峰，汉武帝的功绩极其辉煌，亦极其神武。

然而，万事有利弊，为了刘彻的连年征战，大汉却是撑不住那强劲的支出，终于国库透支了，这样就引起了民生凋敝。他在位晚年发生了农民暴动，并且在巫蛊案中冤杀无辜，卫子夫皇后便是冤死的孤魂之一。征和四年，刘彻向天下人昭告：自己的穷兵黩武给百姓造成了痛苦，从此不再劳民伤财。这便是中国历史上第一份帝王罪己诏——《轮台罪己诏》 。

公元前87年，刘彻崩于五柞宫，享年七十岁，入殡未央宫前殿。史载，“汉帝送死皆珠襦玉匣，匣形如铠甲，连以金缕。”梓宫内，刘彻口含蝉玉，身着金缕玉匣。匣上皆镂刻着蛟龙盘凤鱼麟之像，所以叫做蛟龙玉匣。汉武帝身高体胖，他所穿的玉衣全长将近两米，以大小玉片约两千块组成，共用金丝重约一千一百克。

这样的一位皇帝，在茂陵又是如何长眠？那陵墓建筑宏伟，墓内殉葬品极为豪华丰厚，史称“金钱财物、鸟兽鱼鳖、牛马虎豹生禽，凡百九十物，尽瘗藏之”。在刘彻即位后的第二年，他就开始修建茂陵园。茂陵外部全用夯土筑成，形似覆斗。茂陵的地宫内充满了大量的稀世珍宝。因为汉武帝在位年久，又处在经济繁荣的鼎盛时期，所以随葬品十分奢侈豪华，雍容精美，并且恒河沙数。除一百九十余种随葬品外，连活的牛马、虎豹、鱼鳖、飞禽等，也一并从葬。

茂陵周围有李夫人、卫青、霍去病等陪葬墓。霍去病是西汉著名的青年军事家，十八岁随卫青出征匈奴。他英勇无匹，睿智果敢，讨伐匈奴，可谓屡战屡胜。在河西走廊，他纵横驰骋，决胜千里，从而彻底开通了通往西域的丝绸之路。霍去病享年只有二十四岁，不能不说天妒英才，他亦陪同帝王一起葬在了这里。

霍去病墓前有十六件石刻，有牛马猪羊，甚至怪兽，那著名的“马踏匈奴”就在其中。这些石刻依石拟形，手法精巧简练，个性极为突出，风格浑厚天成。是中国现存时代最早、保存最完整的一批大型石雕艺术珍品。

霍去病墓中“马踏匈奴”为墓前石刻的主像，只见石马昂首站立，尾长拖地，腹下雕手持弓箭匕首长须仰面挣扎的匈奴人形象，见者犹如回到千年前征战匈奴的沙场，如此心惊胆战，逼真传神。

回望茂陵，这恢弘的汉帝之墓，却未曾因为时光流逝而变得苍老。它就像西汉的少年天子，永远意气风发，挥斥方遒。

汉朝与汉族，是如此亲密的关系，当我们来到这里，好像终于可见那千年前的故土一般。那大汉的遗踪似乎有迹可循，千年前的长乐未央灯火辉煌，千年前

汉武帝之墓

的少年天子刘彻昂首在上。大汉，曾向天下传递了一个极其嚣张霸道的信息，然而却是如此的振奋人心。那时候的刘彻位尊九五，高高在上，他远望山河，忧心四夷，一字一顿地缓缓说出“犯强汉者，虽远必诛！”

交通

从西安城西客运站或咸阳汽车站乘坐不走高速公路的开往兴平方向的班车，在兴平市符家桥下车，转乘11路公交车直达，也可乘坐农民的“蹦蹦”三轮可到茂陵博物馆大门。

门票

旺季（3月1日—11月30日）45元；淡季（12月1日—2月底）25元

开放时间

8：00—17：30

补充说明

1.参观茂陵可去茂陵博物馆。它不仅是一个博物馆，也是融文物、古建、园林于一体的著名旅游观光胜地。

2.茂陵离咸阳很近，可选择咸阳的宾馆住宿，也可在茂陵附近的农家乐住宿，便宜实惠，还可以吃到地道的陕西小吃。咸阳有一种肉夹馍名叫锅盔牙子，是旅行者不能错过的美味。

乾陵
——女帝凤栖

中国的帝王墓葬中有两座，埋藏着历史上尤为重要的两个女人，一座是河北的清东陵，一座是陕西的唐乾陵。清东陵之中，是大权独揽、垂帘听政的清太后慈禧。乾陵埋葬的则是女帝武则天和唐高宗李治，两位皇帝以山为陵，山陵合一，千百年来陵墓保存完好，是唯一没有被盗过的唐陵。

山峰的高大形体烘托出帝陵皇家风范的气势石，如历史剧般重塑了那些远去的岁月。精致的石棺，彩墨未曾褪去的壁画，梦幻的大唐披一层薄纱缓缓走来。武则天，她本人就是一个传奇，她的陵寝，更加悬念神秘，而地宫深处所藏，是否能让我们读懂这个女人的一生呢？在武则天修建陵墓时，唐朝富庶繁荣，四海臣服。陵园规模之宏大、建筑之荣华亦是当世无匹的，历经一千四百年风雨沧桑，仍处处彰显着女皇当年的风采。

宽敞大气的乾陵神道

武则天的无字碑

自古才女多损于容貌，美人却薄才。而武则天却是一个地道的美人，十四岁时入宫的她，早有倾城之姿，娇柔妩媚，唐太宗将她封为才人，赐名媚娘。一个十四岁的少女，心思缜密，承欢于帝王却被太子迷恋。感业寺的青灯古佛，也没有让她收了那骨子里的戾气，李世民死后，李治即位，便急急忙忙筹划将心爱的女人从感业寺接回。成为李治的武昭仪运用手段步步为营，铲除了王皇后和萧淑妃两个后路上的障碍。公元655年，武则天终于被立为皇后。然而她的野心只到此为止了么，这个女人拥有才华、美貌和对权利的欲望。从公元660年起，她开始参与朝政，朝廷大事几乎全由武则天裁决。高宗李治的性格仁慈而懦弱，朝臣称高宗和武则天为二圣，而掌握最

懿德太子墓的封土堆

高权力的是武则天。在位三十四年的高宗体弱多病，终于公元683年病死，葬于乾陵。

乾陵依梁山的瑰伟山势为冢，山腰出凿建玄宫，而当唐高宗下葬时，乾陵还只是初具规模。真正促使它成为恢弘灵冢的却是武则天，不知仅仅是为自己死后造就一个金玉奢侈的城堡，还是怀恋曾经陪伴一路走来的丈夫。在她周旋于宫廷斗争和国家大事时，也始终牵挂着乾陵。经过复杂的权力斗争，武则天以她超群的睿智与杀伐决断的刚毅果敢取得了决定性的胜利。在她的主持下，乾陵的修建工程一直继续，因为这无与伦比的奢华，工程艰巨而浩大。二十余年后，一座气势恢弘空前的皇家陵寝落成。笔直宽敞的中轴为司马道，四周环绕着两重城垣，城垣的西南方建有宫殿，东南方分布有太子、公主及大臣的十七座陪葬墓。俯瞰乾陵之时，发现它好似唐朝的都城长安城。墓若都邑的乾陵，俨然就是长安城的微缩景观！自南向北建有三座庄严高耸的大门，象征着帝国都城长安的三座城门。而宫城亦和长安城一样，东西南北设有青龙门、朱雀门、白虎门、玄武门。工程内建有寝殿和地宫，帝王死后却仍旧享有这一座荣华的池城。乾陵东南部分，大大小小分布着按照墓主人生前的地位高低，由远及近地排列开来的十七座陪葬墓。帝王至尊地位，皇室高贵血脉，即便死亡也要光耀奢华。

今日的乾陵，虽然曾经的辉煌已荡然无存，但是王之陵墓应有的气势并没有因此而减损。而正因为它是唯一女帝凤栖之地，更加令人迷离追思。司马道的尽头是两座乳峰般的陵寝，尽管武则天一生杀伐决断，尽管她不曾有过女子的温婉柔情，但是那媚惑妖娆的神姿却真实地成为她致命武器之一。

乾陵，众多的巧合却并不是巧合，那是能工巧匠的艺术结晶。十八座平台正好象征唐朝皇帝在关中的十八座陵墓；第一层三十四级台阶象征唐高宗在位三十四年，或许是武则天对李治若有似无的感情之流露；而第二层的二十一级台阶象征女皇武则天执政二十一年；最后一个平台八级台阶象征八卦。八卦以乾为首、为上，因而乾陵也意味着天陵。乾陵左为山崖，右为深谷，陵墓前后石阶均为墨玉石，可生回音。在其第八个平台中部，声音尤其嘹亮。若是轻击四掌，可听到邈远而来的一

乾陵陪葬墓永泰公主墓内的壁画仕女图

声“消除烦恼”。再击四掌，可以听到如梦如幻的“降来吉祥”。

乾陵《无字碑》闻名于世。无字碑，既然名如此，那它最初必定是无字的。一块浑然巨石雕成，高将近八米，宽两米，厚近乎两米，重可达百吨，却无刻字，这又是一个武则天留下的谜么？碑首刻八条蟠龙，碑身两侧各刻有冉冉腾飞的升龙图一副，龙腾若翔，栩栩如生。龙首上有一振翅欲飞的金凤凰，出神入化，犹如涅槃。而无字碑究竟是何等用意？是欲彰显武则天功高德大，还是表达她的雍容大度，毫不介意自己供后人评说。还是中宗李显所立，他不满武则天的独断专行，却不愿违背自己的心意去恭维她，更加不愿意以儿子的身份对自己的母亲提出非议，故而立下此碑。唐朝覆灭，直到宋金，才开始有人在“无字碑”上刻字，从此，无字碑成了有字碑。而其中最珍贵的是用女真文字题写的《郎君行记》，女真文字早已绝迹，这段文字是尤为珍贵的。

乾陵是神秘的，仿佛每一处都需得细细推敲，每一处都是谜。而隐藏在乾陵地宫里的，还有无尽的秘密。武则天死后两百年，公元907年，唐王朝灭亡，中国陷入诸侯割据的混乱状态。在这个动荡的时期，唐陵尽遭浩劫，唯独乾陵的地宫没有被盗凿，相传当乾陵即将被开掘时，原本晴朗的天气忽然电闪雷鸣，狂风暴雨骤然袭来，乾陵如有天神庇护一般地逃过了这次浩劫。更令人难以置信的是，在往后的一千多年里，针对乾陵的多次盗凿，均没有成功。或许，这又是一个女帝的神话。

回首乾陵，连绵起伏的三座山峰，远远看去宛如一个仰面而卧、望空之日月的妇人。她是武则天么，是那个饱尝九五之殇却仍然铿锵站在最高处的女人么？不论如何，此时的乾陵安逸静好，那如女子一般的绵延山脉，头北足南，仰面躺在蓝天白云之下，只看花开花落几番晴，云卷云舒几多秋。

交通

在西安火车站东广场乘坐游3路公交车直达乾陵。游3路每日一趟，车程约2小时，8：00出发，15：00由乾陵返回。淡季1月—3月停运。或者从西安市城西客运站或咸阳市汽车站乘坐发往乾县的长途车，抵达乾陵县城后转乘公交车前往景区。

门票

联票（包括大陵、永泰墓、章怀墓、懿德墓、乾陵地宫、胡俑展）122元

开放时间

旺季8：00—18：00，淡季8：30—17：30

补充说明

乾陵上山的路很长，全部是台阶，爬到顶端才是神道。一日游的车是从另一条路一直开到山上，直接进入景点。

昭陵

——长忆贞观

在广袤无垠丰饶千里的关中平原，一道横亘东西的山脉，连绵起伏犹如华美翠绿的帐幔，与秦岭山脉遥相对峙着。这是礼泉县境内平地而起的一座高山，有冲天之势，志比鸿鹄。在它的周围，九道山梁如同众星捧月一般把它高高拱举。它因而得名九嵕山。

九嵕无疑是极美的，否则它也不会得到帝王的垂爱。崇山峻岭，馥郁繁花。众山环绕下，九嵕山孤峰耸立着，就像高高在上的帝王，君临天下。

那时候还是初唐，李世民意气风发，大展宏图，当他带兵或狩猎，每每路过九嵕山，他总是停下，远望那座如琼玉一般的碧峰。他打心眼喜欢这高傲挺拔、清隽出世而又烟云缭绕的山峦。唐太宗眼中的这座绝美孤高之山，似有凌云之志，不像

石刻骏马浮雕像

唐太宗塑像

旁边的山峦乏善可陈又安于卑微。这山有灵气，有智慧，与帝王就此结下不解之缘。

唐太宗李世民缔造了一个闻名于世的治世，直到千年之后的今天，大唐的光辉岁月仍是令人神往。唐朝建立初期，他受封秦王，立下赫赫战功。玄武门之变的背水一战，就此奠定了他的皇位，然而弑杀兄长却使他落得冷血之名。但那九五之尊之下，古来就流淌兄弟之血，唐有双龙残杀，清有九龙夺嫡，虽然残酷杀兄，可李世民并不是一个嗜血暴君。相反，他懂得君民是水与舟的关系，“水能载舟，亦能覆舟”，轻徭薄赋休养生息是他安民的方法。终于，贞观八九年的时候，中原从战乱割据之中恢复起来，牛马遍野，百姓丰衣足食，夜不闭户，道不拾遗，一片欣欣向荣的升平景象。

贞观十年六月己卯日，李世民挚爱的妻子长孙皇后薨逝。这位温良淑德、秀毓聪慧的皇后仅仅在世三十六年，还是女子灼灼其华的年纪，却在最为尊贵的时候死去。中国历史上有无数的皇后，多是步步为营城府颇深的形象，而长孙皇后，无疑成为后世皇后的标杆。她十三岁嫁与李世民，与丈夫鹣鲽情深，成为皇帝的良佐，忠直大臣的保护伞，汪洋恣肆口才的纵横家。皇后临终前，对李世民说希望自己从简入土，不要奢靡，不需土冢，以山为陵。李世民忧思良久，终于想起了那九嵕山，于是将心爱的皇后入葬，名为昭陵。一代明君长眠后，他们终于得以在昭陵重聚，长相厮守至今。

唐太宗与长孙皇后的昭陵是陕西关中“唐十八陵”中规模最大的一座，有陪葬墓一百八十余座。其中有后世所熟悉的长孙无忌、程咬金、魏征、房玄龄、李靖、尉迟敬德、长乐公主。 昭陵依九嵕山峰，凿山建陵，开创了唐代封建帝王依山为陵的先例，同时也使得盗掘皇陵之徒望而却步，不得不说长孙皇后实在是有远见的女子。而唐太宗撰文刻石的碑上也写着："王者以天下为家，何必物在陵中，乃为己有。今因九嵕山为陵，不藏金玉、人马、器皿，用土木形具而已，庶几好盗息心，存没无累。" 这便是昭告天下，虽为帝王，但陵墓并不会藏金玉珠宝，是故"好盗者且息心"。

昭陵仿照唐长安城而建，这是唐朝帝王对长安的痴迷，武则天亦是如此。长安由宫城、皇城和外廓城组成。昭陵的陵寝就在长安宫城之处，可比拟皇宫内宫。地下为玄宫，地面上围绕山顶堆成方型小城，城四周有四垣，四面各有一门，仍是与长安城如出一辙的。史载，昭陵玄宫在山腰南麓，穿凿而成。长孙皇后先葬于玄宫，就在栈道旁之上建造房舍，供宫人居住，像对待活人一样对待皇后。待太宗葬毕，进入陵墓的栈道方拆除，使陵与外界隔绝。玄宫深七十五丈，石门五道，中间为正寝，停放棺椁。东西两厢为殉葬品，通往墓室的甬道，用三千块大石砌成，每块石头有二吨重，石与石之间相互铆住。

李世民在帝王中算是比较清减的一人，然而他的陵墓真的不藏金玉么？还是仅仅为了防盗墓者不轨之心？又有史书中说，这陵寝内宫奢华闳丽，不异人间，陵墓的外面又筑宫殿，栽植苍松翠柏，巨槐长杨。千年前的地宫外是有游殿和长廊屋舍的，迄今荡然无存，而山路险峻，到达地宫的栈道需要左右回转。昭陵是否有金玉还是值得推敲的，但那工程繁琐艰难却真切。以九嵕山山峰下的寝宫为中心点，四周回绕起墙垣，四隅建立起楼阁，北门即是玄武，南门为朱雀。

李世民的昭陵六骏素来闻名，那是祭坛东西两庑房内六匹石刻骏马浮雕像。有诗云："秦王铁骑取天下，六骏功高画亦优。"这六匹马对李世民来说如同一起征战天下的挚交，它们无不英姿飒爽，飞驰迅雷。陵寝之中它们的雕像不为祈求祥瑞，也不为驱恶避邪，只为永远守护它们的王，只是最单纯的陪伴。

又一次仰望昭陵，这皇家陵园中有那开拓盛唐的明君，有一段帝后伉俪的爱情，有臣民温纯的画面。和美平安，似是那史书中大唐一页的书签，证明着千年之前美好的存在。阳光普照饱满十分，龙脉气势煌煌尽显。

交通

从西安城西客运站坐西安至烟霞、赵镇方向的汽车，在昭陵博物馆下车；或者坐西安至礼泉、乾县方向的汽车在礼泉县下车，换乘礼泉至北屯的班车在博物馆下车。

门票

昭陵门票15元；昭陵博物馆门票20元

开放时间

夏季8：30—18：00；冬季9：00—17：30

袁家村

——关中新印象

陕西是一个念旧的地方。

陕西人似乎总是拉扯着那一抹几百年几千年的乡土气息不愿放手，在中国版图的中心，一个历经了皇朝荣华与衰败的厚重土地，执拗地守着那一份古老，历史一页页翻去，陕西人仍然愿意小心翼翼维护着与民俗特殊的感情。

陕西的北方，黄土高原，成为陕北；南方，山水葱郁，即为陕南。中心地带，便是关中。关中作为一个联系陕北和陕南的枢纽，融合了南北的各种文化和风俗。关中人身上有陕北直愣愣的粗犷，也有陕南水灵灵的细腻。关中是陕西的宝地，关中民俗也是最多元性、最有风情的。

热闹食街

屋檐上的小憩

我们一直在找一个去处，用温暖憨厚的情感包容着陕西人对关中的眷恋，关中不是一个抽象的字眼，而是有情有义，有血有肉。关中有果敢耿直的陕西愣娃，关中有瑰宝般的民俗文化，关中有脚踏实地勤劳的精神，关中有着真实的老旧岁月。关中是八百里秦川的斑驳画面，关中是哼着秦腔端着碗，那蹲在巷口吃面的记忆。

因此就诞生了这样一处小小村落，袁家村。

这个诞生没多久的小镇，春季铺天盖地的杏花，夏日摘果子的盎然乐趣，秋日飒凉的微风沁爽，深冬仍然以美食和浓郁的关中年味掳获人心。有着“西北丽江”之称的袁家村，就这样迅速火起来，携着漫山遍野的杏花，让“关中”这两个字深入人心。

躲在客栈的屋檐下，眼前仍是过往的只字片语，不至于有穿越时空的错觉，反而有一种令人舒服地适宜。入口老关中的口感，大娘在厨房会心一笑，你便把口中滋味化成心底的暖。客栈是鳞次栉比的，灰瓦青石，檐下一处院落，家家户户都有可口的陕系饭菜，保持着居家的感觉。在柳枝的绿意中辗转的关中盛情，心无旁骛，尽数铺张开来。

安顿下，逛一逛街里，尝一尝小吃。

酒馆

酒吧街和咖啡厅都是西式的，虽然不比厦门的鼓浪屿和成都锦里，仍然颇有小资情怀。夏日的夜晚，远离城市中心，在袁家村还是可以看见星星，乘凉的客人在酒吧街散步，听着藤椅旁流水的声音叮咚欢愉，人就会恍惚起来。

夜晚的村落像与世隔绝的孤岛，灯火辉煌。热闹的时候，戏台子上咿咿呀呀唱起秦腔，评书讲着故事，板胡拉的调调说不出是笨重还是灵活，涩涩的声音古朴而浑浊。经夜色侵染的远山泛出墨玉一般的光，眼前灵巧的木雕舒展着优美繁冗的纹路，在这种地方，所有人都愿意慢慢来，细细嘬一口茶，久久地消磨平淡而惬意的时光。

美食是不能错过的，食街令人难忘。袁家村的食街，一个挨着一个的小餐铺长长排列起来，蜿蜒曲折的石板路两旁，每家每户都挂起了招牌，地道正宗，而且，这里是真真正正能用四块钱吃一碗面的地方。

关中人对面食的追求是郑重其事的，袁家村的烙面很有名，细软而劲道，酸汤大好，油泼辣子是画龙点睛的步骤。烙面烹饪，无需煮熟，将面用开水过一遍即可，淋上事先调好的汤和臊子，一勺老陈醋一勺油泼辣子，精细的美味就在这种简单的烹调中展开，烙面极有韧性，酸辣过瘾。

袁家村的豆花，也颇为地道，是关中人喜爱的酸辣味道。花上几块钱要一碗豆花，坐在特别老旧却干净宽敞的店铺里，而门外过往的游客举着相机拍这家豆腐店的匾额，窗前晃着细碎的光影，人们都变成了对周围一切充满好奇的孩子，在这个古镇中返璞归真，找回了简单的快乐。

石板上蹲着真正的关中老汉笑眯眯地抽烟，小毛驴呆呆地站在磨盘边，长长的时光里织布机嘎吱作响，画皮影的老人专心致志，风筝店的纸鸢刚糊好，岁月慢得像煮茶，煮着越来越浓厚的关中。

一个真实的关中村落，诚心地邀约世人来品读。氤氲着丰富的滋味，却又朴实如屋檐上的瓦，夯实在内心深处，垒砌了一个久远而又存在的世外桃源。寻找关中，关中是秦汉唐旧地的大气姿态，关中是风沙和黄土的沉淀，关中是紧抓着过往的执拗难忘，关中是那婆姨耳后的杜鹃。

我知道，你一直在找，找一份真实简单而又平淡的古老，找一段厚实地过往，找一个桃花源。

不大不小，不太吵，也不静谧。那么，袁家村恰好。

时而热闹，时而平淡，无非是吆喝声中的小心期盼，走近了才触摸到历史的安心。

交通

在西安市区乘14、26、12路到咸阳汽车北站下，进售票大厅购到烟霞镇的车票，一个小时即到烟霞镇，此地离袁家村还有3公里，乘坐烟霞镇大巴或者当地专门到袁家村的拼车即可到达。也可在西安城西客运站坐至礼泉烟霞镇的班车，下车后有专车前往袁家村，车程约2小时左右，每天11点发车。

门票

无

开放时间

全天

楼观台

——缥缈若仙，终南问道

夏末的终南山，暑气逐渐消减。

两千五百年前，一段漫长的岁月。在青山绿水之间，森林湖泊之间，晴朗的世界和幽暗的世界之间，有一个老人。他手执一支竹箫，远处苍云涌动，老人默默地念“何以为道？可道非常道”。山是老而葱郁的山，光是邈远无依闪烁或者朦胧的光，双足踩踏枝叶与细小植物的声音，在这个老人耳中，便成了一种洞彻天下的智慧。笔墨所染，唇齿开启，孤独的老人留下五千余字的经文，随即驾着东方的云，飘然离开。

从那时候起，终南山这座不高的山岗有了道观。千百年来，悠扬的钟声从终南山的山谷传入世间。终南山漫卷云雾，

人间仙境，碧空如洗

楼观台景区的宗圣宫

仙风道骨

在后世的访道者心中，这是一处至高的精神圣地。

此山之景，如仙境一般，“十里瀑声”的野牛河飞瀑，“仰首一线天”的四十里峡，“可观黄河日出，能看行云雾海；风鸣林啸，五月飞雪”的首阳山以及溶洞、风井、石林带，别具一格，钟灵毓秀。这里有一种绝妙的意境，却与老子心中“道”的样子最为契合，因此，他选中了楼观台，弘扬道法，以滋世人。

然而，楼观台之历史，亦不能被小觑了去，从西周函谷关令尹喜在此结楼计算起，距今已三千年的时光过去。其间，它经历无数次兴衰，辗转无数跌宕命运。史载，周穆王来此游乐，建造“楼观宫”；秦始皇在观南建清庙，亲来求拜神仙；汉武帝在观北建祠，东汉之后，老子被依托为道教开山祖师，

山不在高，有仙则名

终南山林海

楼观台由此成为道教祖庭；晋惠帝在此植树十万余株，迁来居民三百多户专门维护建筑和园林；南北朝时期，北方著名道士大多云集此处，并形成了著名的“楼观派”；唐高祖李渊认老子为祖，亲来楼观台，改楼观台为“宗圣宫”；唐玄宗以夜梦老子为名，改“宗圣宫”为“宗圣观”，并大兴土木扩建。一时间，楼观台殿宇华美，檐牙高啄甚是瑰伟，那时道士众多，盛极一时。而这之后，楼观台渐渐走向衰败。这里保存的各种文化遗存多达六十余处，既有周秦遗风、汉唐古韵，又是幽僻古朴的园林，也是历代文人墨客聚集的地方。

说经台，也叫授经台，是老子李聃讲授《道德经》五千言之地。说经台处山之阴，却尽得其阳，碧竹环抱，古木参天，秀峦葱郁。

老子祠，创建于唐代，是老子讲学的地方，那位智慧至极，破晓天下之规律的耄耋老人，就是在此处写下了《道德经》五千言。院内门两旁立的碑石镌刻《道德经》碑，共四通，东边两通刻于唐代，西边两通刻于元代。

若说陕西的黄帝陵是中国文化的根，楼观台便是中国文化的魂。

道，玄而又玄，却真实存在，何以为道，是以为天下之规律。盘踞于原野的老山，亘古至今伏贴着大地缓慢而沉重地呼吸着，便是这终南山的“道”。鹿行深涧里，花开花落皆有时，日升月沉皆是轮回，这便是万物的“道”。它们的生命刹那间流下，时间抹去一部分，然后另一部分，任由万物流逝，它们安静地沉睡在某个角落，被膜拜或被覆盖，这便也是世间的“道”。

而人的道，却是最为难寻，过去与未来同样虚幻而渺茫，只是享受着此时此刻的纯美，入世，还是出世？或许追求不同的“道”便会诞生不同的生命。

楼观台，这个安静的地方带着浅而淡定的草本的味道，只是写一个字，写一个天地间的“道”字。

老子祠

交通

可在大雁塔乘环山旅游1号线可至；或在丰庆路汽车站坐班车，沿途风景不错，不过时间可能会长一些。

门票

55元，学生半价

开放时间

9：00—17：00

补充说明

1.可按照说经台——炼丹峰——问仙沟——百竹园的顺序游览，这样就不用走回头路。

2.景区里生长着北方唯一的海拔最高的竹林，无愧于“天下第一福地”的美名。只有身临其境，你才会忽然顿悟老子为什么会看上这片修炼得道、羽化升仙的仙境。

9 北线

——黄河怒吼帝阙千重，帝陵荫佑华夏子孙

长安大明宫，这个再无宫殿可与之媲美的华丽神话，不该被世界遗忘。它默默地坐卧在西安北边一个远离城市与喧嚣的地方，没有声音，不代表不能一鸣惊人。每一个西安人，都知道它重回长安，雄风大振的时候不远了，纵然现在的大明宫，还未全然的觉醒。自它第一块砖瓦出土的那一个时刻，已经半个多世纪，再一次沐浴长安那温软朝阳的大明宫，它向天下昭告，即将复兴盛唐的荣华。而我们，只愿拭目以待。

从西安一路向北，驱车五六个小时，为的是寻找华夏之根。黄帝陵是中华民族的始祖轩辕黄帝的陵寝，誉为“天下第一陵”。黄帝陵规模宏大，而那一株相传为轩辕黄帝亲手植的柏树，树龄已达四千多年，历岁月洗礼，仍巍然挺立，遒劲刚毅，苍雄青翠。

而黄土地是厚重的，承载得起壶口瀑布这样的壮景，壶口瀑布亦是因为黄土高原而生，若是换做江南，怕是那玻璃的水乡，便是要被震碎了吧。这样的瀑布，唯有近距离感受它，才能明了其雄壮的“怒吼”，是一股震慑胸骨的力量，连心脏都要为它而停止了，连灵魂都要被它夺去了。在壶口看到黄河，依稀看见了她从天地崩裂时候翻腾而来的模样，却顷刻间就从眼前声势浩荡地涌去。

旅游指南

城市周边的大明宫，在市区乘坐公交车即可到达。同时，城北的交通食宿娱乐也都十分便利。未央路的美食从湘菜到蒙古烤全羊应有尽有，一定能满足各地旅行者的口腹之欲。

在西安火车站乘坐北线一日游专车或直达黄帝陵的班车，车程约 4 小时，可以考虑住在延安市。壶口瀑布也是北线著名的景点之一，虽然距离延安市区也并不近，但交通还是相对比较便利的。

壶口瀑布
——黄河之水天上来

巴颜喀拉山脉，黄河之源。有谁能想到那浩荡的黄河水竟然这样一点一滴由雪山融化而来。又有谁能想到，一条冰清玉澈的涓涓细流才是她最初的模样。黄河一路绵延，她流经四川、甘肃、宁夏，她吸收雨露恩泽，她吞并湖泊泉瀑，一步步壮大。之后遇到了吕梁山的阻挡，于是便一个急转向南进入晋陕大峡谷之中，几乎形成了一个“几”字。而后的黄河，仿佛重装出发，深涧腾蛟，浊浪排空，一直以来的默默汇聚使她有了厚积薄发的力量。

陕晋相交之处，东濒山西省临汾市吉县壶口镇，西临陕西省延安市宜川县壶口乡，壶口瀑布就在这里得以为世人所见。自北向南流的黄河，流经断层至此，石壁嶙峋峭立，两岸苍山

三月桃花汛，冰雪融化，淹没了观瀑台

夹峙，河口狭窄如壶，犹如一把巨扇在扇尾束之一处。随后，原本缓流的河水躁动起来，争先恐后地向前汹涌翻腾，从十七米高处飞流直下。壶口，就像黄河的心脏一般，奔腾跳跃不止，为大地输送着新鲜血液，是黄河的精魂之所在。

壶口瀑布的风光，随四季变换更迭。

暮春之初，上游冰封的河流悄然碎开，河流与破冰凌一同摔落，恰若玉龙下山。阳

汹涌澎湃

黄河柔情

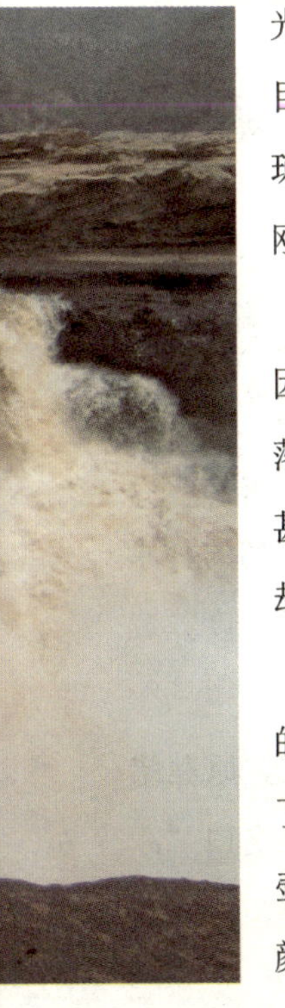

光映在冰河之上，仿佛水中尽是钻石琛宝，璀璨夺目。而当上游的冰倾泻跌下，却如摧枯拉朽一般，琼玉宝殿坍塌，荡起玉屑冰碎四处抛洒斑斓春色，刚中带柔，别样风韵。

仲夏，洪汛来临。此时，河水水位骤然抬高，因是水流的大量聚集，反而模糊了原本凌厉的瀑布落差。远观时更像万马奔腾，湍急团簇。瀑布已不甚明显，只觉水势如此凶猛，困兽一般挣扎嘶吼，却少了一份大气雄壮。

最美不过盛秋，候鸟迁徙过苍穹，黄河流过的秦晋大地此时微凉飒爽。黄土高原的柿子也要熟了，像是红玉结碧树，分外好看。天朗气清时候，壶口瀑布的来龙去脉尽收眼底，黄昏拂晓霞光才出颜色，瀑布恰似金粉撒落，映着穹庐如龙御瑞霭。

一碗黄河水，半碗泥与沙

此时此刻，湍流急下的黄河激起水雾，却像是水底冒出的浓烟，又好比新煮成滚烫茶汤之热气。大雾腾空而起，十数里外可望。这便是黄河奇景之一“水底冒烟”，当游人靠近时，水雾可轻湿衣衫，仿佛天降微雨。这便又是一景“晴空撒雨”。每遇阳光照耀，水雾前就会架起一道虹桥，环跨天穹，仿若是仙人新入瀑布中的通道。若是得见这斑斓的霓虹，那便是欣赏了另一景“霓虹戏水”。直逼壶口的水流，突然被束缚在窄口，而黄河终究能突破瓶颈，给世界一个绝景，一个奇观。此势无法阻挡，四海倾倒，便是“飞山海立”。最初被黄河震撼的，原是那千军万马奔腾、嘶吼的巨声，唯有黄土高原能承载这样厚重浓烈的力度。黄河之声，亦是一绝景“旱天惊雷”。

隆冬寒月，飞雪又至。静默的壶口瀑布也有含蓄的美，山舞银蛇，原驰蜡象，两岸溢流形成的水柱此刻冰封如晶，倒挂悬崖上剔透无比，故此景名曰“冰峰倒挂”。冬日黄河，使人想起她最初的模样，巴颜喀拉山脉的冰雪溪流。叹喟天地造化之神奇，春夏秋冬的奇观绝景尽数在壶口瀑布了。

一方是峭立山石，一方是湍急水流，从洪荒开始，它们彼此之间在这里就不间断地较量。水流如同玉石俱焚，每次撞击一个飞浪便要粉身碎骨，山也全然不顾早已被流水侵蚀出斑驳印记的身体，仍然顽强阻挡。在这种猛烈的冲撞之下，造就了一条深切如骨的“龙槽”。十里龙槽，壶口至孟门约五公里，在这段四百多米宽的箱形峡谷的底部，黄河水流下切，形成一条三十至五十米宽、十至二十米深的河槽。黄河水从壶口奔涌下泻后，以每秒数千立方米的巨大流量归于此槽。仿若一条潜伏在水底的巨龙，一个甩尾，便在此处留下深深沟壑。

一直觉得黄河其实是孤独的，她无羁无绊，怀揣简单的梦想，流淌过无人之境的荒原，也奔腾过万人瞩目的悬崖，不论是否有人欣赏，她只知道朝着大海的方向。

西安城东客运站坐到宜川的汽车，早7点左右有一班。5小时左右到宜川。再从宜川县城乘汽车到壶口。

门票

91元

补充说明

1.壶口瀑布最佳旅游季节是春秋两季。

2.在壶口瀑布参观切记注意安全，瀑布两边的河岸全是较为平整的大岩石，表面覆盖着一层黄土，瀑布没有围栏，不要太靠近。

3.“龙洞”是从瀑布侧下方抵近观看，角度很好，丰水期有水从洞顶岩石冲下来，就像有人在你的头顶倒水一样，眼前一片迷茫，水声震耳欲聋。单独售票，可以商量。

4.借助冬季壶口下游的天然冰桥可以往来于山西、陕西两省间，也是唯一能够买一张门票看到壶口两侧风景的机会，但行走于冰桥上必须注意脚下的冰是否冻实，否则有掉进黄河的危险，不建议游客尝试，实在想试试一定要找个富有经验的向导带领。

5.“五一”“十一”正好是壶口的两个丰水期，气势最为宏大，但人也最多，想照张单独与黄河相处的照片都不容易，可能捎带上旁边的游人。人多拥挤，要特别注意人身和财产安全，别掉到水里。黄金周期间有可能赶上政府组织的威风锣鼓表演。

大明宫国家遗址公园

——九天阊阖开宫殿

大明宫的诞生，还是唐初时候。那时，李渊退位，成为太上皇。唐太宗李世民开始亲自书写大唐的华章。帝国在蒸蒸日上，然而父子之间的嫌隙愈来愈大。太极宫夏季炎热潮湿，当李世民邀父避暑，郁郁寡欢的李渊却毅然拒绝了。如此一来，李世民背负的“不孝之名”加剧。帝王为了向天下昭告自己的孝心，他决心为父亲兴建一座行宫，这就是大明宫。

公元635年的春天，大批工匠汇集于长安城的东北方向，开始了大兴土木，也给了大明宫一个构想之中的最初雏形。可是本该拥有这座宫殿的太上皇李渊，却离开了人世。公元649年，五十三岁的李世民病入膏肓，年轻的太子在他身边服侍汤药，太子是李治，眉眼间却全无父亲的杀伐决断，反而温润如玉，是个涉世未深的翩翩少年郎。

大明宫丹凤门

李治遇见了武媚娘，之后的故事，就脍炙人口了。

武则天这个女人，不得不令人钦佩于她的智谋，也不得不畏惧于她的毒辣。当她终于当上唐高宗李治的皇后，一个更大的野心也在悄悄生根发芽，直到这份野心最后生长成为一朵金色的牡丹，绽放在盛唐江山天下。

立国四十五年，大唐的皇室终于离开太极宫，迁入尚未竣工的大明宫。这是大唐开国以来规模最大的建筑工程。在中国历史上，也唯有秦始皇之覆压三百余里的阿房宫方能比拟。参与大明宫营建的工匠，达到数十万人。如此浩大的工程，需要巨额的人力和财力。为此，国库划拨了帝国十五个州的赋税收入，依靠四十五年的积蓄，才支撑了这规模空前的工程有条不紊地进行。

大明宫的正门位于它的南面，在长安城的中轴线一直往北，越过皇城和太极宫之后一路向东。那是一条宽大的门道，拥有高耸的墩台、惊世雄伟的阙楼，它就是丹凤门。丹凤门很可能是中国历史上规模最大的门。迄今为止，我们也无法为这高大得近乎夸张的宫门画出一张揣测中的图样，因为，这简直无法想象！

丹凤门，是否有着另一个深意，一个天下易主，武代李兴的深意。

在中国历史上，大明宫无疑是规模最庞大的宫殿群，主要宫殿沿中轴线分布，对称严整，等级森严。含元殿、宣政殿和紫宸殿在一条中轴线上，是大明宫中的三大殿，也是上朝和处理国事的地方。含元殿，它可谓是中国历史上最宏伟的宫殿。在三千多年的时间里，无数的君王和皇帝修建了无数座宫殿。但是，无论是规模还是气势能与含元殿相媲美的，却没有第二个。巨大的建筑，渺小的官员，每个觐见天颜的大臣在华美无匹的大殿下，只觉自己是沧海一粟。正是这微乎其微的感觉，

丹凤门遗址

却真实衬托了皇权的至高无上。帝国神圣，四海臣服。“北据高岗，南望爽垲，终南如指掌，坊市俯而可窥。”那便是站在含元殿上向南眺望时候，眼中倒映的长安。

三座大殿以北，便是皇家居住生活的内宫。锦瑟笙歌，红烛的灯火明晃晃，绸缎的一针一线皆是精美华贵无匹的。银色帐幔映着长安向晚的天色，亦真亦幻，如痴如狂。

而在大明宫最北的内宫，最为高贵显赫的便是麟德殿。这座大唐的奇迹仿若天宫，三座巨大宫殿相互依偎着，以高耸的柱子相连接。气魄遒劲宏大，格调高雅精纯，是大唐建筑最辉煌的成就。一路走过雍容华贵的前殿，浑然大气的中殿，雕栏画栋绝美无双的后殿，抬头又见第二层精美巧妙的阁楼。麟德殿，集天下之建筑之精髓，柔美若蹁跹蝶舞，雄壮若麒麟怒斗。

麟德殿的东边，便是太液池。池水常年就像是融化了金银一般，璀璨耀眼之极，是宫人泛舟摇曳闲度夏日的极好去处。优雅的天鹅曲颈而歌，飞鱼跃出水时，广阔的水面像是撕裂的银色绸缎，水如镶嵌的琼玉之镜，倒映的依旧是长安城湛蓝如洗的苍穹。池中心的三座岛屿，象征东海三仙山。三岛屿之一的蓬莱岛，有精美的一座亭台楼阁，名叫太液亭。不知是哪一年初雪时，太液池水却还

长安汉服之笄礼

未曾结一层薄冰，那身份尊贵的女子以丝绒帐幔笼住小亭，雪景饱览无余，冰冷的空气与寒风却一丝未能侵入。

大明宫落成的时候，唐高宗已统治大唐十五年。直到武则天执政后，她迁都洛阳，离开了大明宫。可这个女人，心中始终放不下那年初见大明宫的惊鸿一眼，她惦记着，惦记着回去，却慢慢地老了。直到最后，七十多岁的武则天，银发挽起一捧沧桑与疲惫，她终于回到了魂牵梦绕的大明宫。

公元712年，大唐立国将近一百年。就在这一年，李隆基登上了帝位，他就是声名显赫的唐玄宗。在唐玄宗的统治下，

含元殿遗址

大唐坐上了世界顶峰的位置，几乎全世界都要为这个盛世所折服。这位帝王给了大明宫至高的荣耀，给了大明宫最凄美的爱情，也亲手将大明宫，推向覆灭的悬崖。公元755年，安史之乱爆发，大唐帝国自此走向衰退。公元762年4月，失去了杨玉环的唐玄宗李隆基，终于在孤独中死去。

公元904年，军阀混战，长安城被毁，大明宫彻底沦为废墟。这个曾经包容万千的城市，这个曾经歌舞升平、纸醉金迷、繁华得令人几乎睁不开眼的长安，从此之后，彻底失去了力量。

公元907年，大唐帝国灭亡，立国二百八十九年。

在两百多年的时间里，大明宫见证了大唐前所未有的光辉时代，也目睹了帝国不可逆转的衰落。大明宫毁，中国史上再无能够与之并驾的宫殿，它是亘古以来独一无二的荣华见证。

幸而，西安还未曾忘却那震惊世界的一页篇章。

公元1957年，在大明宫毁灭之后一千零五十年。西安北部的一处废墟，一个沉睡了千年的宫殿似乎慢慢觉醒。那之后，大明宫的考古已经持续了半个世纪。在唐帝国消亡之后一千年，大明宫国家遗址公园工程启动。直到2020年，大明宫遗址公园将会成为西安复兴的皇城，成为西安真正的中心公园，缔造又一个绝世无双的大唐紫禁城。

中华民族的历史长河之中，没有一个朝代像大唐一样，即便岁月的年轮已湮没了它太久，但是它仍旧至高无上，仅仅靠着只字片语存在，却仍旧可以影响世界。没有一个都城像长安一样，成为筑就辉煌荣耀的国都。也没有一个宫殿像大明宫那样，铸就了如此之多的心血，凝结了千千万万的奇迹。

大明宫，只是这几个字眼，就令人望眼欲穿那金玉的繁华。脑海里浮起一幅画卷，那太液池的潋滟波纹泛起金子一般的午后阳光，画船精美，笙歌飘荡！

交通

乘坐地铁2号线在“大明宫西”下车

门票

60元

开放时间

7：30—18：00

补充说明

西安大明宫遗址公园预计在2020年的时候会成为城市中心公园，目前很多工程项目还在建设中，但是去感受一下还是非常有意义。

黄帝陵

——赫赫始祖，庇佑后人

悠悠华夏，赫赫始祖。

一切的源头，从五千年前，陕西黄陵一个叫桥山的地方开始。东方，一轮红日在原野之上升起，从此为天地带来了无限生机。

桥山，当时有一个部落首领叫黄帝，踌躇满志意图建立一个富有的部落，希望自己的子民过上安稳的生活。他果敢刚毅，大战了另一支部落的首领蚩尤之后，建立了桥山部落联盟。但是，聪睿的他发现其联盟部落的臣民们，有的居住在树上，有的与兽同住，便深深地忧虑了。黄帝觉得人们这样的生活不安全，既无法阻挡野兽的侵袭，也易滋生病菌，引起

万株柏树环绕着祖先的衣冠冢

人文初祖

病痛。经过商议之后，他们决定依山而居，砍树造屋，结果当臣民们居住进新居之后，山上的树木也被砍伐一空，没了树木的庇护掩藏，野兽慢慢地少了。后来一场山洪，冲走了黄帝的得力大臣和众多子民，甚至连草都冲走了，黄帝在痛苦中看到，凡是有树的地方大都抵御了山洪的冲刷，他意识到树的重要性，于是发动大家一起植树造林，并亲自手植了一棵小柏树，这株小柏树，如今成为黄帝陵的参天古木。桥国的山山峁峁林草茂密，一片葱绿。野兽也回到了树林中，人兽相安。人们都很感激黄帝，纷纷效仿，年年植树。而黄帝亲自种植的那棵柏树，历经千年，至今依然郁郁葱葱，树高二十余米，胸径十一米，苍劲挺拔，冠盖蔽空，叶子四季不衰，层层密密，像个巨大的绿伞。当地有民谚：七搂八揸半，圪里圪　不上算。

桥山脚下的沮河水悠悠绕山而过。陵道和神道印记了华夏祖先的聪慧，这是一条拜祭中华民族始祖之路，是神圣而庄严的华人之路。陵道和神道共分两部分组成，总长四百余米，宽五米，其中陵道长二百六十米，神道长近二百米。陵道“形断而意连、曲不离直”，巧妙之中更显睿智。

走至陵道尽头，方步入陵园区。陵园四周，顺依山势，绵亘不绝的青砖围墙，丹红色的漆，象征至尊至伟。墙头红椽绿瓦，是尤为浓重的别致古韵。沿山

巨人的脚印

黄帝手植柏

大殿前可容纳两千人在此祭拜先祖

而行，八万多棵的柏树葱郁，氤氲始祖仙气，但闻鸟语声脆，却难觅其踪迹。走在陵道上，心中肃然起敬，仿佛被黄帝迎进了温暖而踏实的怀抱。

当人们在桥山山头看见一颗扭曲的柏树，形似一腾飞跃起的巨龙时，津津乐道的桥山人会充满敬仰地说，那是黄帝的化身。

凡前来谒陵拜祖的人，总是要去轩辕庙院内看一看黄帝的脚印。这双脚印留在约一米见方的青石上。而每个人几乎都会觉得，先祖的双脚真十分大，也只有这样大而厚实的双足，方能顶天立地于世间吧。

在黄帝时期，人们是没有衣帽鞋袜的，仅以树叶兽皮缠腰遮身。黄帝也与他的子民一样，长年累月奔走各地，为民造福，却总是光着脚。每到冬天，天寒地冻，黄帝出外巡察时总是会冻出疮痍。后来，发明了帽子和木屐，有人给黄帝也做了一双木屐，但行动却有些不便，出外巡察、上山狩猎仍不能穿。黄帝身边的一位名叫素雀的女子偷偷用麻布缝了个布筒。黄帝在脚上试了试，太短小了，无法穿上。然而即使如此，黄帝也没有怪罪素雀，反而温柔地安慰了她。可素雀十分内疚，一日她去河边担水，发现黄帝独自一人从河滩走过，留下了深深的脚印，素雀仔细一看，便有了主意。素雀担完水，取来石刀，在黄帝脚印四周的胶泥上划了四方格，晒干后，捧回家，放在了石板上，然后按尺寸做成了一双软木作底、麻布作帮的高筒靴子。于是，人类第一双高筒靴子就这样做成了。黄帝的足印，也因为素雀的智慧一直保留到今天。

传说，先祖黄帝活了一百一十八岁。某一天，他正东巡，却见突然晴天一声霹雳，金龙盘旋自天而降落。巨龙腾云驾雾，在云中穿梭，它对黄帝说："你的使命已经完成，请你和我一起归天吧。"黄帝忧心子民，但又自知天命难违，便上了龙背。当驮着黄帝的金龙飞跃桥山，黄帝请求下驾安抚臣民。黎民百姓闻讯从四面八方赶来，个个痛哭流涕。桥山的子民万般不舍，生生拽下他的衣袂，为了纪念黄帝，人们把黄帝的衣冠葬于桥山，起冢为陵。这就是传说中的黄帝陵的由来。

黄帝不仅建立了统一的中华民族，传说他还善用智慧，用玉磨成兵器，用木造舟车弓矢，而他的妻子能养蚕，织出锦缎，其史官仓颉创造了文字，使中华民族有了源远流长的文化，其臣大挠创造了干支历法，其乐官伶伦制作了乐器。我国后来能巍然屹立四大文明古国，亦有始祖黄帝的赫赫殊勋。

交通

从西安火车站广场南侧的汽车站有车直达黄帝陵，车程约五小时。

门票

旺季（3月1日—11月30日）91元，淡季（12月1日—2月底）51元。

开放时间

8：00—19：00

补充说明

1.黄帝陵位于后面山上，步行走2公里山路可到，路很平缓，也可打出租车，10元，景区内禁止吸烟。

2.清明节为公祭，实行戒严，一般游人禁止入内。重阳节时为民祭，场面也很热闹，游人可以来此参拜。

3.黄金周期间游人非常多，导游讲解20元起。

4.当地风味小吃有用糜子面做成的的油糕、黄馍等，值得一尝。在黄陵汽车站旁有不少餐馆。

“最美中国系列”丛书简介

“Zuimeizhongguoxilie”congshujianjie

《中国最美的88个自然风光旅游地》

“最美中国系列”丛书是旅游圣经团队历经数年发展、走遍中国后推出的巅峰之作。团队组织所有优秀作者撰写本系列，可谓十余位资深背包客视野中的“最美中国”。

本系列丛书内容系作者原创，是他们心灵的真实感悟；照片系作者亲自拍摄，是他们对美的瞬间永恒的诠释。饱含人文底蕴的文字配上震撼人心的精美照片，定会给读者带来极致美好的心灵慰藉。

《中国最美的88个特色旅游地》

本系列丛书共三本：

《中国最美的 88 个自然风光旅游地》

书号：ISBN　978-7-5124-0242-3

定价：39.80 元

出版社：北京航空航天大学出版社

《中国最美的 88 个特色旅游地》

书号：ISBN　978-7-5124-0320-8

定价：39.80 元

出版社：北京航空航天大学出版社

《中国最美的88个人文旅游地》

《中国最美的 88 个人文旅游地》

书号：ISBN　978-7-5124-0394-9

定价：39.80 元

出版社：北京航空航天大学出版社

“中国最美旅游线路”丛书简介

“Zhongguozuimeilvyouxianlu”congshujianjie

《最美秦晋——从山西到陕西》

《最美江南——从南京到上海》

《最美中原——从洛阳到商丘》

《最美徽州——从黄山屯溪到三清山》

《最美湘桂——从湘西到桂林》

《最美福建——从厦门到闽东海岸线》

《最美海南——从海口到三亚》

《最美云南——从昆明到丽江》

《最美西藏——经绝美川藏线到荒原阿里的旅行》

本套丛书追求有个性有特色的旅行，淡化走马观花的传统方式，追求历史、文化、民俗的深度感悟、风景、美食、住宿的独特体验，倡导“大景点”概念，提倡在一个地方要做几件事。除了游览出售门票的传统景点之外，更推崇在当地探索不为人熟知的特色风景，寻找巷陌深处的地道美食，住一家温馨浪漫的小客栈，听一段地方戏，寻一件民间工艺品等。这套丛书还打破了传统旅游书以省划分的模式，每本书都不限定某一个行政区域，而是在全国范围内精选多条特色经典路线，设计出最合理的行程安排，每条路线又可以根据读者不同的时间兴趣分化为数条小路线，全书景点行程可相对独立又紧密相连贯通一体。本套丛书由资深背包客实地考察后撰写，文字和照片均为原创，定能带给你全新的启示，使你的旅行充满趣味，更加丰富多彩。

“游记系列”丛书

"YouJixilie"congshu

《悠闲慢旅行》

《路人甲》

《十年旅行》

《我在青旅做义工》

《阳光下的清走》

《一个人旅行直到世界尽头》

《背着家去旅行》

《搭车旅行：那些边走边晃的日子》

《向世界进发》

《最美藏地时光》

《最美云南时光》

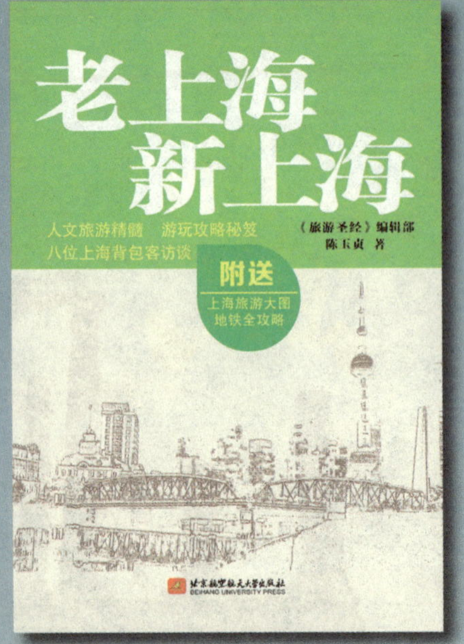

《老上海新上海》

《老北京新北京 2012—2013》

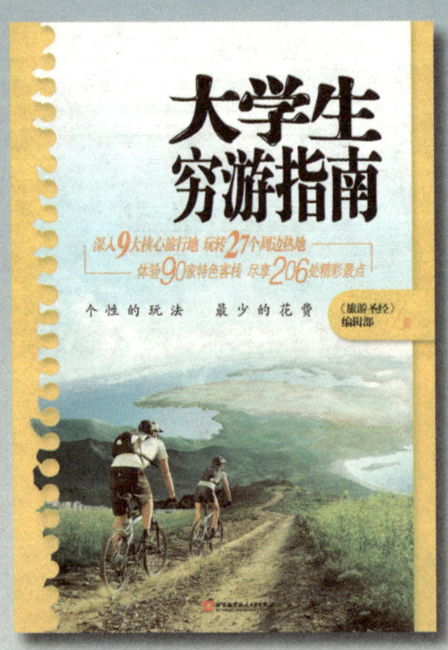

《大学生穷游指南》

《背包客》